AF275089

Disfrute gratuitamente **DURANTE UN AÑO** de los eBook y audiolibros de las obras de Editorial Colex*

- ⊘ Acceda a la página web de la editorial **www.colex.es**

- ⊘ Identifíquese con su usuario y contraseña. En caso de no disponer de una cuenta regístrese.

- ⊘ Acceda en el menú de usuario a la pestaña «Mis códigos» e introduzca el que aparece a continuación:

RASCAR PARA VISUALIZAR EL CÓDIGO

- ⊘ Una vez se valide el código, aparecerá una ventana de confirmación y su eBook y/o audiolibro estará disponible **durante 1 año desde su activación** en la pestaña «Mis libros» en el menú de usuario.

---

* Los audiolibros están disponibles en las ediciones más recientes de nuestras obras. Se excluyen expresamente las colecciones «Códigos comentados», «Biblioteca digital» y los productos de www.vademecumlegal.es.

No se admitirá la devolución si el código promocional ha sido manipulado y/o utilizado.

¡Gracias por confiar en nosotros!

La obra que acaba de adquirir incluye de forma gratuita la versión electrónica. Acceda a nuestra página web para aprovechar todas las funcionalidades de las que dispone en nuestro lector.

Funcionalidades eBook

Acceso desde cualquier dispositivo con conexión a internet

Idéntica visualización a la edición de papel

Navegación intuitiva

Tamaño del texto adaptable

Síguenos en: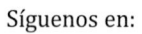

COMPILACIÓN DEL DERECHO CIVIL FORAL DE NAVARRA

COMPILACIÓN DEL DERECHO CIVIL FORAL DE NAVARRA

2.ª EDICIÓN 2025

(Edición actualizada a 1 de abril de 2025)

COLEX 2025

© Editorial Colex, S.L.
Calle Costa Rica, número 5, 3.º B (local comercial)
A Coruña, 15004, A Coruña (Galicia)
info@colex.es
www.colex.es

I.S.B.N.: 979-13-7011-064-2
Depósito Legal: C 554-2025

LEYENDA ICONOS

Texto modificado	Texto nuevo

ABREVIATURAS

CE	Constitución Española, de 27 de diciembre de 1978
CP	Código Penal (LO 10/1995, de 23 de noviembre)
LECr	Ley de Enjuiciamiento Criminal (RD. de 14 de septiembre de 1882)
LGPe	Ley General Penitenciaria (LO 1/1979, de 26 de septiembre)
RP	Reglamento Penitenciario (RD 190/1996, de 9 de febrero)
RP del 81	Reglamento Penitenciario de 1981 (RD. 1201/1981, de 8 de mayo)

Art./Arts.	Artículo /s
CGPJ	Consejo General del Poder Judicial
DA/ D.A./ DDAA	Disposición(es) Adicional(es)
DDT/D.DT.	Disposición Derogatorias
DF/D.F./ DDFF	Disposición(es) Final(es)
DT/ D.T./ DDTT	Disposición(es) Transitoria(s)
L	Ley
LO	Ley Orgánica
O	Orden
RD	Real Decreto
RDL	Real Decreto Ley
RDLeg	Real Decreto Legislativo
Rgto	Reglamento
ss	Siguientes

SUMARIO

LEY 1/1973 DE 1 DE MARZO, POR LA QUE SE APRUEBA LA COMPILACIÓN DEL DERECHO CIVIL FORAL DE NAVARRA

LIBRO PRELIMINAR

LIBRO I
DE LAS PERSONAS, DE LA FAMILIA Y DE LA CASA NAVARRA

LIBRO II
DE LAS DONACIONES Y SUCESIONES

LIBRO III
DE LOS BIENES

LIBRO IV
DE LAS OBLIGACIONES, ESTIPULACIONES Y CONTRATOS

LEY 1/1973 DE 1 DE MARZO, POR LA QUE SE APRUEBA LA COMPILACIÓN DEL DERECHO CIVIL FORAL DE NAVARRA

LEY 1/1973 DE 1 DE MARZO, POR LA QUE SE APRUEBA LA COMPILACIÓN DEL DERECHO CIVIL FORAL DE NAVARRA

—BOE núm. 57, de 07/03/1973—

Habiéndome sido elevado por el Ministro de Justicia, a iniciativa de la Diputación Foral, el texto de la Compilación del Derecho Civil Foral de Navarra, con la que culmina el proceso de las Compilaciones Forales de España iniciado por el Decreto de veintitrés de mayo de mil novecientos cuarenta y siete, en virtud de las atribuciones que me concede la disposición transitoria primera de la Ley Orgánica del Estado,

DISPONGO:

Artículo único

Se reconoce como vigente el Derecho Civil Foral de Navarra recogido en el texto que a continuación se transcribe, que queda aprobado y entrará a regir como Compilación del Derecho Civil Foral de Navarra.

Así lo dispongo por la presente Ley, dada en Madrid a uno de marzo de mil novecientos setenta y tres.

FRANCISCO FRANCO

COMPILACIÓN DEL DERECHO CIVIL FORAL DE NAVARRA

EXPOSICIÓN DE MOTIVOS

Con esta Compilación del Derecho Civil Foral de Navarra culmina la recopilación de los derechos forales de España, laboriosamente realizada a lo largo de los últimos veinticinco años. Ya en 1946, superados los prejuicios que impedían el reconocimiento expreso de un hecho histórico tan notorio y natural corno es el de la variedad de unos derechos regionales armoniosamente integrados dentro de una perfecta unidad política nacional, se quiso dar un decidido impulso oficial, en el Congreso de Derecho Civil celebrado en Zaragoza, para la formalización legal de la pluralidad jurídica de nuestra Patria. Seguidamente, por Decreto de veintitrés de mayo de mil novecientos cuarenta y siete, se ordenó la constitución de las distintas comisiones de juristas forales que habían de redactar los proyectos de las respectivas compilaciones. Dentro de este planteamiento de la codificación foral se advertía la singularidad del régimen jurídico de Navarra, y por eso la Orden de diez de febrero de mil novecientos cuarenta y ocho atribuyó a la Diputación Foral el nombramiento de la correspondiente Comisión, de la que había de ser Presidente el de la Audiencia Territorial de Pamplona. Esta diferencia respecto a las otras regiones forales no era más que una estricta consecuencia de la Ley Paccionada, de dieciséis de agosto de mil ochocientos cuarenta y uno. De conformidad con esta Ley, se exigía el procedimiento de convenio para introducir reformas legislativas en Navarra.

Promulgadas de mil novecientos cincuenta y nueve a mil novecientos sesenta y siete las Compilaciones de Vizcaya y Álava, Cataluña, Baleares, Galicia y Aragón, quedaba como última esta de Navarra. Ya en mil novecientos cincuenta y nueve, un Proyecto de Fuero Recopilado sirvió como primera base para un renovado estudio por los juristas de esa región foral. La labor no interrumpida dio como resultado, en mil novecientos setenta y uno, la redacción, con carácter privado, de una «Recopilación» o «Fuero Nuevo de Navarra», que la Comisión Oficial Compiladora designada por la Diputación foral, por acuerdo de treinta de junio de mil novecientos setenta y uno, elevó a la consideración de Anteproyecto, y la excelentísima Diputación Foral mandó publicar en su «Boletín Oficial» del cuatro de agosto, a la vez que abría un plazo de información hasta el quince de octubre del mismo año. Las enmiendas presentadas fueron tan sólo catorce y a muy escaso número de Leyes, con lo que se ha reconocido la adecuación de dicha redacción con el derecho realmente vivido en Navarra.

Para dar el debido cauce a la aprobación del Anteproyecto, en armonía con el régimen paccionado de Navarra, las Ordenes de veinticuatro de noviembre y seis de diciembre de mil novecientos setenta y uno designaron los componentes de una Sección especial de la Comisión General de Codificación que debían estudiar aquel texto y dictaminar sobre su aceptación como objeto del correspondiente convenio. Durante un año, ambas Comisiones, la Especial de Códigos y la Compiladora de Navarra, han venido trabajando en estrecha relación para fijar el texto refundido del proyecto de quinientas noventa y seis Leyes, en el que pueden observarse algunas correcciones y ciertas mejoras respecto al anteproyecto de seiscientas dieciséis Leyes. Debe advertirse a este propósito que el uso de la palabra «ley» para designar las disposiciones de la presente Compilación obedece a un criterio de fidelidad a la tradición legislativa de Navarra.

Al texto del anteproyecto se añadieron cinco disposiciones transitorias y dos disposiciones finales. En aquéllas se regulan las situaciones y relaciones causadas con anterioridad a la promulgación de esta Compilación, y en las disposiciones finales se prevé el procedimiento para futuras modificaciones legales, conforme al sistema de la Ley Paccionada, y se da carácter estable a la Comisión Compiladora para la regular información y eventual alteración del derecho recopilado.

Se presenta esta Compilación como un fiel reflejo del derecho civil realmente vigente en Navarra, y no como un simple registro de unas pocas particularidades jurídicas, por lo que dentro de la continuidad histórica del derecho navarro, recibe justamente la denominación de «Fuero Nuevo de Navarra». Al mismo tiempo que ha prescindido, por falta de uso, de muchas instituciones legales de Navarra, o provenientes del derecho romano que en ella vale como supletorio, ha sabido incorporar otras consuetudinarias y de la práctica cotidiana, que ofrecen soluciones jurídicas de gran actualidad, siempre debidamente elaboradas por una doctrina rigurosa y congruentemente armonizadas con el sistema general propio del derecho de Navarra. Y no deja de ser significativo que precisamente una región que ha sentido y defendido la unidad política de España haya sabido presentar sin timideces una formulación de su propio derecho civil, afirmando con ello la vitalidad de todos los ordenamientos forales como vía para un concertado progreso del derecho de nuestra Patria.

Si la extensión no resulta excesiva, pese a la amplitud de la concepción, ello se debe a que se ha renunciado deliberadamente a enunciados que son más propios de la doctrina que de la ley y a determinadas casuísticas que deberán ser explicitadas por la doctrina de los comentaristas y de los Jueces.

Se divide esta Compilación en tres libros, precedidos por otro preliminar. Trata el libro primero de las personas y de la familia, asociando así lo que es esencial para la tradicional concepción navarra, según la cual la estructura y la legitimidad familiar, así como la unidad de la casa, son el fundamento mismo de la personalidad y de todo el orden social. Trae un primer título sobre las personas jurídicas, en el que se hace constar aquellas instituciones navarras que tradicionalmente la tienen reconocida, versa el segundo sobre una realidad desatendida por la legislación, pero de insoslayable vigencia, cual es los sujetos colectivos sin personalidad jurídica. Los títulos III y IV regulan la capacidad general de las personas individuales y la de los cónyuges, fijando en especial aquellos actos que la mujer puede realizar sin la licencia marital (Ley cincuenta y siete).

El título V fija con realismo el concepto de la patria potestad, muy diverso ya del romano, y la posición de los hijos legítimos y naturales. A continuación (título VI), se trata de la adopción y el prohijamiento, instituciones de gran actualidad en Navarra, y se regula con la amplitud que el Derecho navarro permite el pacto sucesorio entre adoptante y adoptado.

Se pasa en los títulos siguientes a los principios fundamentales del régimen de bienes en la familia (VII), por el que se regula la donación y los contratos entre cónyuges; luego, a las capitulaciones matrimoniales (VIII), que, en Derecho navarro pueden ser modificadas en cualquier momento: al régimen de bienes en el matrimonio (IX), en especial al supletorio de «conquistas» (capítulo I), que puede existir como Sociedad familiar (capítulo II), y a la comunidad universal (capítulo III), así como al régimen de separación de bienes (capítulo IV). Especial importancia tiene para el Derecho navarro el régimen de bienes en segundas o posteriores nupcias (título X), dada la enérgica defensa que establece aquel Derecho a favor de los hijos de anteriores nupcias, verdadera limitación de la libertad de disponer reconocida como principio fundamental del Derecho sucesorio.

En el título XI se trata de las donaciones propter nuptias, y en el XII de la dote y de las arras.

Finalmente, el título XIII versa sobre la disolución de las comunidades familiares, el XIV, sobre el régimen típicamente navarro del acogimiento a la Casa y de las dotaciones, y el XV, de la institución de los parientes mayores, a cuya intervención se hace referencia más concreta en otras muchas Leyes de la presente Compilación.

En el Libro Segundo se asocian las donaciones y las sucesiones, asociación indiscutible para el Derecho navarro, el cual presenta una riquísima gama de formas y modalidades de liberalidad, desde la donación inter vivos al más solemne testamento unilateral, pasando por las capitulaciones matrimoniales, pactos sucesorios, testamentos de hermandad etcétera, sin que pueda apreciarse solución de continuidad. El título I, de principios fundamentales, ofrece uno de los cuadros más vivos del Derecho navarro, con la libertad de testar, la consideración como heredero del donatario universal, la fiducia sucesoria, el poder otorgado «post mortem», la renuncia a la herencia futura, etcétera. Luego, en el título II, se trata de las donaciones inter vivos y el problema de su revocabilidad; en el III, de las donaciones mortis-causa; en el IV, de los pactos o contratos sucesorios, institución especialmente elaborada por los juristas de Navarra; en el V, sobre el testamento y sus diversas formas, incluyendo los codicilos (capítulo III), las memorias testamentarias (capítulo IV) y, en especial, el muy frecuente en Navarra testamento de hermandad (capítulo V), que los navarros pueden otorgar incluso en el extranjero. De la nulidad e ineficacia de las disposiciones mortis causa trata el título VI, y en los VII y VIII, respectivamente, de la institución de heredero y de las sustituciones vulgar (capítulo II), fideicomisaria (capítulo III), una de cuyas modalidades es la «sustitución papilar», tal como se practica en Navarra: Ley doscientos veintisiete, y la de residuo (capítulo IV).

De los legados, a los que se asimilan los fideicomisos a título particular del Derecho Romano, trata el título IX, y en el X se formulan los límites a la libertad de testar navarra; a saber; el usufructo de fidelidad (capítulo I), institución sucesoria, en Navarra, y no del régimen de bienes en el matrimonio, por lo que se determina por la Ley personal del causante al tiempo de su muerte; tiene tal vigencia esta institución en Navarra, que puede considerarse como modelo principal para cualquier otro tipo de usufructo. Luego, la legítima formal de los descendientes (capítulo II), que supone en realidad una imposición de no-preterición por parte del disponente, pues carece de contenido patrimonial exigible, razón por la que se ha estimado conveniente mantener la vieja fórmula foral de los «cinco sueldos febles por bienes muebles y una robada de tierra en los montes comunes por inmuebles», que pone mejor de manifiesto el carácter meramente formal de dicha institución legitimaría, y a esta limitación hay que añadir las más importantes de los derechos de los hijos de anteriores nupcias (capítulo III), las reservas (capítulo IV) y la reversión de bienes (capítulo V).

Los títulos siguientes recogen el derecho vigente en Navarra relativo a ciertas figuras de intermediarios para la ejecución de las disposiciones mortis causa; los fiduciarios-comisarios (título XI), los herederos de confianza (título XII) y los albaceas (título XIII).

Dada la gran importancia de la voluntad en orden a la sucesión, se comprende que la tenga mucho menor la que debe llamarse en Navarra sucesión «legal», por venir determinada mediante disposición de la Ley, y no «legítima», lo que supondría una naturalidad que tal delación sucesoria no tiene en Navarra, ni tampoco «intestada» ya que no sólo puede quedar excluida por la forma testamentaria; sino también por otras modalidades de sucesión voluntaria. Al orden de esta sucesión legal se refiere el título XIV, con especial tratamiento de la sucesión en bienes troncales (capítulo III), y no troncales (capítulo III), y constancia de la preferencia, contraria, al Derecho Romano, del cónyuge respecto a los colaterales.

El derecho de representación, por el que los descendientes se subrogan en el derecho de un ascendiente que no llegó a adquirir por premoriencia o incapacidad, excede en Navarra, el ámbito de la sucesión legal (título XV), con el que se reduce mucho el alcance del derecho de acrecer (título XVI).

Los últimos títulos de este Libro Segundo se refieren a la adquisición y renuncia de la herencia (título XVII), a la hereditatis petito (título XVIII), a la cesión de herencia (título XIX) y su partición (título XX).

El Libro III es el más amplio, porque abarca toda la materia de los derechos reales (títulos I-VII) y las obligaciones (títulos VIII-XI). En cuanto a la propiedad y posesión de los bienes (título I), es interesante destacar el régimen singular de adquisición de los frutos de las heredades desde que son manifiestas (Ley trescientos cincuenta y cuatro), y en el título II, «De las Comunidades de bienes y derechos», se expone con claridad el régimen de modalidades especiales muy frecuentes, pero que no siempre se interpretan convenientemente, como son las corralizas (capítulo IV), facerías, helechales, el dominio concellar y las vecindades foranas (capítulo V); la errónea configuración que a veces se ha insinuado en la jurisprudencia, de tales derechos como servidumbres «personales» desfiguraba su propia naturaleza impidiendo la redención. Conforme a la más depurada doctrina, se consideran como servidumbres (título III) tan solo las prediales, de las que se recogen algunas particularidades siempre vigentes en Navarra, y como derechos reales especiales los de usufructo, habitación, uso y otros similares (título IV).

De gran utilidad resulta la regulación «Del Derecho de superficie y otros similares» (título V), que han cobrado renovada aplicación en el desarrollo urbano y la Compilación presenta una ordenación nueva, fiel reflejo de la práctica vigente, en materia de sobreedificación y subedificación (capítulo III).

El título VI ordena todo lo relativo al derecho de retracto y otros derechos de adquisición preferente, que presenta una mayor complejidad por la incidencia de tipos especiales de derechos concurrentes.

Finalmente, a las garantías reales se dedica el título VII, incluyendo la venta con pacto de retro en función de garantía (capítulo IV) las prohibiciones de disponer (capítulo V), la venta con reserva de dominio (capítulo VI) y la venta con pacto comisorio (capítulo VII).

La sistemática de las obligaciones –cuyos principios generales se recogen en el título VIII del tercer libro– distingue, en primer lugar, las promesas unilaterales designadas con el nombre romano de estipulaciones (título IX), a las que se agrega el acto similar de la fianza (capítulo II); en segundo lugar, los distintos tipos de préstamos (título X) –a los que sigue el censo consignativo (título XI)–, y en tercero, los contratos de custodia (título XII), de mandato (título XIII), de compraventa y permuta (título XIV) y de arrendamiento (título XV y último de la Compilación). Así pues, se prescinde de la categoría del «cuasicontrato» y, en su lugar, se trata del enriquecimiento sin causa (capítulo IV) en el título general (VIII) sobre las obligaciones, y de la gestión de negocios como figura simular al mandato (Leyes quinientos sesenta y quinientos sesenta y uno del título XIII). Debe señalarse también la eliminación de la superada figura del arrendamiento de servicios que, en la medida en que no queda regulada como contrato de trabajo, se somete a las reglas del mandato (Ley quinientos sesenta y dos), orillándose así una ya ociosa discusión de los autores, que hace tiempo debiera haber sido olvidada.

La orgánica estructura de estos tres libros queda coronada por el libro preliminar que los precede. Sus cuarenta y una Leyes se distribuyen en cuatro títulos, respectivamente, sobre las fuentes (título I), la condición toral de las personas físicas y jurídicas (título II), el ejercicio de los derechos (título III) y la prescripción de las acciones (título IV). Una mención especial merece el reconocimiento de la costumbre como primera fuente (Ley dos), incluso cuando se oponga al Derecho escrito, siempre que no sea contra la moral o el orden público (Ley tres). Aunque con este reconocimiento parezca debilitarse la fuerza de la misma Compilación, ello se debe a una indeclinable exigencia del Derecho privativo de Navarra, que se muestra así como un ordenamiento abierto al desarrollo futuro determinado por la práctica. Ello no obsta, sin embargo, a que el Derecho supletorio particular de Navarra quede siempre integrado por su tradición jurídica, constituida por sus antiguas Leyes y el Derecho Romano en aquellas instituciones que de él se han recibido en la práctica de nuestro tiempo; tradición a la que suple, en su caso, el Código Civil y las Leyes generales de España (Ley seis).

Hay que tener en cuenta, por lo demás, que las mismas Leyes de esta Compilación, como todas las Leyes vigentes en Navarra, tienen normalmente carácter dispositivo (Ley ocho), ya que el primer principio y fundamento de todo el Derecho navarro es la primacía de la voluntad privada, como se expresa en la antigua regla «paramiento fuero vienze» (Ley siete).

Aunque la codificación no debe considerarse nunca como un término final, sino como un proceso para el desarrollo del Derecho, con la presente Compilación viene a cumplirse el propósito de aclarar y renovar con una más depurada expresión el Derecho de Navarra, ya que, examinado cuidadosamente el texto del proyecto por los juristas designados al efecto, tras haber sido atendidas las enmiendas de que fue objeto, puede afirmarse su correspondencia con el Derecho vigente.

LIBRO PRELIMINAR

TÍTULO I
De las fuentes del derecho navarro

LEY 1

Compilación

Esta Compilación del Derecho privado foral, o Fuero Nuevo de Navarra, recoge el Derecho civil del antiguo Reino vigente a la fecha de su aprobación, conforme a la tradición y a la observancia práctica de sus costumbres, fueros y leyes, y ha sido actualizada de conformidad a la realidad social navarra y armonizada con el resto de las normas civiles emanadas del Parlamento de Navarra en el ejercicio de su competencia histórica.

Tradición jurídica navarra

En cuanto expresión del sentido histórico y de la continuidad del Derecho privado foral de Navarra, conservan rango preferente para la interpretación e integración de las leyes de la Compilación para aquellas instituciones que tenga su origen en el mismo, y por este orden: las leyes de Cortes posteriores a la Novísima Recopilación; la Novísima Recopilación; los Amejoramientos del Fuero; el Fuero General de Navarra y el Derecho romano en lo que haya sido recibido.

Modificada por Ley Foral 21/2019, de 4 de abril, de modificación y actualización de la Compilación del Derecho Civil Foral de Navarra o Fuero Nuevo. (Boletín Oficial de Navarra de 16-04-2019).

LEY 2

Prelación de fuentes

En Navarra la prelación de fuentes de Derecho es la siguiente:
1. La costumbre establecida por la realidad social navarra.
2. Las leyes de la presente Compilación y las Leyes civiles navarras.
3. Los principios generales del Derecho navarro.

Modificada por Ley Foral 21/2019, de 4 de abril, de modificación y actualización de la Compilación del Derecho Civil Foral de Navarra o Fuero Nuevo. (Boletín Oficial de Navarra de 16-04-2019).

LEY 3

Costumbre

La costumbre establecida y asentada en la realidad social navarra, aunque sea contra ley, prevalece sobre el Derecho escrito siempre que no se oponga a la moral o al orden público. La costumbre local tiene preferencia respecto a la general.

La costumbre que no sea notoria deberá ser alegada y probada ante los Tribunales.

Modificada por Ley Foral 21/2019, de 4 de abril, de modificación y actualización de la Compilación del Derecho Civil Foral de Navarra o Fuero Nuevo. (Boletín Oficial de Navarra de 16-04-2019).

LEY 4

Principios generales

Son principios generales los que informan el total ordenamiento civil navarro, entre ellos los de carácter histórico, y los que resultan de sus disposiciones.

Modificada por Ley Foral 21/2019, de 4 de abril, de modificación y actualización de la Compilación del Derecho Civil Foral de Navarra o Fuero Nuevo. (Boletín Oficial de Navarra de 16-04-2019).

LEY 5

Analogía

En los supuestos no contemplados específicamente en el Derecho privado foral, deberán integrarse sus lagunas mediante la racional extensión analógica de sus disposiciones.

Presunciones

Las presunciones establecidas en esta Compilación se considerarán «iuris tantum», salvo que la ley excluya expresamente toda prueba en contrario.

Modificada por Ley Foral 21/2019, de 4 de abril, de modificación y actualización de la Compilación del Derecho Civil Foral de Navarra o Fuero Nuevo. (Boletín Oficial de Navarra de 16-04-2019).

LEY 6

Preferencia y supletoriedad

El Código Civil y las Leyes generales de España serán Derecho supletorio de esta Compilación y de la tradición jurídica navarra expresada en la ley 1.

Modificada por Ley Foral 21/2019, de 4 de abril, de modificación y actualización de la Compilación del Derecho Civil Foral de Navarra o Fuero Nuevo. (Boletín Oficial de Navarra de 16-04-2019).

LEY 7

«Paramiento»

Conforme al principio «paramiento fuero vienze» o «paramiento ley vienze», la voluntad unilateral o contractual prevalece sobre cualquier fuente de Derecho, salvo que sea contraria a la moral o al orden público, vaya en perjuicio de tercero o se oponga a un precepto prohibitivo de esta Compilación con sanción de nulidad.

Se entienden comprendidos en el límite del orden público, entre otros, la efectividad de los derechos humanos, el fundamento de las instituciones jurídicas y la tutela de los valores inherentes al sistema democrático y social constitucionalmente consagrado.

Modificada por Ley Foral 21/2019, de 4 de abril, de modificación y actualización de la Compilación del Derecho Civil Foral de Navarra o Fuero Nuevo. (Boletín Oficial de Navarra de 16-04-2019).

LEY 8

Libertad civil

En razón de la libertad civil, esencial en el Derecho navarro, las leyes se presumen dispositivas.

LEY 9

Renuncia de derechos

La renuncia de derechos es válida, salvo que atente al orden público o se haga en fraude de ley.

LEY 10

Conflictos de leyes internos

En lo no previsto en la presente Compilación, los conflictos de leyes internos se resolverán mediante la aplicación de las normas generales del Estado y conforme al principio de paridad entre ordenamientos.

Modificada por Ley Foral 21/2019, de 4 de abril, de modificación y actualización de la Compilación del Derecho Civil Foral de Navarra o Fuero Nuevo. (Boletín Oficial de Navarra de 16-04-2019).

TÍTULO II
De la condición civil foral de navarro

LEY 11

Determinación de la condición civil

Determinación de la condición civil. La condición foral de navarro determina el sometimiento al Derecho civil foral de Navarra. La condición foral se regulará por las normas generales del Estado en materia de vecindad civil, *respetando el principio de paridad de ordenamientos**.

*La sentencia del TC 157/2021, de 16 de septiembre de 2021 (recurso de inconstitucionalidad 315-2020) declara inconstitucional y nulo el inciso destacado de este párrafo. (BOE de 20-10-2021).

LEY 12
(INCONSTITUCIONAL)

La Sentencia del TC 157/2021, de 16 de septiembre de 2021 (recurso de inconstitucionalidad 315-2020) declara inconstitucional y nula esta ley 12 en la redacción dada por Ley Foral 21/2019, de 4 de abril (BOE de 20-10-2021).

> *Redacción anterior:*
>
> *«Ley 12*
>
> *Navarros en el extranjero*
>
> *Los navarros residentes en el extranjero no perderán su condición foral en tanto conserven la nacionalidad española. Los que adquirieren nacionalidad extranjera sin perder la española, conservarán también la condición foral navarra.*
>
> *Los navarros que hubieren perdido la nacionalidad española, al recuperarla recobrarán también su condición foral».*

LEY 13

Efectos de la condición foral

Los actos celebrados por personas de condición foral no perderán su validez por quedar estas sometidas posteriormente a otro Derecho, pero los efectos de esos actos deberán acomodarse a las exigencias del nuevo ordenamiento.

Cambios de condición

Asimismo, los actos válidamente celebrados por quienes con posterioridad a su otorgamiento adquieran la condición foral deberán producir sus efectos conforme al Derecho navarro, aunque este difiera del ordenamiento al que se sometió su celebración.

Modificada por Ley Foral 21/2019, de 4 de abril, de modificación y actualización de la Compilación del Derecho Civil Foral de Navarra o Fuero Nuevo. (Boletín Oficial de Navarra de 16-04-2019).

TÍTULO III
Del ejercicio de los derechos y de las declaraciones de voluntad

Modificado por Ley Foral 21/2019, de 4 de abril, de modificación y actualización de la Compilación del Derecho Civil Foral de Navarra o Fuero Nuevo. (Boletín Oficial de Navarra de 16-04-2019).

LEY 14

Límites al ejercicio de los derechos

Los derechos pueden ejercitarse libremente sin más límites que los exigidos por su naturaleza, la costumbre, la ley, la moral, la buena fe y el uso inocuo de las cosas por otras personas, sin incurrir en abuso de derecho o ejercicio antisocial del mismo.

Modificada por Ley Foral 21/2019, de 4 de abril, de modificación y actualización de la Compilación del Derecho Civil Foral de Navarra o Fuero Nuevo. (Boletín Oficial de Navarra de 16-04-2019).

LEY 15

Ejercicio defraudatorio de derechos

Los actos realizados con intención de excluir injustamente el derecho de un tercero pueden impugnarse a la vez que se ejercita el derecho que se intentó defraudar.

Modificada por Ley Foral 21/2019, de 4 de abril, de modificación y actualización de la Compilación del Derecho Civil Foral de Navarra o Fuero Nuevo. (Boletín Oficial de Navarra de 16-04-2019).

LEY 16

Extinción de derechos por falta de ejercicio

Los derechos pueden extinguirse por la falta de ejercicio cuando así se hubiera pactado o en los casos previstos por la costumbre o la ley.

Modificada por Ley Foral 21/2019, de 4 de abril, de modificación y actualización de la Compilación del Derecho Civil Foral de Navarra o Fuero Nuevo. (Boletín Oficial de Navarra de 16-04-2019).

LEY 17

Perfección formal

La declaración de voluntad expresada en cualquier forma es válida y legítima para el ejercicio de los derechos que de la misma se deriven.

No obstante, los actos o contratos para los que la ley no exija una forma determinada pero esta se hubiere convenido expresamente no se considerarán perfeccionados sin el cumplimiento de dicha forma. Cuando se trate de un acto que usualmente revista una forma determinada, se presumirá que las partes han querido supeditar la perfección del acto al cumplimiento de la misma.

En los casos en que la ley civil navarra exija cierta forma se considerará de solemnidad.

Modificada por Ley Foral 21/2019, de 4 de abril, de modificación y actualización de la Compilación del Derecho Civil Foral de Navarra o Fuero Nuevo. (Boletín Oficial de Navarra de 16-04-2019).

LEY 18

El silencio u omisión

El silencio o la omisión no se considerarán como declaraciones de voluntad, a no ser que lo hubieran convenido las partes o así deba interpretarse conforme a la ley, la costumbre o los usos.

Modificada por Ley Foral 21/2019, de 4 de abril, de modificación y actualización de la Compilación del Derecho Civil Foral de Navarra o Fuero Nuevo. (Boletín Oficial de Navarra de 16-04-2019).

LEY 19

Nulidad, anulabilidad y rescisión de las declaraciones de voluntad

Sin perjuicio de lo dispuesto en la ley 47, son nulas las declaraciones de voluntad emitidas por personas que carezcan de hecho de capacidad en el momento de su emisión para entender y querer el acto o contrato y sus efectos jurídicos, las de objeto imposible o inmoral y todas aquellas que estén prohibidas por la ley. Serán igualmente nulas las efectuadas por persona con discapacidad cuando conforme a las medidas de apoyo establecidas procediera que actuara otra persona en su representación.

Son anulables las declaraciones emitidas por menores no emancipados salvo que se acredite que en el momento de emitirlas carecían por completo de juicio, en cuyo caso serán nulas de pleno derecho. Asimismo, son anulables las declaraciones de voluntad emitidas por personas emancipadas sin la debida asistencia cuando esta sea necesaria conforme a lo dispuesto en la ley 48. Serán también anulables las emitidas por personas con discapacidad para las que se hayan establecido medidas de apoyo cuando actúen sin el complemento previsto en dichas medidas.

Son rescindibles las declaraciones de voluntad cuando así lo disponga la ley.

Modificada por Ley Foral 31/2022, de 28 de noviembre, de atención a las personas con discapacidad en Navarra y garantía de sus derechos. (Boletín Oficial de Navarra de 15-12-2022).

Anteriormente modificada por Ley Foral 21/2019, de 4 de abril, de modificación y actualización de la Compilación del Derecho Civil Foral de Navarra o Fuero Nuevo. (Boletín Oficial de Navarra de 16-04-2019).

LEY 20

Vicios de la voluntad

Son anulables las declaraciones viciadas por error, dolo o violencia física o moral graves, pero no podrá alegarse el error inexcusable de hecho o de Derecho.

Modificada por Ley Foral 21/2019, de 4 de abril, de modificación y actualización de la Compilación del Derecho Civil Foral de Navarra o Fuero Nuevo. (Boletín Oficial de Navarra de 16-04-2019).

LEY 21

La influencia indebida

Son anulables las declaraciones de voluntad realizadas en beneficio de quien, teniendo bajo su dependencia al otorgante, aprovecha esa situación para conseguir, para él u otros, una ventaja que de otro modo no hubiera obtenido.

Abuso de influencia

Asimismo, son anulables las realizadas por la influencia abusiva de otro que aprovecha la confianza en él depositada, que se trate de personas con discapacidad para las que se hayan establecido medidas de apoyo cuando actúen sin el complemento previsto en dichas medidas o la angustia del declarante, con obtención de un beneficio.

Modificada por Ley Foral 31/2022, de 28 de noviembre, de atención a las personas con discapacidad en Navarra y garantía de sus derechos. (Boletín Oficial de Navarra de 15-12-2022).

Anteriormente modificada por Ley Foral 21/2019, de 4 de abril, de modificación y actualización de la Compilación del Derecho Civil Foral de Navarra o Fuero Nuevo. (Boletín Oficial de Navarra de 16-04-2019).

LEY 22

Simulación

Los actos producen los efectos propios de la declaración manifestada por las partes, pero si fueran simulados solo valdrá lo que aquellas hayan querido realmente hacer, siempre que fuere lícito y reúna todos los requisitos formales que la ley exija para el mismo.

La nulidad de la declaración simulada no puede alegarse contra terceros de buena fe.

Modificada por Ley Foral 21/2019, de 4 de abril, de modificación y actualización de la Compilación del Derecho Civil Foral de Navarra o Fuero Nuevo. (Boletín Oficial de Navarra de 16-04-2019).

TITULO IV
De la prescripción extintiva y de la caducidad de las acciones

Modificado por Ley Foral 21/2019, de 4 de abril, de modificación y actualización de la Compilación del Derecho Civil Foral de Navarra o Fuero Nuevo. (Boletín Oficial de Navarra de 16-04-2019).

CAPÍTULO I
De la prescripción de las acciones

Modificado por Ley Foral 21/2019, de 4 de abril, de modificación y actualización de la Compilación del Derecho Civil Foral de Navarra o Fuero Nuevo. (Boletín Oficial de Navarra de 16-04-2019).

LEY 23

Prescripción

Todas las acciones que, por su naturaleza o por declaración de la ley, no sean imprescriptibles prescribirán en los plazos que se establecen en el presente capítulo o en las demás leyes que las regulen.

Los plazos establecidos para el ejercicio de las acciones se presumen de prescripción.

Salvo disposición legal especial, los plazos de prescripción se contarán, una vez que las acciones puedan ser ejercitadas, desde que su titular conozca o haya podido razonablemente conocer los hechos que la fundamentan y la persona contra la que deba dirigirse.

Cualquier pretensión susceptible de prescripción se extingue en todo caso por el transcurso de treinta años desde su nacimiento, con independencia de que hayan concurrido causas de suspensión o de interrupción de la prescripción.

Modificada por Ley Foral 21/2019, de 4 de abril, de modificación y actualización de la Compilación del Derecho Civil Foral de Navarra o Fuero Nuevo. (Boletín Oficial de Navarra de 16-04-2019).

LEY 24

Renuncia

Será nulo cualquier pacto que implique una renuncia anticipada o indefinida a la prescripción.

La renuncia a la prescripción consumada no perjudicará los derechos de terceros ni de quienes pretendan hacer valer la prescripción de la acción, aun cuando se encuentren unidos al renunciante por vínculo de solidaridad.

Modificada por Ley Foral 21/2019, de 4 de abril, de modificación y actualización de la Compilación del Derecho Civil Foral de Navarra o Fuero Nuevo. (Boletín Oficial de Navarra de 16-04-2019).

LEY 25

Prestación de servicios y suministros

Las acciones para exigir el pago de deudas por servicios profesionales prestados y géneros o animales vendidos por un comerciante a quien no lo sea, prescriben a los cinco años a partir de la prestación del servicio o entrega de la cosa. Cuando la deuda conste en un documento, la acción prescribe en el plazo de diez años, que se contarán desde la prestación o entrega, salvo que de otro modo se estableciere en el documento.

Modificada por Ley Foral 21/2019, de 4 de abril, de modificación y actualización de la Compilación del Derecho Civil Foral de Navarra o Fuero Nuevo. (Boletín Oficial de Navarra de 16-04-2019).

LEY 26

Préstamos

En los préstamos con interés, la acción personal para reclamar el capital prescribe a los cinco años, y la de los intereses, al año. Si el préstamo fuese sin interés, se aplicará lo dispuesto en la ley 35.

Si el capital fuese exigible a partir de una fecha determinada, el plazo de prescripción de la acción para reclamarlo se iniciará en tal fecha. En caso contrario, se estará a lo previsto en el párrafo segundo de la ley 532. Respecto a los intereses, el plazo se computará desde que vencieron y no fueron pagados.

Modificada por Ley Foral 21/2019, de 4 de abril, de modificación y actualización de la Compilación del Derecho Civil Foral de Navarra o Fuero Nuevo. (Boletín Oficial de Navarra de 16-04-2019).

LEY 27

Acción hipotecaria

La acción hipotecaria prescribe a los veinte años.

Modificada por Ley Foral 21/2019, de 4 de abril, de modificación y actualización de la Compilación del Derecho Civil Foral de Navarra o Fuero Nuevo. (Boletín Oficial de Navarra de 16-04-2019).

LEY 28

Títulos ejecutivos

En los títulos judiciales o extrajudiciales que tengan aparejada ejecución, la acción ejecutiva prescribe a los cinco años. La acción ordinaria subsistirá dentro del plazo de la ley 35.

Modificada por Ley Foral 21/2019, de 4 de abril, de modificación y actualización de la Compilación del Derecho Civil Foral de Navarra o Fuero Nuevo. (Boletín Oficial de Navarra de 16-04-2019).

LEY 29

Censos

La acción para reclamar la pensión censal prescribe a los cinco años.

El plazo de prescripción se computará desde el momento en que sea exigible su pago. Se extingue por prescripción el censo transcurridos diez años sin reclamarse por el censualista la pensión.

Modificada por Ley Foral 21/2019, de 4 de abril, de modificación y actualización de la Compilación del Derecho Civil Foral de Navarra o Fuero Nuevo. (Boletín Oficial de Navarra de 16-04-2019).

LEY 30

Rescisión por lesión

La acción rescisoria por lesión enorme prescribe a los cinco años y la rescisoria por lesión enormísima, a los diez.

El plazo de prescripción se computará desde el momento de la perfección del contrato.

Modificada por Ley Foral 21/2019, de 4 de abril, de modificación y actualización de la Compilación del Derecho Civil Foral de Navarra o Fuero Nuevo. (Boletín Oficial de Navarra de 16-04-2019).

LEY 31

Rescisión e impugnación

Las acciones de rescisión no previstas en la ley anterior y las de impugnación de actos anulables prescriben a los cuatro años.

El plazo de prescripción de las acciones de rescisión se computará desde el momento de la perfección del contrato y el de la de impugnación de actos anulables desde el momento en que cesó la violencia o intimidación o desde que quien prestó el consentimiento viciado tuvo conocimiento del error o el dolo. Para el resto de actos anulables se estará a lo dispuesto en la ley 23.

Modificada por Ley Foral 21/2019, de 4 de abril, de modificación y actualización de la Compilación del Derecho Civil Foral de Navarra o Fuero Nuevo. (Boletín Oficial de Navarra de 16-04-2019).

LEY 32

Saneamiento

La acción redhibitoria y la «quanti minoris» prescriben al año.

El plazo de prescripción deberá computarse desde la entrega real de la cosa vendida.

Modificada por Ley Foral 21/2019, de 4 de abril, de modificación y actualización de la Compilación del Derecho Civil Foral de Navarra o Fuero Nuevo. (Boletín Oficial de Navarra de 16-04-2019).

LEY 33

Acciones posesorias

La acción para retener o recobrar la posesión prescribe al año.

El plazo de prescripción empezará a contarse desde que se inicie la perturbación o se consume el despojo de la posesión.

Modificada por Ley Foral 21/2019, de 4 de abril, de modificación y actualización de la Compilación del Derecho Civil Foral de Navarra o Fuero Nuevo. (Boletín Oficial de Navarra de 16-04-2019).

LEY 34

Remisión a otras leyes de prescripción

Las acciones siguientes prescriben en los plazos establecidos en las leyes que se indican a continuación:

1. La acción de impugnación, por un cónyuge o sus herederos, de los actos realizados por el otro sin el consentimiento de aquel cuando lo precisare, conforme a lo dispuesto en el último apartado, párrafo primero, de la ley 79.

2. La de petición de herencia, conforme a lo dispuesto en la ley 324.

3. La de retraer en la venta con pacto de retro, conforme a la ley 480.

4. La acción para exigir responsabilidad por culpa extracontractual, con arreglo a lo dispuesto en la ley 507.

5. La de carta de gracia por tiempo indefinido, conforme a lo dispuesto en la ley 582.

Modificada por Ley Foral 21/2019, de 4 de abril, de modificación y actualización de la Compilación del Derecho Civil Foral de Navarra o Fuero Nuevo. (Boletín Oficial de Navarra de 16-04-2019).

LEY 35

Prescripción general

a) Acciones personales. Las acciones personales que no tengan establecido otro plazo especial prescriben a los cinco años, con independencia del plazo de prescripción propio de la garantía real que se hubiese constituido.

El plazo general se aplicará siempre que no concurran todos los requisitos para el ejercicio de la acción que tenga determinado un plazo especial.

b) Acciones reales. Las acciones reales que no tengan establecido plazo especial sólo prescriben a consecuencia de la adquisición por usucapión con la que resulten incompatibles.

Si la incompatibilidad se revela frente a un derecho real no susceptible de usucapión y la acción real no tiene señalado un plazo específico, el plazo de prescripción será de cinco años.

Modificada por Ley Foral 21/2019, de 4 de abril, de modificación y actualización de la Compilación del Derecho Civil Foral de Navarra o Fuero Nuevo. (Boletín Oficial de Navarra de 16-04-2019).

LEY 36

Interrupción de la prescripción

La prescripción se interrumpe por la interposición de la demanda, la presentación de una solicitud de conciliación, el inicio del procedimiento arbitral, la reclamación extrajudicial y el reconocimiento expreso o implícito del derecho o de la obligación.

Suspensión. El cómputo de los plazos de prescripción quedará suspendido en los siguientes supuestos:

1. A consecuencia de la presentación de una solicitud de beneficio de asistencia jurídica gratuita y hasta la designación definitiva de abogado.

2. Durante la sustanciación de las diligencias preliminares o de otros actos preparatorios semejantes e imprescindibles para la válida constitución de la relación jurídico-procesal.

3. Durante la tramitación de las reclamaciones administrativas previas cuando estas sean preceptivas.

4. En las pretensiones de las que sean titulares personas menores de edad, mientras no dispongan de representación legal.

5. En las pretensiones de las que sean titulares personas con discapacidad que tengan establecidas medidas de apoyo para el ejercicio de su capacidad jurídica, mientras no dispongan de la representación o del apoyo para complementar su capacidad previstos en dichas medidas.

6. Por la constancia formal del inicio de un proceso de mediación.

7. En las pretensiones que se tengan frente a un patrimonio hereditario del que se desconozcan sus herederos, mientras no haya sido designado defensor judicial.

8. Por razones de fuerza mayor.

Modificada por Ley Foral 31/2022, de 28 de noviembre, de atención a las personas con discapacidad en Navarra y garantía de sus derechos. (Boletín Oficial de Navarra de 15-12-2022).

Anteriormente modificada por Ley Foral 21/2019, de 4 de abril, de modificación y actualización de la Compilación del Derecho Civil Foral de Navarra o Fuero Nuevo. (Boletín Oficial de Navarra de 16-04-2019).

LEY 37

Acciones imprescriptibles

Son imprescriptibles:
1. Las acciones de estado civil que no tengan establecido plazo para su ejercicio.
2. La acción declarativa de la cualidad de heredero.
3. La acción meramente declarativa del dominio.
4. Las acciones divisorias de los comuneros y de los coherederos y las de deslinde, sin perjuicio de la prescripción adquisitiva de los bienes afectados.
5. La acción de nulidad radical de un acto o contrato.
6. Las que pretenden el cumplimiento de la obligación contraída de elevar a público un contrato otorgado en documento privado.

Modificada por Ley Foral 21/2019, de 4 de abril, de modificación y actualización de la Compilación del Derecho Civil Foral de Navarra o Fuero Nuevo. (Boletín Oficial de Navarra de 16-04-2019).

CAPÍTULO II
De la caducidad de las acciones

Modificado por Ley Foral 21/2019, de 4 de abril, de modificación y actualización de la Compilación del Derecho Civil Foral de Navarra o Fuero Nuevo. (Boletín Oficial de Navarra de 16-04-2019).

LEY 38

Acciones sujetas a caducidad

Las acciones siguientes caducan en los plazos señalados en las leyes que se indican a continuación:
1. La oposición al reconocimiento y las acciones de impugnación y de declaración de la filiación, conforme a lo dispuesto en las leyes 54, 56 y 57.
2. La acción para solicitar la rendición de cuentas y el resarcimiento de daños e indemnización de los perjuicios a los progenitores por la administración de los bienes de sus hijos, conforme a lo dispuesto en la ley 66.
3. La acción para exigir por el cónyuge no deudor que el embargo por deudas del otro sobre bienes comunes de la sociedad de conquistas sea sustituido por el embargo de la parte que al deudor le corresponda en dicha sociedad, conforme a lo dispuesto en la ley 93.
4. La acción de revocación de las donaciones, conforme a lo dispuesto en la ley 163 último párrafo.
5. Las acciones de retracto, conforme a lo dispuesto en las leyes 383, 390, 392, 446, 451 y 458.

Modificada por Ley Foral 21/2019, de 4 de abril, de modificación y actualización de la Compilación del Derecho Civil Foral de Navarra o Fuero Nuevo. (Boletín Oficial de Navarra de 16-04-2019).

LEY 39

Cómputo de los plazos

Los plazos de caducidad señalados por meses o años se contarán de fecha a fecha.

Modificada por Ley Foral 21/2019, de 4 de abril, de modificación y actualización de la Compilación del Derecho Civil Foral de Navarra o Fuero Nuevo. (Boletín Oficial de Navarra de 16-04-2019).

LEY 40

Apreciación de oficio

La caducidad podrá ser apreciada de oficio por los Tribunales previa audiencia de la partes contendientes afectadas por ella.

Modificada por Ley Foral 21/2019, de 4 de abril, de modificación y actualización de la Compilación del Derecho Civil Foral de Navarra o Fuero Nuevo. (Boletín Oficial de Navarra de 16-04-2019).

LEY 41

Suspensión

Los plazos de caducidad, una vez iniciados, no son susceptibles de interrupción pero sí deberán suspenderse, además de en los casos específicamente contemplados en otras leyes de la presente Compilación, en los mismos supuestos previstos para los plazos de prescripción en el párrafo segundo de la ley 36.

Modificada por Ley Foral 21/2019, de 4 de abril, de modificación y actualización de la Compilación del Derecho Civil Foral de Navarra o Fuero Nuevo. (Boletín Oficial de Navarra de 16-04-2019).

LIBRO I
De las Personas, de la Familia y de la Casa navarra

Modificado por Ley Foral 21/2019, de 4 de abril, de modificación y actualización de la Compilación del Derecho Civil Foral de Navarra o Fuero Nuevo. (Boletín Oficial de Navarra de 16-04-2019).

TÍTULO I
De las Personas Jurídicas, los Patrimonios especialmente protegidos y otros Entes sin personalidad

Modificado por Ley Foral 21/2019, de 4 de abril, de modificación y actualización de la Compilación del Derecho Civil Foral de Navarra o Fuero Nuevo. (Boletín Oficial de Navarra de 16-04-2019).

CAPÍTULO I
Personas jurídicas

Modificado por Ley Foral 21/2019, de 4 de abril, de modificación y actualización de la Compilación del Derecho Civil Foral de Navarra o Fuero Nuevo. (Boletín Oficial de Navarra de 16-04-2019).

LEY 42

Fundaciones

Las fundaciones para fines de interés general deberán constituirse de conformidad a lo dispuesto en la ley especial que las regule y adquirirán personalidad jurídica desde la inscripción del acto constitutivo en el correspondiente Registro de Fundaciones.

Otras personas jurídicas. Además de las instituciones cuya personalidad jurídica se halla reconocida por las leyes, la tienen igualmente reconocida por esta Compilación:

1. Las Juntas o «Patronatos mere legos» de los Santuarios, Ermitas, Cofradías y similares, sin perjuicio de la condición que les conceda el derecho canónico.

2. Los patrimonios afectos a fines de interés privado sin ánimo de lucro a los que se refiere la ley siguiente.

Modificada por Ley Foral 21/2019, de 4 de abril, de modificación y actualización de la Compilación del Derecho Civil Foral de Navarra o Fuero Nuevo. (Boletín Oficial de Navarra de 16-04-2019).

LEY 43

Patrimonios afectos a fines de interés privado

a) Objeto. Por actos «inter vivos» o «mortis causa», cualquier persona podrá dotar de personalidad jurídica propia a un patrimonio integrado por bienes y derechos de cualquier clase y afectarlo al cumplimiento de determinados fines privados de interés social, humanitario o cultural o cualesquiera otros de carácter solidario y sin ánimo de lucro.

La atribución de personalidad jurídica al patrimonio y su afectación a dichos fines por acto «inter vivos» debe hacerse en escritura pública en la que consten los estatutos que determinen el nombramiento, renovación, funcionamiento y atribuciones del órgano rector de la persona jurídica así constituida.

Si la constitución se realizase por acto «mortis causa», el constituyente puede ordenar por sí mismo los estatutos o encomendar su ordenación, total o parcialmente, al primer órgano rector o a otras personas. Igualmente, puede realizar la dotación de bienes o derechos, ya en el propio acto de constitución, ya en acto separado, ya delegando en otras personas la asignación de bienes o derechos, a título universal o singular.

b) Régimen. Las personas jurídicas así constituidas se regirán por la voluntad del constituyente manifestada en dicho acto y en los estatutos, que será suplida en lo no previsto e integrada en su interpretación por las disposiciones contenidas en el libro II de esta Compilación.

c) Facultades del órgano rector. Salvo que otra cosa se disponga en los estatutos, corresponden al órgano rector, plenamente y sin limitación alguna, las facultades siguientes:

1. Las de administración y disposición del patrimonio dotacional.

2. La de interpretar la voluntad del constituyente.

3. Las de inversión, realización, transformación y depósito de los bienes y aplicación de los mismos a los fines determinados en el acto constitutivo.

4. Las de confeccionar los presupuestos y aprobar las cuentas por sí solo y con plenitud de efectos.

Tratándose de personas jurídicas creadas por voluntad privada y para fines de interés privado, el constituyente podrá eximir a las mismas de intervención administrativa. Sin embargo, a instancia de cualquier persona, el Ministerio Fiscal podrá inspeccionar la gestión e instar y ejercitar las acciones procedentes.

d) Reversión. El acto constitutivo o los estatutos podrán establecer la reversión de los bienes en favor de los herederos del constituyente o de determinadas personas, sean o no parientes de este, con el límite de la ley 224.

e) Extinción. Cuando se extinga una persona jurídica constituida conforme a esta ley sin haberse previsto el destino de sus bienes, adquirirá estos la Comunidad Foral de Navarra, que los aplicará a fines de interés social o general.

Modificada por Ley Foral 21/2019, de 4 de abril, de modificación y actualización de la Compilación del Derecho Civil Foral de Navarra o Fuero Nuevo. (Boletín Oficial de Navarra de 16-04-2019).

CAPÍTULO II
Patrimonios protegidos para miembros con discapacidad o dependencia de la comunidad o grupo familiar

Modificado por Ley Foral 21/2019, de 4 de abril, de modificación y actualización de la Compilación del Derecho Civil Foral de Navarra o Fuero Nuevo. (Boletín Oficial de Navarra de 16-04-2019).

LEY 44

Patrimonios protegidos

a) Concepto y caracteres. Podrán constituirse patrimonios especialmente protegidos para las personas con discapacidad o dependencia que formen parte de la comunidad o grupo familiar, aun sin convivencia, mediante la aportación a título gratuito de bienes y derechos a este patrimonio y el establecimiento de las medidas necesarias para determinar su afección y el destino de sus rendimientos a subvenir a sus necesidades, sin perjuicio de lo establecido en las Leyes generales o especiales sobre su protección patrimonial.

Dichos patrimonios se regirán por lo dispuesto en el acto de su constitución, que no otorgará titularidades ni derechos reales al beneficiario. El patrimonio no responderá de las obligaciones posteriores a su constitución distintas a su destino que pudieran corresponder al beneficiario, al constituyente o a las demás personas que realizaron las aportaciones.

b) Constitución. Podrán constituir patrimonios protegidos, mediante la aportación de bienes y derechos que, por su naturaleza o rentabilidad, sirvan para satisfacer las necesidades vitales del beneficiario, las personas o entidades siguientes:

– la propia persona con discapacidad o dependencia beneficiaria del mismo, por sí o con el apoyo que precise,

– quienes le representen conforme a las medidas de apoyo establecidas, con el consentimiento de la persona beneficiaria,

– cualquier miembro de la comunidad o grupo familiar de la que dicha persona forme parte.

La constitución tendrá lugar por medio de escritura pública o testamento otorgado ante Notario en los que, sin perjuicio de otras disposiciones, se hará constar necesariamente:

1. La denominación del patrimonio que se hará en relación con la persona o personas beneficiarias identificadas con su nombre y apellidos.

2. La identificación y voluntad del constituyente.

3. El inventario inicial de bienes y derechos.

4. El establecimiento de las normas que deben regir la administración del patrimonio y las medidas de control de dicha administración, así como la designación de las personas que deban ejercerlas.

5. El destino que debe darse al remanente cuando tenga lugar su liquidación, el cual podrá consistir en la reversión de los bienes en favor de los herederos del constituyente o de determinadas personas, sean o no parientes de este, con el límite de la ley 224.

Cabrá también la constitución judicial, cuando la persona encargada de prestar apoyos se niegue de forma injustificada a materializar la constitución del patrimonio protegido con la aportación de bienes y derechos adecuados y suficientes realizada por cualquier persona con interés legítimo, la cual podrá acudir al Ministerio Fiscal para que lo inste de la autoridad judicial.

Modificada por Ley Foral 31/2022, de 28 de noviembre, de atención a las personas con discapacidad en Navarra y garantía de sus derechos. (Boletín Oficial de Navarra de 15-12-2022).

Anteriormente modificada por Ley Foral 21/2019, de 4 de abril, de modificación y actualización de la Compilación del Derecho Civil Foral de Navarra o Fuero Nuevo. (Boletín Oficial de Navarra de 16-04-2019).

LEY 45

c) Administración. Las personas designadas como administradoras en la escritura de constitución deberán realizar su gestión conforme a lo previsto en la misma, respetando los derechos, deseos, voluntad y preferencias del beneficiario y las salvaguardas necesarias para evitar abusos, así como con la diligencia necesaria para conservar los bienes en el estado en que mantengan o incrementen su productividad, todo ello sin perjuicio de las condiciones establecidas en la constitución o aportaciones por terceros por dichos terceros.

Podrá contraer obligaciones a cargo del patrimonio y ostentará la legitimación procesal para la defensa de sus intereses.

En todo lo no previsto en la escritura de su constitución serán de aplicación las previsiones de las medidas voluntarias o, en su defecto, las normas de la curatela.

d) Control y rendición de cuentas. Sin perjuicio de las medidas de control establecidas en la escritura de constitución, las personas designadas para la administración deben rendir anualmente cuentas ante la persona designada en la escritura además de ante el beneficiario o sus representantes legales.

e) Extinción y liquidación. Tendrá lugar la extinción del patrimonio protegido por muerte o declaración de fallecimiento del beneficiario o por la pérdida de la condición que fundamentó su constitución y por finalización del plazo o cumplimiento de la condición resolutoria que, en su caso, se hubiera establecido en su constitución.

La extinción del patrimonio comportará su liquidación a cargo del administrador salvo que hubiera sido designada otra persona con tal función en el título de su constitución, la cual, deberá dar al remanente el destino previsto en la misma.

Cuando se haya dispuesto que el destino de los bienes revierta a los herederos del constituyente, en su defecto, los adquirirá la Comunidad Foral de Navarra, que los aplicará a fines de protección de personas con discapacidad o dependencia.

Modificada por Ley Foral 31/2022, de 28 de noviembre, de atención a las personas con discapacidad en Navarra y garantía de sus derechos. (Boletín Oficial de Navarra de 15-12-2022).

CAPÍTULO III
Otros entes sin personalidad

Modificado por Ley Foral 21/2019, de 4 de abril, de modificación y actualización de la Compilación del Derecho Civil Foral de Navarra o Fuero Nuevo. (Boletín Oficial de Navarra de 16-04-2019).

LEY 46

Sociedades y agrupaciones sin personalidad

Las sociedades u otras agrupaciones de naturaleza civil cuya personalidad no haya sido reconocida pueden, sin embargo, actuar como sujetos de derecho por mediación de quienes ostenten su representación expresa o tácitamente conferida.

La titularidad de los derechos adquiridos por estos sujetos colectivos se considerará conjunta de todos los miembros y será necesaria la unanimidad para disponer de esos derechos, sin perjuicio de las relaciones internas entre las partes.

De las obligaciones contraídas por dichos sujetos colectivos responderán personal y solidariamente todos sus miembros.

Modificada por Ley Foral 21/2019, de 4 de abril, de modificación y actualización de la Compilación del Derecho Civil Foral de Navarra o Fuero Nuevo. (Boletín Oficial de Navarra de 16-04-2019).

TÍTULO II
De la capacidad y representación de las personas individuales

Modificado por Ley Foral 21/2019, de 4 de abril, de modificación y actualización de la Compilación del Derecho Civil Foral de Navarra o Fuero Nuevo. (Boletín Oficial de Navarra de 16-04-2019).

LEY 47

Capacidad

La capacidad plena se adquiere con la mayoría de edad al cumplirse los 18 años.

Menores de edad

Los menores de edad tienen capacidad para todos los actos relativos a los derechos inherentes a su persona que, de acuerdo con su madurez, puedan ejercer por sí mismos, para los actos y contratos que las leyes les permitan realizar solos o con la asistencia de sus representantes legales, así como para los relativos a los bienes y servicios ordinarios que sean propios de su edad conforme a los usos sociales.

Para celebrar contratos que les obliguen a realizar prestaciones personales, se requiere su previo consentimiento si tienen suficiente madurez y, en todo caso, si son mayores de 12 años, debiendo ser oídos, también en tales casos, para cualesquiera otros actos o contratos que les afecten.

Las limitaciones a la capacidad de obrar de los menores se interpretarán siempre de forma restrictiva y en su interés.

Menores de edad mayores de 14 años

Sin perjuicio de todos aquellos actos que puedan realizar conforme a las leyes, los menores de edad que sean mayores de 14 años tendrán capacidad para los actos determinados en esta Compilación.

Además, pueden aceptar por sí solos toda clase de liberalidades por las que no contraigan obligaciones, aunque aquellas contengan limitaciones o prohibiciones sobre los bienes objeto de liberalidad.

Menores de edad mayores de 16 años

Los mayores de 16 años no emancipados pueden realizar los actos de administración ordinaria de los bienes que hayan adquirido con su propia actividad lucrativa.

Podrán también consentir en documento público los actos de disposición de sus progenitores a los que se refiere el apartado segundo de la ley 66, en cuyo caso no será precisa la autorización judicial.

Modificada por Ley Foral 21/2019, de 4 de abril, de modificación y actualización de la Compilación del Derecho Civil Foral de Navarra o Fuero Nuevo. (Boletín Oficial de Navarra de 16-04-2019).

LEY 48

Emancipación

La emancipación tendrá lugar por concesión de quienes ejercen la responsabilidad parental y por concesión judicial.

En el primer caso se requiere que el menor tenga 16 años cumplidos, que la consienta y que sea otorgada en escritura pública o en comparecencia ante el encargado del Registro Civil.

El juez puede conceder la emancipación a los mayores de 16 años sujetos a responsabilidad parental que lo solicitaren, y previa audiencia de sus progenitores:

1. Cuando estos vivieren separados.

2. Cuando quien ejerce la responsabilidad parental contraiga nuevo matrimonio, constituya pareja estable o conviva maritalmente con persona distinta del otro progenitor.

3. Cuando concurriere cualquier causa que obstaculice de forma grave el ejercicio de la responsabilidad parental.

También podrá concederla al mayor de 16 años sujeto a tutela que la solicite, previo informe del Ministerio Fiscal.

Se considera emancipado a todos los efectos al mayor de 16 años que, con el consentimiento de sus progenitores, viva independiente de ellos, sin perjuicio de la revocación de dicho consentimiento por aquellos, que deberá estar fundada en el superior interés del menor.

La emancipación concedida no producirá efectos frente a terceros hasta su inscripción en el Registro Civil.

Capacidad del menor emancipado

El menor emancipado puede realizar por sí toda clase de actos y contratos, incluso comparecer en juicio, excepto tomar dinero a préstamo, avalar o afianzar, enajenar o gravar bienes inmuebles, establecimientos mercantiles o industriales, o sus elementos esenciales, u objetos de valor extraordinario; para estos actos al igual que para la comparecencia en juicio que verse sobre los mismos o tenga por objeto bienes de las clases indicadas, requerirá la asistencia de uno cualquiera de sus progenitores y, a falta de ellos, de su representante legal.

Modificada por Ley Foral 21/2019, de 4 de abril, de modificación y actualización de la Compilación del Derecho Civil Foral de Navarra o Fuero Nuevo. (Boletín Oficial de Navarra de 16-04-2019).

LEY 49

Representación

Toda persona mayor de edad o menor emancipada puede realizar mediante apoderado todos los actos que podría realizar por sí, sin más limitaciones que las establecidas en esta Compilación.

Revocabilidad

El poder de representación podrá revocarse libremente por el poderdante, salvo que se hubiere concedido expresamente con carácter irrevocable en razón de un interés legítimo del apoderado o de que entre este y el poderdante exista una relación contractual que justifique la irrevocabilidad.

Poderes preventivos: Toda persona mayor de edad o menor emancipada puede otorgar en escritura pública poderes preventivos, cuya vigencia se inicie y desarrolle en el momento en que precise apoyo en el ejercicio de su capacidad.

Los poderes preventivos podrán tener la extensión personal y patrimonial que el poderdante determine, establecer cualesquiera medidas de apoyo y control y nombrar a las personas que hayan de ejercerlas.

El poder preventivo otorgado a favor del cónyuge o pareja estable del poderdante se extinguirá de forma automática en el momento del cese de la convivencia salvo disposición en contrario del poderdante o concurrencia de alguna causa que en razón a su estado justifique su subsistencia.

Una vez sobrevenida la situación de necesidad de apoyos para el ejercicio de la capacidad, la resolución judicial que constituya medidas de apoyo en favor del poderdante únicamente podrá adoptar medidas distintas a las dispuestas en el poder de forma motivada y cuando fuera necesario para proteger sus intereses.

Modificada por Ley Foral 31/2022, de 28 de noviembre, de atención a las personas con discapacidad en Navarra y garantía de sus derechos. (Boletín Oficial de Navarra de 15-12-2022).

Anteriormente modificada por Ley Foral 21/2019, de 4 de abril, de modificación y actualización de la Compilación del Derecho Civil Foral de Navarra o Fuero Nuevo. (Boletín Oficial de Navarra de 16-04-2019).

LEY 49 bis.

Medidas voluntarias de apoyo.

Cuando se prevea razonablemente en los dos años anteriores a la mayoría de edad que un menor sujeto a responsabilidad parental o a tutela pueda, después de alcanzada aquella, precisar de apoyo en el ejercicio de su capacidad jurídica, se estará a las previsiones realizadas por dicho menor para cuando alcance la mayoría de edad, o, en ausencia de las mismas, a las que establezca la autoridad judicial a petición del menor, de los progenitores, del tutor o del Ministerio Fiscal, dando participación al menor en el proceso y atendiendo a su voluntad, deseos y preferencias.

Añadida por Ley Foral 31/2022, de 28 de noviembre, de atención a las personas con discapacidad en Navarra y garantía de sus derechos. (Boletín Oficial de Navarra de 15-12-2022).

TÍTULO III
De la protección jurídica de la Familia

Modificado por Ley Foral 21/2019, de 4 de abril, de modificación y actualización de la Compilación del Derecho Civil Foral de Navarra o Fuero Nuevo. (Boletín Oficial de Navarra de 16-04-2019).

LEY 50

Familia

La familia tiene la protección jurídica del ordenamiento civil navarro que ampara las relaciones familiares derivadas del matrimonio, de la unión en pareja, de la filiación y del grupo formado por un solo progenitor con su descendencia.

Son miembros de familias reconstituidas los hijos de cada progenitor que convivan en el mismo grupo familiar, sin que su pertenencia a ellas modifique el vínculo con el otro progenitor y con los efectos que el ordenamiento jurídico determine.

Nadie puede ser discriminado por razón del grupo familiar del que forme parte.

Modificada por Ley Foral 21/2019, de 4 de abril, de modificación y actualización de la Compilación del Derecho Civil Foral de Navarra o Fuero Nuevo. (Boletín Oficial de Navarra de 16-04-2019).

TITULO IV
De la filiación

Modificado por Ley Foral 21/2019, de 4 de abril, de modificación y actualización de la Compilación del Derecho Civil Foral de Navarra o Fuero Nuevo. (Boletín Oficial de Navarra de 16-04-2019).

CAPÍTULO I
Principios Generales

Modificado por Ley Foral 21/2019, de 4 de abril, de modificación y actualización de la Compilación del Derecho Civil Foral de Navarra o Fuero Nuevo. (Boletín Oficial de Navarra de 16-04-2019).

LEY 51

Clases

La filiación puede tener lugar por naturaleza, incluida en ella la derivada de técnicas de reproducción asistida, y por adopción.

Toda filiación tiene los mismos efectos jurídicos.

Modificada por Ley Foral 21/2019, de 4 de abril, de modificación y actualización de la Compilación del Derecho Civil Foral de Navarra o Fuero Nuevo. (Boletín Oficial de Navarra de 16-04-2019).

LEY 52

Contenido y efectos de la filiación

La paternidad y la maternidad, debidamente determinadas, atribuyen a los progenitores la responsabilidad parental, conforme a las leyes 64 y siguientes; al hijo, los apellidos, conforme a la legislación del Registro Civil, y a unos y otro, los derechos y deberes reconocidos en esta Compilación.

Ello, no obstante, en las resoluciones a que se refieren los supuestos específicamente previstos en las leyes siguientes, el juez podrá, de forma motivada, determinar que los efectos de la filiación sean meramente declarativos de esta relación o restringir el alcance de los mismos.

Cuando la paternidad o la maternidad haya sido determinada judicialmente contra la oposición infundada del progenitor o en sentencia penal condenatoria de este, no le corresponderá la responsabilidad parental u otra función tuitiva sobre el hijo; ni derechos por ministerio de la ley sobre su patrimonio o en su sucesión «mortis causa». Y sólo por voluntad del hijo o de su representante legal se le atribuirán los apellidos de su progenitor.

Cada uno de los progenitores, aun cuando no sean titulares de la responsabilidad parental o no les corresponda su ejercicio, están obligados a velar por sus hijos menores y prestarles alimentos. Asimismo, lo estarán respecto de los hijos mayores de edad y menores emancipados que precisen de medidas de apoyo para el ejercicio de su capacidad jurídica.

La autoridad judicial, a instancia de cualquiera de los progenitores o eventualmente de quien sea responsable de la provisión de apoyos, podrá fijar el modo de ejercicio de dicho deber de velar, tenido en cuenta la voluntad del hijo, sus intereses y preferencias.

Modificada por Ley Foral 31/2022, de 28 de noviembre, de atención a las personas con discapacidad en Navarra y garantía de sus derechos. (Boletín Oficial de Navarra de 15-12-2022).

Anteriormente modificada por Ley Foral 21/2019, de 4 de abril, de modificación y actualización de la Compilación del Derecho Civil Foral de Navarra o Fuero Nuevo. (Boletín Oficial de Navarra de 16-04-2019).

CAPÍTULO II
Filiación por naturaleza

Modificado por Ley Foral 21/2019, de 4 de abril, de modificación y actualización de la Compilación del Derecho Civil Foral de Navarra o Fuero Nuevo. (Boletín Oficial de Navarra de 16-04-2019).

LEY 53

Determinación de la filiación por naturaleza

La filiación por naturaleza se determinará conforme a las siguientes disposiciones:

a) Filiación matrimonial. Se consideran hijos matrimoniales:

1. Los nacidos después de los ciento ochenta días siguientes al de la celebración del matrimonio y antes de los trescientos días siguientes a su disolución o a la separación efectiva de los cónyuges.

2. Los nacidos dentro de los ciento ochenta días siguientes al de la celebración del matrimonio, si el marido no desconociera su paternidad mediante declaración formalizada en documento auténtico dentro de los seis meses siguientes al conocimiento del parto. No podrá desconocer eficazmente su paternidad quien la hubiere reconocido con anterioridad, expresa o tácitamente.

3. Los nacidos después de los trescientos días siguientes a la disolución del matrimonio o separación efectiva de los cónyuges, si se prueba su gestación más prolongada, la reunión de los cónyuges separados o la conformidad de estos en la inscripción del hijo como matrimonial.

b) Filiación no matrimonial. Sin perjuicio de lo dispuesto en la legislación del Registro Civil, la filiación no matrimonial se determina para cada uno de los progenitores por su reconocimiento o por sentencia firme.

c) Filiación anterior al matrimonio. El hijo nacido antes del matrimonio de sus progenitores se considerará matrimonial desde que lo contrajeren, siempre que su filiación respecto de ambos quede legalmente determinada.

d) Filiación en supuestos de fecundación asistida. Sin perjuicio de su regulación por ley foral especial, la determinación de la filiación en supuestos de fecundación asistida de la madre tendrá lugar conforme a lo dispuesto en las leyes generales.

e) Disposición común. No será eficaz la determinación de una filiación en tanto no sea invalidada otra contradictoria anteriormente establecida.

Modificada por Ley Foral 21/2019, de 4 de abril, de modificación y actualización de la Compilación del Derecho Civil Foral de Navarra o Fuero Nuevo. (Boletín Oficial de Navarra de 16-04-2019).

LEY 54

Reconocimiento

a) Forma. El reconocimiento deberá hacerse por declaración ante el encargado del Registro Civil u otro documento público.

Los progenitores pueden otorgar el reconocimiento conjunta o separadamente. Si lo hicieran por separado, no podrán manifestar en él la identidad del otro progenitor a no ser que ya estuviese determinada.

b) Capacidad. Puede reconocer toda persona mayor de 14 años; si fuera menor de edad no emancipada, se requerirá aprobación judicial previa audiencia del ministerio fiscal; **si tuviera establecidas medidas para el ejercicio de su capacidad jurídica, se estará a lo dispuesto en las mismas, sin perjuicio de lo que motivadamente establezca la autoridad judicial tanto respecto de la suficiencia de la medida ya establecida como de la necesidad de su provisión**.

c) Requisitos. El reconocimiento de la persona mayor de edad o menor emancipada requerirá su consentimiento expreso o tácito.

El reconocimiento de la persona menor de edad no emancipada será inscribible en el Registro Civil sin perjuicio de la oposición que puede formular quien tenga su representación legal conforme a lo previsto en el apartado siguiente, la cual deberá fundarse en el superior interés de la persona menor reconocida.

El reconocimiento de la persona que tenga establecidas medidas para el ejercicio de su capacidad jurídica será inscribible en el Registro Civil sin perjuicio de la oposición que pueda formular quien haya sido designado para la provisión de apoyos representativos.

Cuando la oposición sea formulada por la madre menor de edad no emancipada, se le nombrará a tal fin un defensor judicial sin perjuicio de su formulación directa por el Ministerio Fiscal.

Cuando la oposición sea formulada por una madre para quien se hayan establecido medidas para el ejercicio de su capacidad jurídica, se estará a lo dispuesto en las mismas o, en su defecto, se le nombrará a tal fin un defensor judicial sin perjuicio de su formulación directa por el Ministerio Fiscal.

Podrá también reconocerse a un hijo ya fallecido siempre que hubiera dejado descendientes. En el supuesto de que estos sean mayores de edad o menores emancipados, el reconocimiento requerirá su consentimiento expreso o tácito. Cuando sean menores no emancipados el reconocimiento será inscribible, pero podrá ser también objeto de oposición por su representante legal fundada en su superior interés.

Cuando sean personas que tengan establecidas medidas para el ejercicio de su capacidad jurídica, el reconocimiento será inscribible, pero podrá ser también objeto de oposición conforme a lo previsto en su caso en las mismas. En caso de insuficiencia o ausencia de medidas de apoyo, se establecerá voluntaria o judicialmente una medida a tal efecto.

d) Oposición al reconocimiento. La oposición deberá formalizarse en el plazo de un año desde que el reconocimiento haya sido objeto de notificación, se sustanciará por los trámites previstos en la Ley de Jurisdicción Voluntaria para el reconocimiento de la filiación no matrimonial y será estimada cuando resulte contrario al interés de la persona reconocida o de sus descendientes.

Modificada por Ley Foral 31/2022, de 28 de noviembre, de atención a las personas con discapacidad en Navarra y garantía de sus derechos. (Boletín Oficial de Navarra de 15-12-2022).

La sentencia del TC 157/2021, de 16 de septiembre de 2021 (recurso de inconstitucionalidad 315-2020) declara el párrafo segundo de la letra c) no inconstitucional en la redacción dada al mismo por la Ley Foral 21/2019, de 4 de abril, interpretado en los términos del fundamento jurídico 7 de propia sentencia. (BOE de 20-10-2021).

LEY 55

Acciones de filiación. Disposiciones generales

a) Prueba. La paternidad y maternidad podrán ser reclamadas e impugnadas mediante toda clase de pruebas, con arreglo a las disposiciones de esta Compilación. El juez no admitirá la demanda si con ella no se presenta un principio de prueba de los hechos en que se funde.

b) Contradicción. No podrá reclamarse una filiación contradictoria con la determinada legalmente sin que al propio tiempo se impugne esta. Las personas a quienes la presente Compilación reconozca legitimación para ejercitar la acción de declaración la tendrán también, y en el mismo plazo, para impugnar la filiación contradictoria aun en el supuesto de que no la tuvieran para el ejercicio independiente de la acción de impugnación.

En ningún caso será impugnable la filiación determinada por sentencia firme.

c) Medidas de protección. Durante el procedimiento, el juez adoptará todas las medidas que estime oportunas para la protección de la persona menor no emancipada cuya filiación sea objeto de demanda, así como para la protección de sus bienes. **El mismo régimen se aplicará respecto de las personas con discapacidad que estén provistas de medidas de apoyo representativas**.

d) Legitimación. Las acciones que correspondan a los menores no emancipados podrán ser ejercitadas indistintamente por su representante legal o por el Ministerio Fiscal**, al igual que las que correspondan a personas con discapacidad y medidas de apoyo representativas**.

e) Sucesión procesal. A la muerte del demandante, sus herederos podrán continuar el ejercicio de las acciones ya entabladas.

Modificada por Ley Foral 31/2022, de 28 de noviembre, de atención a las personas con discapacidad en Navarra y garantía de sus derechos. (Boletín Oficial de Navarra de 15-12-2022).

Anteriormente modificada por Ley Foral 21/2019, de 4 de abril, de modificación y actualización de la Compilación del Derecho Civil Foral de Navarra o Fuero Nuevo. (Boletín Oficial de Navarra de 16-04-2019).

LEY 56

Acciones de impugnación

Sin perjuicio de lo dispuesto en la legislación del Registro Civil sobre impugnación y rectificación de asientos registrales, la impugnación de la filiación tendrá lugar de conformidad con las siguientes disposiciones:

a) Impugnación de la maternidad.

La maternidad que conste en la inscripción de nacimiento será impugnable en vía civil probando la suposición de parto o la no identidad del supuesto hijo con el nacido.

Si coincide con la posesión de estado, no podrá ser directamente impugnada más que por el hijo y por la mujer que no hubiere participado consciente y voluntariamente en los hechos de que deriva la falsa inscripción de su maternidad o de la filiación determinada por ella.

Si falta la posesión de estado coincidente, podrán también impugnarla quienes tengan interés lícito y directo.

b) Impugnación de la paternidad del marido.

La paternidad del marido de la madre podrá ser impugnada por este hasta transcurrido un año desde la inscripción de la filiación en el Registro Civil pero este plazo no correrá mientras ignore el nacimiento salvo que, conociendo el mismo, desconociera su falta de paternidad biológica, en cuyo caso, el plazo de un año comenzará a correr en el momento en que tuviera tal conocimiento o hubiera podido razonablemente tenerlo.

Si el marido falleciere antes de transcurrir el plazo señalado en el párrafo anterior, la acción corresponderá a cada heredero por el tiempo que faltare para completar el mismo. Si falleciere sin que se hubiera practicado dicha inscripción, ignorando el nacimiento, o su paternidad, sus herederos podrán promover la impugnación en el referido término.

La paternidad será también impugnable por el hijo durante el año siguiente a la mayoría de edad, a la emancipación o a la inscripción de su nacimiento, si fuera posterior. **Si tuviera prevista medida de apoyo, podrá ejercitar dicha acción con medida de apoyo**.

La madre podrá impugnarla en su propio nombre o en representación del hijo cuando este sea menor no emancipado o cuando haya sido designada para la provisión de apoyos representativos. El plazo será de un año a partir de la inscripción o del momento en que hubiera tenido conocimiento de la falta de paternidad del marido.

c) Impugnación del reconocimiento.

El reconocimiento realizado con vicio del consentimiento o abuso de influencia podrá ser impugnado por su otorgante dentro del año siguiente a su cesación.

d) Impugnación de la paternidad determinada mediante el reconocimiento.

El representante de la persona menor no emancipada o de quien haya sido provisto de apoyos representativos cuya oposición al reconocimiento hubiera sido desestimada, podrá impugnar la filiación así determinada por no ser cierta la paternidad de quien lo haya otorgado. Así mismo, y en interés del hijo o de sus descendientes cuando este hubiera sido reconocido una vez fallecido, podrá ejercitar la acción al objeto de que en la sentencia se limiten sus efectos conforme a lo dispuesto en la ley 52. En ambos casos, el plazo para el ejercicio de la acción será de un año desde que la filiación hubiera quedado determinada.

La persona que hubiera sido reconocida durante su minoría de edad o los descendientes de la persona fallecida reconocida cuando eran menores, podrán impugnar la filiación así determinada durante el año siguiente a alcanzar la mayoría de edad o emancipación.

La paternidad así determinada será asimismo impugnable por aquellos a quienes perjudique dentro de los cuatro años siguientes a su inscripción.

Modificada por Ley Foral 31/2022, de 28 de noviembre, de atención a las personas con discapacidad en Navarra y garantía de sus derechos. (Boletín Oficial de Navarra de 15-12-2022).

Anteriormente modificada por Ley Foral 21/2019, de 4 de abril, de modificación y actualización de la Compilación del Derecho Civil Foral de Navarra o Fuero Nuevo. (Boletín Oficial de Navarra de 16-04-2019).

LEY 57

Acciones de declaración

a) Acción de declaración de la filiación matrimonial.

El padre, la madre y el hijo pueden reclamar la filiación matrimonial de este en cualquier tiempo. Si hubiese posesión de estado, pueden ejercitar la acción los terceros con interés lícito y directo.

b) Acción de declaración de la filiación no matrimonial.

La acción de declaración de la filiación no matrimonial podrá ser ejercitada:

1. Por los hijos, durante toda su vida. En los supuestos previstos en la ley 55 letra d), se estará a lo que establece dicho precepto.

Esta acción podrá ser ejercitada por los descendientes del hijo si este hubiera fallecido durante su menor edad o durante el tiempo en que dispuso de una medida de apoyo representativa.

2. Por los progenitores, en el plazo de un año desde que se hubiera tenido conocimiento de la posible paternidad o maternidad o razonablemente se hubiera podido tenerlo.

Cuando la filiación no estuviera determinada, será necesario que el progenitor que pretenda la declaración de su paternidad o maternidad haya realizado previamente el reconocimiento en la forma establecida en la ley 54 y que la determinación de la filiación conforme al mismo no hubiera podido tener lugar por falta de consentimiento de la persona reconocida o, en su caso, de sus descendientes, o por estimación judicial de la oposición de sus respectivos representantes legales.

En tales supuestos, el plazo para el ejercicio de la acción se suspenderá en el momento en que se realice el reconocimiento, reanudándose su cómputo desde que conste la falta de consentimiento o desde que adquiera firmeza la resolución que estime la oposición.

La sentencia estimatoria de la acción de declaración determinará la filiación, pero podrá, en interés del hijo o de sus descendientes, limitar sus efectos conforme a lo dispuesto en la ley 52.

3. Por aquellas personas que tengan un interés lícito y directo, siempre que hubiese posesión de estado, y en cualquier tiempo.

Modificada por Ley Foral 31/2022, de 28 de noviembre, de atención a las personas con discapacidad en Navarra y garantía de sus derechos. (Boletín Oficial de Navarra de 15-12-2022).

Anteriormente modificada por Ley Foral 21/2019, de 4 de abril, de modificación y actualización de la Compilación del Derecho Civil Foral de Navarra o Fuero Nuevo. (Boletín Oficial de Navarra de 16-04-2019).

LEY 58

Personas que pueden adoptar

Pueden adoptar todas las personas capaces conforme a las leyes generales que tengan más de veinticinco años y que, en el caso de mediar propuesta de la Entidad Pública, sean declaradas idóneas.

Además, toda persona adoptante deberá tener, al menos, dieciséis años más que la persona adoptada.

No pueden adoptar las personas que hayan sido privadas o suspendidas de la responsabilidad parental o se encuentren incursas en causa de privación de la misma.

Adopción conjunta

La adopción por más de una persona únicamente será posible cuando se trate de cónyuges o miembros de una pareja estable. En estos casos, la adopción podrá ser simultánea o sucesiva y bastará con que una de las personas adoptantes haya cumplido los 25 años.

Modificada por Ley Foral 21/2019, de 4 de abril, de modificación y actualización de la Compilación del Derecho Civil Foral de Navarra o Fuero Nuevo. (Boletín Oficial de Navarra de 16-04-2019).

CAPÍTULO III
Filiación Adoptiva

Modificado por Ley Foral 21/2019, de 4 de abril, de modificación y actualización de la Compilación del Derecho Civil Foral de Navarra o Fuero Nuevo. (Boletín Oficial de Navarra de 16-04-2019).

LEY 59

Personas que pueden ser adoptadas

Podrán ser adoptadas:

1. Las personas menores de edad que se encuentren en situación de desamparo, cuando no proceda la constitución o el mantenimiento de otra medida de protección.

2. Las personas menores de edad que sean hijos del cónyuge o de la pareja estable de la persona adoptante.

3. Las personas menores huérfanas que sean parientes colaterales de tercer o cuarto grado de la persona adoptante por consanguinidad o afinidad.

4. Las personas menores tuteladas por quien quiera adoptarlas siempre y cuando haya tenido lugar la aprobación final de la cuenta de la tutela.

5. Las personas mayores de edad o emancipadas que hayan convivido ininterrumpidamente con la adoptante o adoptantes con anterioridad a su emancipación o hayan estado bajo su guarda legal o de hecho, tutela o acogimiento, en todos los casos, por tiempo superior a un año.

No puede adoptarse a los descendientes ni a los hermanos por consanguinidad o afinidad.

Modificada por Ley Foral 21/2019, de 4 de abril, de modificación y actualización de la Compilación del Derecho Civil Foral de Navarra o Fuero Nuevo. (Boletín Oficial de Navarra de 16-04-2019).

LEY 60

Consentimientos

Deben prestar el consentimiento para la adopción, la persona adoptante o adoptantes y la adoptanda mayor de 12 años.

Asentimientos

Deben asentir la adopción el cónyuge o pareja estable de la persona adoptante y los progenitores de la adoptanda menor no emancipada salvo que se encontraren privados de la responsabilidad parental o incursos en causa de privación de la misma.

No será necesario el asentimiento de los progenitores del adoptando en los supuestos de imposibilidad para prestarlo apreciada motivadamente por el juez.

Cuando los progenitores se encuentren suspendidos en el ejercicio de la responsabilidad parental como consecuencia de la declaración de desamparo del menor, su asentimiento no será necesario si han transcurrido dos años sin haberlo impugnado o si su impugnación hubiera sido desestimada por sentencia firme.

Audiencias

Deberán ser oídos antes de constituir la adopción, los progenitores que no hayan sido privados de la responsabilidad parental cuando su asentimiento no sea necesario para su constitución, el tutor o, en su caso, los acogedores no adoptantes y la persona adoptanda menor de 12 años que tuviera la suficiente madurez.

Modificada por Ley Foral 21/2019, de 4 de abril, de modificación y actualización de la Compilación del Derecho Civil Foral de Navarra o Fuero Nuevo. (Boletín Oficial de Navarra de 16-04-2019).

LEY 61

Efectos de la adopción

La adopción produce la extinción de los vínculos jurídicos entre la persona adoptada y su familia de origen.

Por excepción subsistirán los vínculos jurídicos con la familia del progenitor que, según el caso, corresponda:

1. Cuando la persona adoptada sea hija del cónyuge o miembro de la pareja estable de la persona adoptante, aun cuando uno u otro hubieran fallecido.

2. Cuando uno solo de los progenitores haya sido legalmente determinado, siempre que tal efecto hubiera sido solicitado por la persona adoptante, la persona adoptada que sea mayor de 12 años y el progenitor cuyo vínculo haya de persistir.

Modificada por Ley Foral 21/2019, de 4 de abril, de modificación y actualización de la Compilación del Derecho Civil Foral de Navarra o Fuero Nuevo. (Boletín Oficial de Navarra de 16-04-2019).

LEY 62

Extinción

La adopción es irrevocable.

El juez acordará la extinción de la adopción a petición de cualquiera de los progenitores cuya filiación hubiera sido determinada con anterioridad a la adopción que, sin culpa suya, no hubiere intervenido en el procedimiento de adopción. Será también necesario que la demanda se interponga dentro de los dos años siguientes a la adopción y que la extinción solicitada no perjudique gravemente al menor. Si la persona adoptada fuese mayor de edad, la extinción de la adopción requerirá su consentimiento expreso.

En ningún caso, la determinación de la filiación que por naturaleza corresponda a la persona adoptada, ni los efectos que, en su caso, el juez declare subsistentes conforme a la ley 52, afectarán a la adopción.

Modificada por Ley Foral 21/2019, de 4 de abril, de modificación y actualización de la Compilación del Derecho Civil Foral de Navarra o Fuero Nuevo. (Boletín Oficial de Navarra de 16-04-2019).

Modificada por Ley Foral 21/2019, de 4 de abril, de modificación y actualización de la Compilación del Derecho Civil Foral de Navarra o Fuero Nuevo. (Boletín Oficial de Navarra de 16-04-2019).

LEY 63

Régimen supletorio

En todo lo no previsto en las leyes anteriores, y en cuanto sea compatible con ellas, se aplicará a la adopción lo establecido en las leyes especiales o en el Código Civil.

Modificada por Ley Foral 21/2019, de 4 de abril, de modificación y actualización de la Compilación del Derecho Civil Foral de Navarra o Fuero Nuevo. (Boletín Oficial de Navarra de 16-04-2019).

TITULO V
De la responsabilidad parental

Modificado por Ley Foral 21/2019, de 4 de abril, de modificación y actualización de la Compilación del Derecho Civil Foral de Navarra o Fuero Nuevo. (Boletín Oficial de Navarra de 16-04-2019).

LEY 64

Denominación y concepto

Se denomina responsabilidad parental al conjunto de deberes y facultades que corresponden a los progenitores sobre sus hijos menores de edad no emancipados con la finalidad de procurar su pleno desarrollo de acuerdo con su personalidad e interés superior y con respeto a sus derechos y a su integridad.

Titularidad

La responsabilidad parental corresponde conjuntamente a ambos progenitores.

Modificada por Ley Foral 31/2022, de 28 de noviembre, de atención a las personas con discapacidad en Navarra y garantía de sus derechos. (Boletín Oficial de Navarra de 15-12-2022).

Anteriormente Modificada por Ley Foral 21/2019, de 4 de abril, de modificación y actualización de la Compilación del Derecho Civil Foral de Navarra o Fuero Nuevo. (Boletín Oficial de Navarra de 16-04-2019).

LEY 65

Contenido

La responsabilidad parental comprende los siguientes deberes y facultades:
1. Velar por ellos y tenerlos en su compañía tanto en el ejercicio del cuidado diario como en el tiempo en que se desarrollen los contactos y las estancias temporales.
2. Procurarles todo lo necesario para su alimentación, vestido, habitación, educación y formación integral y asistencia física, psíquica y emocional.
3. Enmendar razonable y moderadamente las conductas de los hijos con pleno respeto a su dignidad y en aras a su debida formación.
4. Representarlos en cuantos actos les afecten y no puedan realizar por sí mismos de conformidad con las leyes reguladoras de la capacidad.
5. Administrar y disponer de sus bienes con las siguientes excepciones:
a) Los que hayan sido objeto de liberalidad, cuando quien la otorgue excluya la administración de los padres, en cuyo caso se estará al régimen establecido por el otorgante.
b) Los adquiridos «mortis causa» cuando uno de los progenitores o ambos no pudieron adquirirlos por incapacidad a causa de indignidad, en cuyo caso serán administrados por el otro progenitor y, en su defecto, por un administrador judicialmente designado.
6. Corresponde también a los progenitores la defensa de los intereses y expectativas de los hijos concebidos y no nacidos.

Deberes de los hijos

Mientras permanezcan bajo su responsabilidad parental y convivan con la familia, los hijos deberán:
1. Obedecer a sus progenitores y respetarlos.
2. Contribuir al sostenimiento de la familia mediante la aportación de los frutos de los bienes de los que sean titulares. Con la finalidad de cumplir con esta contribución, los progenitores, en el ejercicio de su administración, podrán aplicar dichos frutos a las atenciones familiares en la proporción adecuada y una vez cubiertas las necesidades de los hijos a quienes pertenezca su propiedad. Se exceptúan de tal facultad los bienes excluidos de la administración parental a que se refiere el número 5 del apartado anterior.

Modificada por Ley Foral 21/2019, de 4 de abril, de modificación y actualización de la Compilación del Derecho Civil Foral de Navarra o Fuero Nuevo. (Boletín Oficial de Navarra de 16-04-2019).

LEY 66

Garantías y límites a la administración

Cuando la administración de los progenitores ponga en peligro el patrimonio del hijo, el juez, a petición de parte interesada o del Ministerio Fiscal, podrá exigir a aquellos garantía adecuada, o tomar otras medidas para la seguridad de los bienes, e incluso privarles de la administración y nombrar un administrador.

Al término de la administración, los hijos, el administrador judicial o el Ministerio Fiscal podrán pedir a los progenitores, en el plazo de los tres años siguientes, rendición de cuentas de aquella y exigir el resarcimiento de los daños e indemnización de los perjuicios que en su caso proceda.

Disposición

Los progenitores no podrán renunciar a los derechos de que los hijos sean titulares, ni enajenar, gravar o garantizar de cualquier forma bienes inmuebles, establecimientos industriales o mercantiles, o sus elementos esenciales u objetos de valor extraordinario, sin la previa autorización judicial, oído el Ministerio Fiscal. No será necesaria esta autorización para la cancelación de hipoteca u otra garantía real consecuente al cobro del crédito asegurado, para la retroventa por ejercicio de un derecho de retracto legal o voluntario, ni para cualesquiera actos de disposición que hayan de cumplirse en virtud de disposiciones legales y resulten beneficiosas para el menor.

Los progenitores podrán aceptar por sí mismos cualesquiera disposiciones a título lucrativo, a favor de los hijos, sin necesidad de autorización judicial; esta será necesaria, sin embargo, para la repudiación de aquellas.

Serán anulables los actos que los progenitores realicen en nombre de los hijos sin la previa autorización judicial cuando esta sea necesaria de conformidad con lo establecido en la presente ley.

Modificada por Ley Foral 21/2019, de 4 de abril, de modificación y actualización de la Compilación del Derecho Civil Foral de Navarra o Fuero Nuevo. (Boletín Oficial de Navarra de 16-04-2019).

LEY 67

Ejercicio de la responsabilidad parental

a) Regla general. Los deberes y facultades inherentes a la responsabilidad parental y todas las decisiones derivadas de los mismos se ejercerán y adoptarán por los progenitores según lo convenido y, en defecto de pacto, por ambos conjuntamente o por uno solo de ellos con el consentimiento expreso o tácito del otro.

Serán, sin embargo, válidos los actos que cualquiera de ellos realice por sí solo para atender a las necesidades ordinarias de los hijos, según las circunstancias familiares y el uso del lugar o en situaciones que exijan una urgente solución.

b) Atribución legal del ejercicio individual. Sin perjuicio de otros supuestos previstos en las leyes civiles o penales, en los casos en que uno de los progenitores tuviere establecidas medidas de apoyo representativo o de que hubiere sido declarado ausente, la responsabilidad parental será ejercida por el otro.

c) Atribución judicial del ejercicio individual. Cada progenitor podrá solicitar la intervención judicial:

1. En supuestos de imposibilidad del otro y con la finalidad de recabar la atribución exclusiva del ejercicio de la responsabilidad parental.

2. Cuando se produzca cualquier causa que dificulte gravemente el ejercicio conjunto de la responsabilidad parental, al objeto de que el juez pueda atribuir, total o parcialmente, el ejercicio a los progenitores separadamente o distribuir entre ellos sus funciones por el tiempo que razonablemente se estime adecuado, y sin perjuicio de que pueda adoptar directamente las medidas que mejor protejan los intereses de los menores.

3. En caso de que existan desacuerdos en el ejercicio de la misma, a fin de que el juez atribuya a uno de ellos la facultad de decidir. Cuando tales desacuerdos sean reiterados, el juez podrá adoptar cualquiera de las resoluciones previstas en el número anterior.

Los procedimientos judiciales previstos en este apartado se sustanciarán por los trámites de la Jurisdicción Voluntaria.

d) Mediación. En los procedimientos iniciados por motivo de desacuerdos, los progenitores pueden someter sus discrepancias a mediación.

Modificada por Ley Foral 31/2022, de 28 de noviembre, de atención a las personas con discapacidad en Navarra y garantía de sus derechos. (Boletín Oficial de Navarra de 15-12-2022).

Anteriormente modificada por Ley Foral 21/2019, de 4 de abril, de modificación y actualización de la Compilación del Derecho Civil Foral de Navarra o Fuero Nuevo. (Boletín Oficial de Navarra de 16-04-2019).

LEY 68

Responsabilidad parental en caso de falta de convivencia de los progenitores o de ruptura de la misma

Aunque los progenitores no convivan juntos, los deberes y facultades inherentes a la responsabilidad parental se ejercerán según lo convenido y, en defecto de pacto, por ambos conjuntamente o por uno solo de ellos con el consentimiento expreso o tácito del otro, resultando de aplicación las reglas previstas en la ley anterior.

Sin perjuicio de ello, en tales casos, el ejercicio de las facultades ordinarias derivadas del deber de guarda corresponderá al progenitor que en cada momento tenga a los hijos bajo su cuidado.

La ruptura de la convivencia no altera la titularidad ni el ejercicio de los deberes y facultades que integran la responsabilidad parental.

Los progenitores podrán pactar la forma en que ejercerán dichos deberes y facultades en régimen de corresponsabilidad según lo establecido en la ley siguiente.

En defecto de pacto, será el juez quien adopte todas las decisiones que afecten a los menores atendiendo a su concreto interés y beneficio de conformidad con lo establecido en las leyes 70 a 74.

Modificada por Ley Foral 21/2019, de 4 de abril, de modificación y actualización de la Compilación del Derecho Civil Foral de Navarra o Fuero Nuevo. (Boletín Oficial de Navarra de 16-04-2019).

LEY 69

Pacto de parentalidad

Cuando los progenitores acuerden la forma en que ejercerán corresponsablemente los deberes y facultades parentales, deberán presentar, en su caso, como parte integrante del Convenio Regulador que corresponda, un pacto de planificación parental que incluya los siguientes extremos:

1. El lugar o lugares donde vivirán los hijos con uno y otro en cada momento, estableciendo cuál de ellos figurará a efectos de empadronamiento, así como el modo en que compartirán la adopción de todas las decisiones que sean relevantes para el desarrollo de la personalidad de sus hijos.

2. Los períodos de convivencia y estancia de los hijos con cada progenitor, la forma de comunicación de los mismos con el que en cada momento no los tenga bajo su cuidado y los aspectos personales y económicos que afecten al cambio de guarda entre ambos.

3. Las tareas de las que se responsabiliza cada uno de ellos en las actividades escolares y extraescolares diarias de los menores con mención, en su caso, de la intervención o ayuda de terceras personas y el medio por el que se transmitirán recíprocamente toda la información relevante de sus hijos.

4. Los medios y forma de contribución económica de cada uno al sostenimiento de todas las necesidades ordinarias y extraordinarias de sus hijos, especificando unas y otras, con expresión de las circunstancias de toda índole que hayan fundamentado su establecimiento.

5. El uso y destino de la que fue durante la convivencia la vivienda familiar y del ajuar contenido en ella, con la atribución, en su caso, del derecho de uso a uno de ellos o a ambos, duración y condiciones del mismo y repercusión que tal atribución tenga en la contribución al sostenimiento de las necesidades de los menores.

6. El modo en que los menores se relacionarán con otros familiares y allegados cuando ello se considere necesario para respetar su interés y siempre que conste el consentimiento de las personas con las que se establezcan las relaciones.

Los progenitores podrán incluir en el pacto de parentalidad su compromiso de recurrir a la mediación familiar para resolver las diferencias derivadas de su aplicación.

Modificada por Ley Foral 21/2019, de 4 de abril, de modificación y actualización de la Compilación del Derecho Civil Foral de Navarra o Fuero Nuevo. (Boletín Oficial de Navarra de 16-04-2019).

LEY 70

Medidas judiciales

Cuando falte el acuerdo de los progenitores, será el juez quien adopte todas las medidas que mejor protejan el interés de los menores en relación con los deberes y facultades que integran su responsabilidad parental.

A tal fin, cada uno de ellos deberá aportar en su solicitud, dentro del procedimiento de que se trate, una propuesta de plan de responsabilidad parental con el contenido a que se refiere la ley anterior.

Con carácter previo al ejercicio de la acción judicial correspondiente, ambos progenitores podrán someter sus discrepancias a mediación familiar con el fin de alcanzar un pacto de planificación parental.

Una vez iniciado el procedimiento, el juez podrá proponer a ambos acudir a dicha mediación cuando considere posible que alcancen dicho pacto.

Modificada por Ley Foral 21/2019, de 4 de abril, de modificación y actualización de la Compilación del Derecho Civil Foral de Navarra o Fuero Nuevo. (Boletín Oficial de Navarra de 16-04-2019).

LEY 71

Guarda y custodia

Cuando cualquiera de los progenitores solicite la decisión del juez sobre el ejercicio de la guarda y cuidado diario de los hijos menores, aquel podrá acordar la modalidad de guarda más conveniente para el concreto interés de cada uno de los menores, ya sea esta compartida entre ambos progenitores o individual de uno de ellos.

Para ello, tendrá en cuenta la solicitud y las propuestas de planificación de la responsabilidad parental que haya presentado cada uno de los progenitores y, en su caso, lo dictaminado por los informes periciales; oirá al Ministerio Fiscal y a las personas cuya opinión sobre los menores estime necesario recabar; y atenderá a los siguientes factores:

1. La edad de los hijos.

2. La capacidad parental, la relación existente entre los progenitores y la vinculación que los menores hayan establecido con cada uno durante la convivencia.

3. La actitud de cada uno de los progenitores para asumir sus deberes, respetar los derechos del otro y, en especial, cooperar entre sí y garantizar la relación de los hijos con ambos progenitores, sus familias extensas, y, en su caso, nuevas parejas de cada uno.

4. El arraigo social y familiar de los hijos.

5. La opinión de los hijos, siempre que tengan suficiente juicio y, en todo caso, si son mayores de doce años, con especial consideración a los mayores de catorce años.

6. La aptitud y voluntad de los progenitores para asegurar la estabilidad de los hijos.

7. Las posibilidades de conciliación de la vida familiar y laboral de los progenitores.

8. Los acuerdos y convenios previos que pudieran existir entre los progenitores y que estos le hayan justificado.

9. Cualquier otra circunstancia de especial relevancia para el régimen de convivencia.

En cualquier caso, la decisión buscará conciliar, siempre que sea posible, todos los intereses, considerando como prioritarios los de los hijos menores asegurando la igualdad de los progenitores en sus relaciones con los hijos en todo lo que sea beneficioso para estos y fomentando la corresponsabilidad.

Si decide la custodia compartida, el juez fijará un régimen de convivencia de cada uno de los progenitores con los hijos, adaptado a las circunstancias de la situación familiar, que garantice a ambos progenitores el ejercicio de sus derechos y obligaciones en situación de equidad.

Si decide la custodia individual, el juez fijará un régimen de comunicación y estancias con el otro progenitor que, atendiendo a las específicas circunstancias que le afecten, le garantice el ejercicio de las facultades y deberes propios de la responsabilidad parental que tenga atribuidos conforme a las leyes de esta Compilación.

Salvo circunstancias que lo justifiquen específicamente, no se adoptarán soluciones que supongan la separación de los hermanos.

No procederá la atribución de la guarda y custodia a uno de los progenitores, ni individual ni compartida, cuando se den estos dos requisitos conjuntamente:

a) Esté incurso en un proceso penal iniciado por atentar contra la vida, la integridad física, la libertad, la integridad moral o la libertad e indemnidad sexual del otro progenitor o de los hijos o hijas.

b) Se haya dictado resolución judicial motivada en la que se constaten indicios fundados y racionales de criminalidad.

Tampoco procederá la atribución cuando el juez advierta, de las alegaciones de las partes y de las pruebas practicadas, la existencia de indicios fundados y racionales de violencia doméstica o de género.

Las medidas adoptadas en estos dos supuestos serán revisables a la vista de la resolución firme que, en su caso, se dicte al respecto en la jurisdicción penal.

La denuncia contra un cónyuge o miembro de la pareja no será suficiente por sí sola para concluir de forma automática la existencia de violencia, de daño o amenaza para el otro o para los hijos, ni para atribuirle a favor de este la guarda y custodia de los hijos.

Guarda a favor de terceros

Excepcionalmente, el juez podrá establecer que la guarda y cuidado de los menores sea atribuida a otros parientes o allegados del mismo que así lo consintieren o, en su caso, a la Entidad Pública que tenga legalmente atribuidas las facultades de protección del menor, todo ello sin perjuicio de la posterior formalización de la figura legal que corresponda a esa atribución.

En la resolución por la que se acuerde dicha guarda, el juez instará la constitución del acogimiento, tutela o medida de protección del menor que, en cada caso, corresponda, si bien podrá establecer las facultades y deberes de la responsabilidad parental que, sin perjuicio de tales medidas, considere procedente que mantengan los progenitores.

Visitas de los menores con otras personas

En la misma resolución en la que se acuerden las medidas sobre la responsabilidad parental, el juez podrá, a petición de cualquiera de los progenitores o del Ministerio Fiscal, establecer el sistema de comunicación, visitas y contactos de los menores con otros familiares y allegados y, en particular, con los hermanos y abuelos, cuando ello sea beneficioso para ellos, y previa audiencia de dichas personas.

Modificada por Ley Foral 31/2022, de 28 de noviembre, de atención a las personas con discapacidad en Navarra y garantía de sus derechos. (Boletín Oficial de Navarra de 15-12-2022).

Anteriormente modificada por Ley Foral 21/2019, de 4 de abril, de modificación y actualización de la Compilación del Derecho Civil Foral de Navarra o Fuero Nuevo. (Boletín Oficial de Navarra de 16-04-2019).

LEY 72

Habitación de los menores

El juez decidirá sobre el uso y destino de la vivienda familiar con la finalidad prioritaria de garantizar la necesidad de habitación y estabilidad de los menores y su convivencia, contactos y estancias con uno y otro progenitor.

Establecida la guarda individual, el juez atribuirá el uso de la vivienda a los menores y al progenitor en cuya compañía permanezcan durante el tiempo en que se mantenga dicha situación de guarda, salvo que dicho progenitor pueda garantizar suficiente y adecuadamente sus necesidades de habitación por otros medios, en cuyo supuesto resolverá lo procedente sobre su atribución y, en su caso, duración de la misma, en atención a los intereses más necesitados de protección.

Cuando se establezca la guarda compartida o se distribuya entre los progenitores la de los distintos hijos, para acordar el uso a favor de uno o de ambos progenitores, por el tiempo que razonablemente se estime adecuado, el juez tendrá en cuenta las siguientes circunstancias:

1. El concreto sistema de reparto del tiempo en la guarda y contactos establecido.

2. El arraigo personal, social y educativo de cada uno de los menores en el entorno en el que se encuentre la vivienda.

3. Las posibilidades de uno y otro progenitor para satisfacer las necesidades de vivienda de los menores en los respectivos períodos en que les corresponda su cuidado.

4. La titularidad de la vivienda familiar y la naturaleza del título de ocupación.

5. La existencia de otras viviendas a disposición de cualquiera de los progenitores.

6. Las demás necesidades de los progenitores y medios personales y económicos de uno y otro para cubrirlas cuando afecten a la convivencia con los menores.

La decisión judicial sobre el uso y destino de la vivienda familiar deberá ser valorada en el establecimiento de la contribución de uno y otro progenitor al sostenimiento de los hijos.

Los actos de disposición que se realicen por el titular de la vivienda lo serán, en todo caso, sin perjuicio del uso atribuido. El derecho de uso podrá ser inscrito o anotado preventivamente en el Registro de la Propiedad.

Modificada por Ley Foral 21/2019, de 4 de abril, de modificación y actualización de la Compilación del Derecho Civil Foral de Navarra o Fuero Nuevo. (Boletín Oficial de Navarra de 16-04-2019).

LEY 73

Contribución al sostenimiento de los menores. Gastos ordinarios y extraordinarios

El juez establecerá la contribución de uno y otro progenitor al sostenimiento de los hijos menores.

a) Son gastos ordinarios todos los indispensables para su alimentación, habitación, asistencia médica, vestido y formación básica integral.

Cada progenitor contribuirá a los mismos en atención a sus necesidades y en proporción a los medios económicos con que puedan satisfacerlos. Para su establecimiento, el juez tomará en consideración, además, el sistema de guarda y cuidado diario establecido y la dedicación personal de uno y otro a cubrir todas las atenciones que los menores requieran.

La contribución se establecerá en la forma, tiempo, actualización y, en su caso, con las garantías que aseguren la adecuada administración y abono de los gastos de los menores. Podrá consistir en una contribución periódica que un progenitor abone al otro, o en el ingreso por ambos de una cantidad, igual o desigual, en un fondo común cuya gestión será atribuida por el juez en favor de uno o de ambos progenitores, de forma conjunta o alterna.

b) Son gastos extraordinarios todos aquellos de carácter imprevisible en el momento de establecer la contribución al sostenimiento ordinario de los menores.

El juez establecerá la proporción en que cada progenitor debe afrontar los que sean necesarios de conformidad con la capacidad económica de uno y otro.

Sin perjuicio de otros gastos que el juez, en cada supuesto, considere necesarios, lo serán en todo caso, los gastos que sean indeclinables por su naturaleza o urgencia, los sanitarios no cubiertos por los seguros sociales o privados de los progenitores y los educativos complementarios requeridos para el desarrollo y la formación integral de los hijos, con inclusión de los universitarios o de capacitación profesional.

El resto de gastos serán afrontados en la proporción que el juez establezca siempre que hayan sido consentidos, expresa o tácitamente, por ambos progenitores. A falta del común consentimiento, se abonarán por el progenitor que haya decidido su realización.

Cuando exista discrepancia entre los progenitores acerca de la necesidad de un gasto extraordinario será el juez quien determine la misma y acordará cómo debe afrontarse su abono, sin perjuicio de lo dispuesto en los dos últimos párrafos de la ley 70.

Modificada por Ley Foral 21/2019, de 4 de abril, de modificación y actualización de la Compilación del Derecho Civil Foral de Navarra o Fuero Nuevo. (Boletín Oficial de Navarra de 16-04-2019).

LEY 74

Otras medidas

Además de las medidas previstas en las leyes anteriores, el juez podrá adoptar, en el procedimiento de que se trate, cualquier otra disposición dirigida a salvaguardar el interés de los menores y, en particular, para evitar cualquier riesgo o perjuicio en su entorno familiar o proveniente de terceras personas.

Medidas provisionales

El juez podrá adoptar cualesquiera de las medidas previstas en las leyes anteriores con carácter provisional en los respectivos procedimientos de que se trate, y en atención a las circunstancias concurrentes en el momento, sin perjuicio de la resolución definitiva que se adopte.

Modificada por Ley Foral 21/2019, de 4 de abril, de modificación y actualización de la Compilación del Derecho Civil Foral de Navarra o Fuero Nuevo. (Boletín Oficial de Navarra de 16-04-2019).

LEY 75.

Suspensión

Sin perjuicio de los supuestos previstos en las leyes civiles o penales, la titularidad de la responsabilidad parental, o de alguna de sus facultades, podrá ser suspendida en los supuestos de ausencia, imposibilidad o en que esté así previsto en las medidas de apoyo para el ejercicio de la capacidad establecidas, quedando a salvo las facultades parentales cuyo mantenimiento sea declarado procedente por el juez.

Cuando cese la causa que motivó la suspensión, el juez podrá establecer las limitaciones a su ejercicio que exija el interés del hijo.

Privación

Cualquiera de los progenitores, o ambos, podrán ser privados por sentencia de la titularidad de la responsabilidad parental, o de alguna de sus facultades, en caso de incumplimiento grave o reiterado de sus deberes, aun cuando el mismo no suponga el desamparo del menor.

La privación será efectiva desde que la sentencia sea firme, sin perjuicio de que pueda acordarse su suspensión cautelar.

Los tribunales podrán, en beneficio e interés del menor, acordar la recuperación, total o parcialmente, cuando hubiera cesado la causa que motivó la privación.

Extinción

La responsabilidad parental sobre los hijos se extingue:
1. Por la muerte o declaración de fallecimiento del hijo o de ambos padres.
2. Por la emancipación o la mayoría de edad del hijo.
3. Por la adopción del hijo, en relación con sus progenitores anteriores salvo si permanece el vínculo con alguno de ellos.

Con la extinción de la responsabilidad parental cesan sus efectos en el orden personal y patrimonial del hijo y podrá ser solicitada la rendición de cuentas y, en su caso, el resarcimiento de los daños y perjuicios conforme a lo establecido en la ley 66.

Renacimiento

Renacerá la responsabilidad parental sobre el hijo declarado fallecido si este reaparece antes de su mayoría de edad.

En caso de reaparición del progenitor declarado fallecido, la recuperación de su responsabilidad parental tendrá lugar si resulta beneficiosa para los hijos, pudiendo el juez, motivadamente, limitar las facultades sobre las que recaiga.

Modificada por Ley Foral 31/2022, de 28 de noviembre, de atención a las personas con discapacidad en Navarra y garantía de sus derechos, eliminándose, además, el último apartado relacionado al defensor judicial. (Boletín Oficial de Navarra de 15-12-2022).

Anteriormente modificada por Ley Foral 21/2019, de 4 de abril, de modificación y actualización de la Compilación del Derecho Civil Foral de Navarra o Fuero Nuevo. (Boletín Oficial de Navarra de 16-04-2019).

LEY 76.

Defensor judicial

Cuando hubiere intereses contrapuestos entre los progenitores y los hijos bajo su responsabilidad, se requerirá la intervención de defensor judicial.

Si la contraposición de intereses existiera solo con uno de los progenitores, corresponde al otro la representación del hijo sin necesidad de nombramiento judicial.

El juez nombrará defensor, con las facultades que señale, a alguna de las personas a quienes en su caso podría corresponder el ejercicio de la tutela.

Modificada por Ley Foral 31/2022, de 28 de noviembre, de atención a las personas con discapacidad en Navarra y garantía de sus derechos. (Boletín Oficial de Navarra de 15-12-2022).

Anteriormente modificada por Ley Foral 21/2019, de 4 de abril, de modificación y actualización de la Compilación del Derecho Civil Foral de Navarra o Fuero Nuevo. (Boletín Oficial de Navarra de 16-04-2019).

LEY 77

Supervisión judicial de la responsabilidad parental

En todos aquellos procedimientos en los que según las leyes de la presente Compilación el juez deba pronunciarse sobre cuestiones derivadas de la responsabilidad parental, podrá adoptar, motivadamente, las medidas que estime necesarias para supervisar las relaciones de los hijos con sus progenitores con la finalidad de garantizar sus derechos, pudiendo designar a tal fin un coordinador de parentalidad.

Cuando aprecie fundadamente la existencia de riesgo para los menores o cualquier otra circunstancia que lo justifique, podrá confiar dicha supervisión a los servicios sociales o a los puntos de encuentro familiares.

Modificada por Ley Foral 21/2019, de 4 de abril, de modificación y actualización de la Compilación del Derecho Civil Foral de Navarra o Fuero Nuevo. (Boletín Oficial de Navarra de 16-04-2019).

TITULO VI
Régimen de bienes en el matrimonio

Modificado por Ley Foral 21/2019, de 4 de abril, de modificación y actualización de la Compilación del Derecho Civil Foral de Navarra o Fuero Nuevo. (Boletín Oficial de Navarra de 16-04-2019).

CAPÍTULO I
Principios comunes durante su vigencia

Modificado por Ley Foral 21/2019, de 4 de abril, de modificación y actualización de la Compilación del Derecho Civil Foral de Navarra o Fuero Nuevo. (Boletín Oficial de Navarra de 16-04-2019).

LEY 78.

Libertad de pacto

Los cónyuges podrán pactar libremente en capitulaciones el régimen económico de su matrimonio sin más limitaciones que las establecidas en la ley 7.

Capacidad individual de los cónyuges

Cada uno de los cónyuges, por sí solo, podrá ejercitar y defender derechos y realizar cualesquiera actos judiciales o extrajudiciales de administración, disposición y representación, salvo las limitaciones establecidas por la voluntad o la ley.

En los casos de ausencia, necesidad de provisión de apoyos para el ejercicio de la capacidad jurídica o separación legal de los cónyuges, serán aplicables en lo no previsto en esta Compilación las disposiciones del Código Civil.

Modificada por Ley Foral 31/2022, de 28 de noviembre, de atención a las personas con discapacidad en Navarra y garantía de sus derechos. (Boletín Oficial de Navarra de 15-12-2022).

Anteriormente modificada por Ley Foral 21/2019, de 4 de abril, de modificación y actualización de la Compilación del Derecho Civil Foral de Navarra o Fuero Nuevo. (Boletín Oficial de Navarra de 16-04-2019).

LEY 79

Consentimientos, asentimientos y apoderamientos entre los cónyuges

En los actos en los que, por pacto o por ley, se requiera el consentimiento de ambos cónyuges o el asentimiento de uno al acto del otro, cada uno de ellos puede otorgarlo en términos generales o para uno o varios actos.

Será revocable el consentimiento o el asentimiento otorgado con carácter previo al acto de que se trate, debiendo observarse lo dispuesto en la ley 86 cuando el otorgamiento hubiera tenido lugar en capitulaciones matrimoniales.

Los cónyuges podrán otorgarse poderes de manera unilateral o recíproca y con las facultades que tengan por conveniente. El poder podrá ser en términos generales o para uno o varios actos y será siempre revocable aun cuando hubiera sido otorgado en capitulaciones matrimoniales.

Suplencia judicial

En los actos a los que se refiere el párrafo primero de la presente ley, el consentimiento o asentimiento de un cónyuge podrá ser suplido, a petición del otro, por el Juez, quien resolverá en procedimiento de Jurisdicción Voluntaria.

Confirmación

Los actos realizados por uno de los cónyuges sin el necesario consentimiento o asentimiento del otro o de la suplencia judicial podrán ser confirmados por el cónyuge cuya intervención se omitió o por sus herederos, pero únicamente serán válidos si aquel o estos no los impugnaren dentro del plazo de cuatro años desde la separación legal o la disolución del matrimonio.

Se exceptúan las disposiciones de bienes comunes a título gratuito que podrán ser impugnadas en cualquier momento.

Modificada por Ley Foral 21/2019, de 4 de abril, de modificación y actualización de la Compilación del Derecho Civil Foral de Navarra o Fuero Nuevo. (Boletín Oficial de Navarra de 16-04-2019).

LEY 80

Gastos del matrimonio

Son gastos del matrimonio todos los que sean necesarios para el sostenimiento de la familia, en atención a su nivel económico y a los miembros que en cada momento convivan en ella, y ya sean de carácter ordinario o extraordinario.

Contribución

Cada uno de los cónyuges debe contribuir a los gastos del matrimonio con sus ingresos económicos, patrimonio y trabajo personal realizado para la propia familia, sin perjuicio y de conformidad con lo establecido en su régimen económico conyugal.

Ejercicio de la potestad doméstica

Cualquiera de los cónyuges por sí solo puede disponer de los bienes comunes para atender a las necesidades ordinarias de la familia acordes a las circunstancias de esta y a los usos del lugar, así como a los gastos urgentes, aun cuando fueran extraordinarios, sin perjuicio de los reembolsos que procedan conforme al régimen económico de su matrimonio.

Modificada por Ley Foral 21/2019, de 4 de abril, de modificación y actualización de la Compilación del Derecho Civil Foral de Navarra o Fuero Nuevo. (Boletín Oficial de Navarra de 16-04-2019).

LEY 81

Limitaciones sobre la vivienda familiar y ajuar

Se necesitará el consentimiento de ambos cónyuges para disponer «inter vivos» o sustraer al uso común los derechos sobre la vivienda habitual o sobre el mobiliario ordinario de la misma.

En el supuesto de que pertenezcan a uno solo con carácter privativo, será necesario el asentimiento del otro.

El juez podrá suplir el consentimiento o el asentimiento de conformidad con lo establecido en el apartado segundo de la ley 79.

A los actos realizados de forma unilateral por uno solo de los cónyuges les será de aplicación lo dispuesto en el último apartado de dicha ley.

Ello no obstante, la manifestación errónea o falsa del cónyuge titular, respecto a no ser vivienda habitual, no perjudicará a terceros de buena fe.

Modificada por Ley Foral 21/2019, de 4 de abril, de modificación y actualización de la Compilación del Derecho Civil Foral de Navarra o Fuero Nuevo. (Boletín Oficial de Navarra de 16-04-2019).

LEY 82

Actos jurídicos entre cónyuges

Los cónyuges podrán celebrar entre sí toda clase de estipulaciones, contratos y donaciones.

Sin perjuicio de lo dispuesto en las leyes 162 y 163, las donaciones otorgadas entre los cónyuges podrán ser revocadas en los supuestos de separación, divorcio o nulidad del matrimonio cuando se declare judicialmente la existencia de incumplimiento de los deberes conyugales o familiares por parte del donatario.

Garantías

Cualquiera de los cónyuges puede afianzar, obligarse de otro modo o dar garantía real, tanto en favor del otro como de terceras personas, sin perjuicio de lo dispuesto para el régimen económico matrimonial de que se trate.

Modificada por Ley Foral 21/2019, de 4 de abril, de modificación y actualización de la Compilación del Derecho Civil Foral de Navarra o Fuero Nuevo. (Boletín Oficial de Navarra de 16-04-2019).

CAPÍTULO II
De las capitulaciones matrimoniales

Modificado por Ley Foral 21/2019, de 4 de abril, de modificación y actualización de la Compilación del Derecho Civil Foral de Navarra o Fuero Nuevo. (Boletín Oficial de Navarra de 16-04-2019).

LEY 83

Tiempo y capacidad para su otorgamiento

Las capitulaciones o contratos matrimoniales pueden otorgarse antes o después de celebrarse el matrimonio. Si se otorgasen durante el matrimonio, podrá darse a sus pactos efecto retroactivo a la fecha de celebración de este, sin perjuicio de los derechos adquiridos por terceros.

Podrán otorgar capitulaciones matrimoniales los cónyuges y las personas que, teniendo capacidad para ello, vayan a contraerlo. Para las disposiciones que impliquen cualesquiera actos de los previstos en la ley 48 por parte de un otorgante menor de edad en favor del otro se estará a lo dispuesto en la misma.

Podrán también concurrir a su otorgamiento quienes, por razón o con ocasión del mismo matrimonio, realicen otras disposiciones o renuncias a sus derechos.

Ineficacia

Las capitulaciones quedarán ineficaces si el matrimonio no llegara a celebrarse en el plazo de un año. La nulidad del matrimonio produce la ineficacia de aquellas desde que la sentencia que la declare sea firme.

Modificada por Ley Foral 21/2019, de 4 de abril, de modificación y actualización de la Compilación del Derecho Civil Foral de Navarra o Fuero Nuevo. (Boletín Oficial de Navarra de 16-04-2019).

LEY 84

Forma

Son nulas las capitulaciones matrimoniales que no se otorguen en escritura pública. Siempre que contengan donaciones de terceros a favor de alguno de los cónyuges, o de estos entre sí, los bienes objeto de la donación deberán ser descritos en la misma escritura o por inventario incorporado.

Publicidad

Para que sean oponibles frente a terceros, las capitulaciones deberán ser objeto de publicidad en el Registro civil y en los demás Registros en los que su inscripción sea exigida a tales efectos.

Modificada por Ley Foral 21/2019, de 4 de abril, de modificación y actualización de la Compilación del Derecho Civil Foral de Navarra o Fuero Nuevo. (Boletín Oficial de Navarra de 16-04-2019).

LEY 85

Contenido

Las capitulaciones matrimoniales podrán contener el régimen de bienes del matrimonio que establezcan libremente los otorgantes, quienes podrán también acogerse, total o parcialmente, a cualquiera de los previstos en la presente Compilación.

Podrán igualmente contener cualesquiera disposiciones o renuncias por razón del matrimonio, ya sean «inter vivos» o «mortis causa», y tanto referidas a la vigencia del matrimonio como a las que deban regir tras la separación o disolución, sin perjuicio de los derechos que por su naturaleza les sean indisponibles.

Así mismo, las capitulaciones podrán establecer libremente el régimen de bienes de la familia conforme a lo previsto en el título XI, ordenar las donaciones a las que se refiere el título X y cualesquiera otras disposiciones, tanto «inter vivos» como «mortis causa».

Modificada por Ley Foral 21/2019, de 4 de abril, de modificación y actualización de la Compilación del Derecho Civil Foral de Navarra o Fuero Nuevo. (Boletín Oficial de Navarra de 16-04-2019).

LEY 86

Modificación

Las capitulaciones matrimoniales podrán ser modificadas en cualquier tiempo, siempre que se observe la forma establecida en la ley 84 y presten su consentimiento, además de los cónyuges o personas de cuyo previsto matrimonio se tratare, el resto de otorgantes que vivan al tiempo de la modificación en cuanto afecte a los bienes y derechos concedidos por estos últimos o recibidos por ellos.

Para su oponibilidad frente a terceros, la modificación deberá ser objeto de inscripción conforme a lo previsto en el párrafo segundo de dicha ley.

En caso de fallecimiento de uno de los cónyuges, así como en los casos de sujeción a medidas establecidas de apoyo para el ejercicio de la capacidad jurídica que requieran su representación, las capitulaciones no podrán ser modificadas, salvo que así se hubiera previsto en las mismas.

En caso de que uno de los cónyuges o de que cualquier otro otorgante que deba intervenir conforme a lo previsto en el párrafo primero de esta ley precisen de forma sobrevenida de apoyos para el ejercicio de la capacidad jurídica, se estará a lo previsto en las medidas existentes o que se establezcan a tal efecto.

Se exceptúa de lo prevenido en esta ley las estipulaciones que por pacto expreso o por su naturaleza sean revocables.

Los pactos sucesorios recíprocos entre cónyuges podrán ser modificados o revocados por estos sin necesidad del acuerdo de los demás otorgantes de los capítulos.

Modificada por Ley Foral 31/2022, de 28 de noviembre, de atención a las personas con discapacidad en Navarra y garantía de sus derechos. (Boletín Oficial de Navarra de 15-12-2022).

Anteriormente modificada por Ley Foral 21/2019, de 4 de abril, de modificación y actualización de la Compilación del Derecho Civil Foral de Navarra o Fuero Nuevo. (Boletín Oficial de Navarra de 16-04-2019).

CAPÍTULO III
De la sociedad conyugal de conquistas

Modificado por Ley Foral 21/2019, de 4 de abril, de modificación y actualización de la Compilación del Derecho Civil Foral de Navarra o Fuero Nuevo. (Boletín Oficial de Navarra de 16-04-2019).

LEY 87

Régimen legal supletorio

Si los cónyuges no hubieran pactado en capitulaciones matrimoniales el régimen económico de su matrimonio, se observará el de conquistas, que se regirá por las disposiciones de esta Compilación en lo que no hubiese sido especialmente acordado entre ellos.

Modificada por Ley Foral 21/2019, de 4 de abril, de modificación y actualización de la Compilación del Derecho Civil Foral de Navarra o Fuero Nuevo. (Boletín Oficial de Navarra de 16-04-2019).

LEY 88

Bienes de conquista

En el régimen de conquistas se hacen comunes de los cónyuges:
1. Los bienes incluidos en las conquistas en virtud de pactos o disposiciones.
2. Los bienes adquiridos a título oneroso con cargo a bienes de conquista durante el matrimonio por cualquiera de los cónyuges.
3. Los bienes adquiridos a título oneroso con cargo a bienes privativos y que los cónyuges convengan sean bienes de conquista, cualesquiera que fueran el precio o contraprestación y la naturaleza del derecho en cuya virtud fueran adquiridos.
4. Los bienes ganados durante el matrimonio por el trabajo u otra actividad de cualquiera de los cónyuges.
5. Los frutos y rendimientos de los bienes comunes y de los privativos.
6. Los derechos de arrendatario por contratos celebrados durante el matrimonio.
7. Los bienes adquiridos por derecho de retracto convencional o legal, opción, acceso a la propiedad, suscripción preferente u otro cualquier derecho de adquisición que pertenezca a la sociedad de conquistas.
8. Las accesiones o incrementos de los bienes de conquista.
9. Cualesquiera otros bienes que no sean privativos conforme a la ley siguiente.

Presunción

Se presumen de conquista todos aquellos bienes cuya pertenencia privativa no conste.

Reembolsos

Lo establecido en los números 3 y 7 se entenderá sin perjuicio de los reembolsos que procedan, que deberán ser actualizados al momento en que se hagan efectivos, ya sea durante la vigencia de la sociedad conyugal o al tiempo de su liquidación.

Modificada por Ley Foral 21/2019, de 4 de abril, de modificación y actualización de la Compilación del Derecho Civil Foral de Navarra o Fuero Nuevo. (Boletín Oficial de Navarra de 16-04-2019).

LEY 89

Bienes privativos

Son bienes privativos de cada cónyuge:
1. Los excluidos de las conquistas en virtud de pactos o disposiciones.

2. Los que a un cónyuge provengan de título oneroso anterior al matrimonio, aunque durante este tenga lugar la adquisición o aun cuando el precio o contraprestación fuere satisfecho, total o parcialmente, con fondos del otro cónyuge o de la sociedad de conquistas, sin perjuicio de lo dispuesto en esta ley para la vivienda familiar.

3. Los adquiridos a título lucrativo antes del matrimonio o durante este.

4. Los adquiridos por compra, permuta, dación en pago, venta, transacción y por otra subrogación cualquiera de bienes privativos.

5. Los adquiridos con cargo a bienes de conquista si en el título adquisitivo ambos cónyuges hacen constar la atribución privativa a uno de ellos.

6. Los adquiridos por derecho de retracto convencional o legal, opción, acceso a la propiedad, suscripción preferente de acciones u otro cualquier derecho de adquisición preferente perteneciente a uno de los cónyuges.

7. Las accesiones o incrementos de los bienes privativos.

8. Los edificios construidos, las nuevas plantaciones y otras cualesquiera mejoras en bienes privativos de uno de los cónyuges.

9. El resarcimiento de daños y la indemnización de perjuicios causados a la persona de un cónyuge o en sus bienes privativos.

10. Los bienes y derechos patrimoniales inherentes a la persona y los no transmisibles «inter vivos».

Vivienda y ajuar familiar

En el supuesto de la vivienda y ajuar familiar, cuando su adquisición o el abono total o parcial de su precio tuviere lugar constante matrimonio, aun cuando provenga de título anterior al mismo, se tendrán en cuenta las siguientes reglas:

a) Si el pago hubiera tenido lugar con aportación única y exclusiva de uno de los cónyuges, será privativa suya.

b) Si el pago se realizó con bienes de titularidad privativa de ambos cónyuges, pertenecerá proindiviso a ambos en proporción a las respectivas aportaciones.

c) Si lo fuere con bienes de uno o ambos cónyuges y con los de la sociedad de conquistas, el proindiviso tendrá lugar en proporción a las aportaciones de cada uno y de la sociedad de conquistas.

Las aportaciones a las que se refieren los apartados anteriores vendrán determinadas por los pagos efectivos realizados para hacer frente al precio de adquisición de la vivienda o ajuar familiares con independencia de si la compra haya tenido lugar al contado, a plazos o con préstamo posterior.

Reembolsos

Lo establecido en los números 2, 6, 7 y 8 se entenderá sin perjuicio de los reembolsos que procedan y que deberán ser actualizados al momento en que se hagan efectivos, ya sea durante la vigencia de la sociedad conyugal o al tiempo de su liquidación.

Modificada por Ley Foral 21/2019, de 4 de abril, de modificación y actualización de la Compilación del Derecho Civil Foral de Navarra o Fuero Nuevo. (Boletín Oficial de Navarra de 16-04-2019).

LEY 90

Cargas de la sociedad de conquistas

Serán de cargo del patrimonio común:

1. Los gastos para el sostenimiento de la familia, tanto ordinarios como extraordinarios, conforme a las circunstancias de la misma y a su nivel económico, así como los de la educación y formación integral de los hijos comunes.

2. Los gastos de alimentación y habitación de los hijos de cualquiera de los cónyuges económicamente dependientes y devengados en aquellos períodos en que compartan la convivencia y los de aquellos otros familiares o allegados con los que se conviva y carezcan de independencia económica.

3. Los alimentos y la educación de los hijos de anterior unión de uno de los cónyuges si este no hubiere hecho la partición y entrega de bienes a que se refiere la ley 114 cuando la misma procediere.

4. Los gastos ordinarios y extraordinarios de la administración de los bienes comunes.

5. Las obligaciones extracontractuales de los cónyuges derivadas de actuaciones realizadas en interés de la sociedad de conquistas o con beneficio para ella, en el ámbito de la administración de los bienes comunes.

6. Los gastos necesarios causados en litigios que ambos cónyuges sostengan contra tercero, o por uno solo si redundan en provecho de la familia.

7. Los gastos ordinarios de la administración de los bienes privativos de los cónyuges.

8. Los gastos de la explotación regular de los negocios o los ocasionados con carácter ordinario por el ejercicio de la profesión, arte u oficio de cada cónyuge.

Modificada por Ley Foral 21/2019, de 4 de abril, de modificación y actualización de la Compilación del Derecho Civil Foral de Navarra o Fuero Nuevo. (Boletín Oficial de Navarra de 16-04-2019).

LEY 91

Cargas privativas

Serán de cargo de cada cónyuge:

1. La alimentación y demás gastos ordinarios de los hijos no comunes fuera de los supuestos previstos en el apartado 2 de la ley anterior, así como sus gastos de educación.

2. El sostenimiento, alimentación y educación de sus hijos de anterior unión cuando se hubiere hecho la partición y entrega de bienes, si procediere, conforme a la ley 114 o cuando la misma no procediere conforme a la ley 115.

3. Lo perdido y pagado en juego por cualquiera de los cónyuges, salvo que se trate de cantidades módicas regular y periódicamente aplicadas a juegos o apuestas de amplia difusión y seguimiento social, así como lo perdido y no pagado en los juegos de suerte, envite o azar cuando su importe sea legalmente exigible.

4. Los gastos y obligaciones que no sean cargas de la sociedad de conquistas conforme a la ley anterior.

Modificada por Ley Foral 21/2019, de 4 de abril, de modificación y actualización de la Compilación del Derecho Civil Foral de Navarra o Fuero Nuevo. (Boletín Oficial de Navarra de 16-04-2019).

LEY 92

Responsabilidad de la sociedad de conquistas

Responderán los bienes comunes, en la forma que en cada caso se determina, de:

1. Los gastos y obligaciones que sean carga de la sociedad conforme a lo dispuesto en la ley 90 aun cuando hubieran sido contraídas por uno solo de los cónyuges.

En este último supuesto, junto con los bienes comunes responderán directamente los bienes privativos del cónyuge deudor. Además, en aquellas obligaciones contraídas por uno solo en cumplimiento de obligaciones legales de inexcusable ejercicio, comunes a ambos, responderán subsidiariamente los bienes del otro cónyuge.

La misma responsabilidad se derivará cuando se trate de afianzamientos cuyo otorgamiento resultase de dichas cargas.

2. Las obligaciones que contraigan conjuntamente uno y otro cónyuge, o uno de ellos actuando en nombre y representación de ambos.

De estas obligaciones, responderán indistinta y solidariamente el patrimonio común y los respectivos patrimonios privativos; el patrimonio común responderá por la totalidad de la deuda en tanto que los privativos lo harán por la mitad.

La misma responsabilidad se derivará de las fianzas constituidas por ambos cónyuges en favor de terceros sin perjuicio de lo establecido en la ley 525.

Lo expuesto en los apartados anteriores se entiende sin perjuicio de los reembolsos procedentes de conformidad con la naturaleza privativa o común de la carga y del patrimonio con que se hizo efectiva la responsabilidad contraída.

3. Las obligaciones individuales de un cónyuge contraídas con el consentimiento del otro.

En este caso, responderán, junto con los bienes del cónyuge deudor, los bienes comunes. Además, en los supuestos de obligaciones contraídas en el cumplimiento de deberes legales de inexcusable ejercicio, comunes a ambos cónyuges, responderá subsidiariamente el patrimonio del otro cónyuge.

Todo ello sin perjuicio de los reembolsos procedentes en razón a la naturaleza de la carga y al patrimonio con que se hizo frente.

4. Las obligaciones individuales contraídas por uno solo de los cónyuges en el cumplimiento de obligaciones legales de inexcusable ejercicio comunes a ambos, en cuyo caso responderán, solidariamente, los bienes del cónyuge que contrajo la deuda y los de la sociedad conyugal y, subsidiariamente, los del otro cónyuge, sin perjuicio de los reembolsos que procedan.

La misma responsabilidad se derivará de las fianzas prestadas por uno solo de los cónyuges por deudas contraídas por un tercero en atenciones legalmente debidas por los esposos.

Modificada por Ley Foral 21/2019, de 4 de abril, de modificación y actualización de la Compilación del Derecho Civil Foral de Navarra o Fuero Nuevo. (Boletín Oficial de Navarra de 16-04-2019).

LEY 93

Responsabilidad personal de cada cónyuge

Cada uno de los cónyuges responderá con su patrimonio privativo de las cargas a las que se refiere la ley 91, así como de todas aquellas obligaciones que contraiga sin el consentimiento del otro y no sean de cargo y responsabilidad de la sociedad de conquistas conforme a lo previsto en las leyes 90 y 92.

Dicha responsabilidad se extenderá a las garantías prestadas a favor de terceros por uno solo de los cónyuges.

En tales supuestos, si el patrimonio privativo del cónyuge no fuera suficiente, el acreedor podrá pedir el embargo de bienes de conquista, que será inmediatamente notificado al otro cónyuge.

Si la ejecución se realizare sobre bienes comunes, se considerará que el cónyuge deudor tiene recibido a cuenta de su participación el valor de aquellos al tiempo que los abone con caudal propio o al tiempo de la liquidación de la sociedad conyugal.

No obstante, el cónyuge no deudor podrá, dentro de los nueve días siguientes a la notificación de la traba o, en su caso, de la resolución que declare la responsabilidad privativa del otro, bien señalar bienes privativos del deudor suficientes para la realización de la responsabilidad contraída, bien exigir la sustitución de la traba en bienes de conquistas por la del remanente que al cónyuge deudor se adjudique en la liquidación de la sociedad conyugal, en cuyo caso, el embargo llevará consigo la disolución y liquidación de esta, y se aplicará el régimen de separación de bienes en los términos previstos en la ley 101.

Modificada por Ley Foral 21/2019, de 4 de abril, de modificación y actualización de la Compilación del Derecho Civil Foral de Navarra o Fuero Nuevo. (Boletín Oficial de Navarra de 16-04-2019).

LEY 94

Administración y disposición

La administración y disposición de bienes de conquista se regirá por lo pactado en capitulaciones matrimoniales o en escritura pública.

En defecto de pacto corresponderá a ambos cónyuges conjuntamente, sin perjuicio de lo establecido en los apartados siguientes:

1. Cuando uno de los cónyuges se hallare impedido para prestar su consentimiento sobre uno o varios actos de administración o disposición de bienes de conquista, o se negare injustificadamente a otorgarlo, resolverá el juez.

2. Cualquiera de los cónyuges podrá realizar por sí solo actos de administración sobre bienes o derechos de la sociedad de conquistas y actos de disposición de dinero o títulos valores de igual carácter, siempre que se encuentren en su poder o figuren a su nombre, así como ejercitar los derechos de crédito que aparezcan constituidos a su favor; todo ello, sin perjuicio de los reembolsos a que hubiere lugar.

3. Si los dos cónyuges fueran menores, será necesaria la asistencia de sus padres o, en su caso, de su representante legal, para la enajenación o gravamen de inmuebles, establecimientos mercantiles o industriales, sus elementos esenciales u objetos de valor extraordinario comunes.

No será necesaria la asistencia a que se refiere el párrafo anterior si solo uno de los cónyuges es menor, bastando en tal caso el consentimiento de ambos.

4. La administración y disposición que corresponde al cónyuge que precise de apoyos para el ejercicio de su capacidad jurídica se realizará conforme a lo previsto en las medidas de apoyo establecidas.

5. No podrá suplirse el consentimiento de ninguno de los cónyuges para actos de enajenación o gravamen a título lucrativo de bienes de conquista. Sin embargo, ambos cónyuges podrán por sí solos hacer donaciones moderadas conforme a la posición de la familia y los usos sociales.

6. Por actos «mortis causa» cada uno de los cónyuges puede disponer de sus respectivos bienes privativos y de la parte que a la disolución de la sociedad conyugal le corresponda en los bienes de conquista. Cuando se disponga de bienes determinados que sean de conquista se observará lo que para el legado se establece en la ley 251.

Modificada por Ley Foral 31/2022, de 28 de noviembre, de atención a las personas con discapacidad en Navarra y garantía de sus derechos. (Boletín Oficial de Navarra de 15-12-2022).

Anteriormente modificada por Ley Foral 21/2019, de 4 de abril, de modificación y actualización de la Compilación del Derecho Civil Foral de Navarra o Fuero Nuevo. (Boletín Oficial de Navarra de 16-04-2019).

LEY 95

Disolución

Son causas de disolución de la sociedad conyugal de conquistas:

1. Las establecidas en capitulaciones matrimoniales.

2. El acuerdo de ambos cónyuges; pero si anteriormente hubieren otorgado capitulaciones, deberá observarse lo establecido en la ley 86.

3. El fallecimiento de uno de los cónyuges.

4. La resolución judicial por la que se declare la nulidad, separación o divorcio.

5. La resolución judicial que la decrete, a petición de uno de los cónyuges, en cualquiera de los casos siguientes:

a) Si se hubiera modificado judicialmente la capacidad del otro cónyuge o hubiera sido declarado ausente.

b) Si el otro cónyuge hubiera sido declarado en concurso cuando dicho efecto esté previsto en la ley concursal.

c) Si el otro cónyuge por sí solo realizare actos que entrañen fraude, daño o peligro para los derechos que en la sociedad de conquistas correspondan al que solicite la disolución.

d) Si llevaran los cónyuges separados de hecho más de un año.

e) Si se hubiera decretado el embargo sobre bienes de conquista, por obligaciones personales del otro cónyuge, conforme a lo previsto en el párrafo último de la ley 93.

En cualquiera de los supuestos comprendidos en este número, si hubiera pleito sobre la causa de disolución, iniciada su tramitación, el juez dispondrá la práctica de inventario y adoptará las medidas necesarias para la administración del caudal de la sociedad de conquistas; asimismo, se requerirá autorización judicial para todo acto que exceda de la administración ordinaria.

Modificada por Ley Foral 21/2019, de 4 de abril, de modificación y actualización de la Compilación del Derecho Civil Foral de Navarra o Fuero Nuevo. (Boletín Oficial de Navarra de 16-04-2019).

LEY 96

Reintegros de lucros sin causa

En todo caso, aun sin disolver la sociedad de conquistas, deberán reintegrarse entre los patrimonios privativos y el de conquistas los lucros que se hubieren producido sin causa a favor de uno de ellos en detrimento del otro.

El importe de los reembolsos será actualizado al momento en que sean hechos efectivos, tanto durante la sociedad conyugal como a la liquidación de esta.

Modificada por Ley Foral 21/2019, de 4 de abril, de modificación y actualización de la Compilación del Derecho Civil Foral de Navarra o Fuero Nuevo. (Boletín Oficial de Navarra de 16-04-2019).

LEY 97

Liquidación

Disuelta la sociedad se procederá a su liquidación, que comenzará por un inventario del activo y del pasivo. No será necesaria la formación de inventario cuando todos los interesados hubieran aceptado el que el cónyuge sobreviviente hubiese hecho para el usufructo de viudedad.

Activo

El activo comprenderá todos los bienes de conquista existentes en el momento de la disolución, así como los créditos de la sociedad frente a los cónyuges entre los que deberán incluirse los derivados de los reembolsos por cargas privativas que sean responsabilidad de la sociedad de conquistas.

Pasivo

El pasivo comprenderá todas las obligaciones pendientes que sean responsabilidad de la sociedad, incluso por créditos de los cónyuges contra aquella.

Pago

Terminado el inventario se pagarán las deudas de la sociedad, incluidas las que esta tenga con los cónyuges, conforme a lo dispuesto para la concurrencia y prelación de créditos.

Los acreedores de la sociedad tendrán en la liquidación de esta los mismos derechos que por ley les corresponden en la liquidación y partición de la herencia.

Alimentos

De la masa común de bienes se prestarán alimentos a los cónyuges o, en su caso, al sobreviviente y a los hijos, mientras no se hiciere la entrega de los bienes que constituyen su haber. Los alimentos prestados se deducirán de los frutos y rendimientos del haber, y de este mismo en lo que excedan.

Modificada por Ley Foral 21/2019, de 4 de abril, de modificación y actualización de la Compilación del Derecho Civil Foral de Navarra o Fuero Nuevo. (Boletín Oficial de Navarra de 16-04-2019).

LEY 98

División

El remanente líquido de los bienes de conquista se dividirá en la proporción pactada o, en su defecto, por mitad entre los cónyuges o sus respectivos herederos.

Derecho de aventajas

Por derecho de mejoría o aventajas, pertenecerán en propiedad al cónyuge sobreviviente, sin que le sean computados en su parte en las conquistas, las ropas y efectos de uso personal, así como los demás objetos de ajuar de casa cuyo valor no fuere excesivo conforme a las circunstancias y nivel económico de la familia y a los usos sociales. También podrán detraerse como aventajas los instrumentos de trabajo de un valor no desproporcionado al patrimonio común.

Modificada por Ley Foral 21/2019, de 4 de abril, de modificación y actualización de la Compilación del Derecho Civil Foral de Navarra o Fuero Nuevo. (Boletín Oficial de Navarra de 16-04-2019).

LEY 99

Adjudicación preferente

En la liquidación de la sociedad de conquistas cada cónyuge tendrá derecho a que le sean adjudicados en pago de su haber, hasta donde este alcance, los siguientes bienes siempre que tuvieren la condición de comunes:

1. Los bienes privativos que se hubieren incorporado en capitulaciones a la sociedad de conquistas por cualquiera de los cónyuges.

2. Los objetos de ajuar de casa y los instrumentos de trabajo que no le pertenecieren por derecho de aventajas conforme a la ley anterior.

3. La explotación agrícola, ganadera, forestal, comercial o industrial que tuviere a su cargo.

4. El local donde hubiere venido ejerciendo su profesión, arte u oficio.

5. En caso de muerte del otro cónyuge, la vivienda que fuere la residencia habitual del matrimonio.

En los casos de los números 1, 4 y 5 el cónyuge viudo podrá exigir que se le atribuyan los bienes en propiedad o solo el derecho de uso o habitación sobre los mismos. Si el valor de la propiedad o del derecho, según los casos, excediere del haber del cónyuge adjudicatario, este deberá abonar la diferencia en dinero.

Modificada por Ley Foral 21/2019, de 4 de abril, de modificación y actualización de la Compilación del Derecho Civil Foral de Navarra o Fuero Nuevo. (Boletín Oficial de Navarra de 16-04-2019).

CAPÍTULO IV
Del régimen de comunidad universal de bienes

Modificado por Ley Foral 21/2019, de 4 de abril, de modificación y actualización de la Compilación del Derecho Civil Foral de Navarra o Fuero Nuevo. (Boletín Oficial de Navarra de 16-04-2019).

LEY 100

Efectos

Cuando los cónyuges pacten en capitulaciones matrimoniales el régimen de comunidad universal de bienes, en defecto de los pactos que expresamente se establezcan acerca de los bienes y cargas que componen la masa común, de su administración y disolución y liquidación, se aplicarán las reglas siguientes:

1. Por este régimen se hacen comunes a los cónyuges todos sus bienes presentes y futuros, sea cual fuere el título de adquisición, oneroso o lucrativo, «inter vivos» o «mortis causa».

2. Serán responsabilidad del patrimonio común todas las cargas y obligaciones que correspondan a ambos cónyuges, ya se hayan contraído de forma conjunta por ambos o por uno solo de ellos, así como las que correspondan de manera individual a cualquiera de ellos, y ya sean anteriores como posteriores al matrimonio.

3. Respecto a la administración y disposición de los bienes comunes, será aplicable lo que la ley 94 previene para los bienes de conquista, sin perjuicio de lo previsto con carácter común en las leyes 78 a 82.

4. A la disolución del matrimonio, el remanente líquido de los bienes comunes se dividirá en la proporción convenida o, en defecto de pacto, por mitad entre los cónyuges o sus respectivos herederos.

5. En lo que no hubiere sido pactado o no se halle previsto en esta ley, se aplicarán analógicamente las disposiciones establecidas en esta Compilación para el régimen de conquistas, en cuanto no fuere contradictorio o incompatible con el de comunidad universal de bienes.

Modificada por Ley Foral 21/2019, de 4 de abril, de modificación y actualización de la Compilación del Derecho Civil Foral de Navarra o Fuero Nuevo. (Boletín Oficial de Navarra de 16-04-2019).

CAPÍTULO V
Del régimen de separación de bienes

Modificado por Ley Foral 21/2019, de 4 de abril, de modificación y actualización de la Compilación del Derecho Civil Foral de Navarra o Fuero Nuevo. (Boletín Oficial de Navarra de 16-04-2019).

LEY 101

Separación convencional y contenido en defecto de pacto

Cuando los cónyuges pacten en capitulaciones matrimoniales el régimen de separación de bienes o se establezca el mismo por disposición legal, en defecto de sus previsiones expresas se aplicarán las siguientes reglas:

1. Cada cónyuge será titular de los bienes que tuviese en el momento inicial y los que por cualquier título adquiera posteriormente.

Se presumirá que pertenecen a los dos cónyuges por mitad y proindiviso los bienes y derechos cuya propiedad individual no se demuestre o hayan sido adquiridos sin atribución de cuotas.

2. Corresponde a cada cónyuge por sí solo el disfrute, la administración y disposición de sus propios bienes sin perjuicio de lo dispuesto en la ley 81 para la vivienda familiar.

3. Cada cónyuge responderá con carácter exclusivo de las obligaciones por él contraídas. Ello no obstante, de las obligaciones contraídas por uno de los cónyuges en el ejercicio de la potestad doméstica para atender a las necesidades ordinarias y extraordinarias de la familia conforme a las circunstancias de esta y al uso del lugar a que se refiere la ley 80, si fuere insuficiente el patrimonio del cónyuge deudor responderán subsidiariamente los bienes del otro, sin perjuicio del reembolso que procediere.

4. Sin perjuicio de lo pactado en capitulaciones matrimoniales, cada cónyuge afrontará los gastos del matrimonio de conformidad a lo establecido en la ley 80 proporcionalmente a su capacidad económica y dedicación personal.

5. Cuando el trabajo realizado para la familia por un cónyuge de forma personal y no retribuida determine un exceso en la contribución a los gastos del matrimonio que proporcionalmente le corresponda en relación con lo aportado económica y personalmente por el otro, deberá ser compensado en el momento de la extinción del régimen.

Para determinar la cuantía de la compensación se tendrá en cuenta, dentro del nivel económico y circunstancias de la familia, los años de matrimonio, la duración e intensidad de la dedicación y la atención personal a los hijos y a otros miembros de la familia que convivan con los cónyuges.

6. Además, cuando uno de los cónyuges hubiera realizado trabajo en las actividades empresariales o profesionales del otro, tendrá derecho a una compensación proporcional al trabajo realizado, cuando el mismo no haya sido objeto de retribución o lo haya sido con retribución insuficiente, y ello, con independencia de los reembolsos debidos por excesos en el deber de contribución a las cargas del matrimonio.

Modificada por Ley Foral 21/2019, de 4 de abril, de modificación y actualización de la Compilación del Derecho Civil Foral de Navarra o Fuero Nuevo. (Boletín Oficial de Navarra de 16-04-2019).

LEY 102

Separación judicial

Podrá decretarse judicialmente la separación de bienes por las causas establecidas en la ley 95, número 5, cualquiera que sea el régimen de bienes del matrimonio.

La liquidación se practicará de conformidad con las reglas de esta Compilación según el régimen de que se trate.

Modificada por Ley Foral 21/2019, de 4 de abril, de modificación y actualización de la Compilación del Derecho Civil Foral de Navarra o Fuero Nuevo. (Boletín Oficial de Navarra de 16-04-2019).

CAPÍTULO VI
Principios comunes finalizada su vigencia

Modificado por Ley Foral 21/2019, de 4 de abril, de modificación y actualización de la Compilación del Derecho Civil Foral de Navarra o Fuero Nuevo. (Boletín Oficial de Navarra de 16-04-2019).

LEY 103

Libertad de pacto

Los cónyuges podrán pactar en previsión de la ruptura matrimonial o una vez producida esta, todos los efectos económicos derivados de la misma, sin perjuicio de lo dispuesto en el título V para aquellos relacionados con la responsabilidad parental sobre sus hijos menores de edad.

Dichos pactos tendrán los efectos que correspondan según se hayan otorgado en documento privado o público o hayan sido incorporados al Convenio Regulador de nulidad, separación o divorcio.

Los cónyuges podrán incluir en los mismos su compromiso de recurrir a la mediación para resolver las diferencias derivadas de su aplicación.

Modificada por Ley Foral 21/2019, de 4 de abril, de modificación y actualización de la Compilación del Derecho Civil Foral de Navarra o Fuero Nuevo. (Boletín Oficial de Navarra de 16-04-2019).

LEY 104

Medidas judiciales

a) Contribución al sostenimiento de los hijos mayores de edad. En defecto de pacto, el juez establecerá la contribución de uno y otro cónyuge al sostenimiento de los hijos mayores de edad que todavía dependan económicamente de ellos **y valorará si procede establecerla por motivo de la discapacidad de cualquiera de sus hijos**, de conformidad con lo establecido en la ley 73 en todo lo que resulte de aplicación.

Ello, no obstante, cuando así se solicite, el juez podrá establecer que la cantidad que cada progenitor deba satisfacer para el sostenimiento de los hijos mayores de edad sea asignada directamente a ellos.

b) Vivienda familiar. Sin perjuicio de lo establecido en la ley 72 para los supuestos de existencia de hijos menores de edad, cuando no los hubiera, o todos fueran ya mayores de edad, el juez podrá atribuir el derecho de uso de la vivienda familiar al cónyuge que más lo necesite, aun cuando no sea el titular de la vivienda, con carácter, en cualquier caso, temporal.

El plazo del derecho de uso será fijado por el juez prudencialmente en atención a las circunstancias concurrentes y, en particular, a las necesidades de habitación de los hijos mayores de edad que sigan siendo dependientes económicamente.

Si entre los hijos hubiera alguno con una discapacidad que hiciera conveniente la continuación en el uso de la vivienda familiar, el juez podrá determinar el plazo de duración de este derecho, en función de las circunstancias concurrentes.

Para disponer de todo o parte de la vivienda y bienes indicados cuyo uso haya sido atribuido conforme a los párrafos anteriores, se requerirá el consentimiento de ambos cónyuges o, en su defecto, autorización judicial. Esa restricción en la facultad dispositiva sobre la vivienda familiar se hará constar en el Registro de la Propiedad. La manifestación errónea o falsa del disponente sobre el uso de la vivienda no perjudicará al adquirente de buena fe.

Modificada por Ley Foral 31/2022, de 28 de noviembre, de atención a las personas con discapacidad en Navarra y garantía de sus derechos. (Boletín Oficial de Navarra de 15-12-2022).

Anteriormente modificada por Ley Foral 21/2019, de 4 de abril, de modificación y actualización de la Compilación del Derecho Civil Foral de Navarra o Fuero Nuevo. (Boletín Oficial de Navarra de 16-04-2019).

LEY 105.

c) Compensación por desequilibrio

Cuando uno de los cónyuges quede en el momento de la ruptura del matrimonio en una situación de desequilibrio económico en relación con la posición del otro, como consecuencia de su dedicación a la familia, el juez podrá establecer a su favor, si así se solicita, una compensación por desequilibrio que podrá consistir en una prestación temporal o indefinida o en una cantidad a tanto alzado, ponderando, entre otras que se estimen concurrentes, las siguientes circunstancias:

1. La duración total de la convivencia y la dedicación a la familia durante la misma.

2. La general posición económica de cada uno de los cónyuges en el momento de la ruptura y, en particular, la derivada de las transferencias patrimoniales que, conforme al régimen económico matrimonial, hayan tenido lugar durante el matrimonio para uno y otro cónyuge.

3. Las perspectivas laborales o profesionales de cada uno en relación con su edad y estado de salud y a la dedicación futura al cuidado de los hijos.

4. La pérdida de expectativas laborales, profesionales o prestacionales del solicitante y, con especial incidencia, si las mismas han tenido lugar por su contribución a las actividades o al reconocimiento de los derechos prestacionales del otro.

5. La atribución que, en su caso, se haya hecho del uso de la vivienda familiar y el régimen de los gastos que la misma comporte.

Modificación

Cuando la compensación se haya establecido en forma de prestación periódica, ya sea la misma temporal o indefinida, podrá ser modificada en su cuantía, forma de pago o duración cuando sobrevengan circunstancias en uno u otro cónyuge que alteren las contempladas en el momento de su establecimiento.

Extinción

La prestación por compensación se extinguirá por la muerte, el matrimonio o constitución de pareja estable del acreedor o por su convivencia marital con otra persona, por el cumplimiento del plazo establecido o por la concurrencia de cualquier otra circunstancia que implique que la misma ha dejado de cumplir su finalidad.

En estos casos, la sentencia que declare la modificación o extinción de la prestación podrá establecer sus efectos retroactivos al momento de concurrencia de la causa que la motiva.

Muerte del deudor

La muerte del deudor no extingue por sí misma la prestación establecida como compensación.

El juez resolverá en cada caso sobre su subsistencia, modificación de su cuantía, sustitución por cantidad alzada o por entrega de bienes o extinción, así como, en su caso, acerca de la responsabilidad de la obligación y distribución equitativa entre los sucesores a título universal o particular del deudor y, en el supuesto de que los hubiera, usufructuarios vitalicios, teniendo en cuenta, entre otras que estime concurrentes, las siguientes circunstancias:

1. Valor neto, rentabilidad y liquidez del patrimonio hereditario y de los concretos derechos que sobre el mismo tengan los sucesores o usufructuarios.

2. Obligaciones que sobre ellos recaigan por sostenimiento de hijos menores o que precisen de apoyos para el ejercicio de su capacidad o mayores económicamente dependientes, así como otras obligaciones alimenticias que conforme a las leyes de la presente Compilación o las leyes generales deban asumir.

3. Necesidades personales y económicas de cada uno de ellos.

Las personas que de conformidad con la presente ley puedan resultar obligadas a dicha prestación podrán solicitar en el procedimiento declarativo o ejecutivo de que se trate la suspensión de su abono hasta la resolución definitiva de las cuestiones a las que se refiere el apartado anterior, cuyos efectos se retrotraerán al momento del fallecimiento del deudor.

Modificada por Ley Foral 31/2022, de 28 de noviembre, de atención a las personas con discapacidad en Navarra y garantía de sus derechos. (Boletín Oficial de Navarra de 15-12-2022).

Anteriormente modificada por Ley Foral 21/2019, de 4 de abril, de modificación y actualización de la Compilación del Derecho Civil Foral de Navarra o Fuero Nuevo. (Boletín Oficial de Navarra de 16-04-2019).

TITULO VII
De la pareja estable en Navarra

Modificado por Ley Foral 21/2019, de 4 de abril, de modificación y actualización de la Compilación del Derecho Civil Foral de Navarra o Fuero Nuevo. (Boletín Oficial de Navarra de 16-04-2019).

LEY 106

Constitución

Dos personas mayores de edad o menores emancipadas, en comunidad de vida afectiva análoga a la conyugal, si quieren constituirse en pareja estable con los efectos previstos en esta Compilación podrán hacerlo manifestando su voluntad en documento público.

Registro

La pareja estable deberá inscribirse en un Registro único de parejas estables de la Comunidad Foral de Navarra a los efectos de prueba y publicidad previstos en la norma que lo regule, así como a los efectos que establezcan otras disposiciones legales.

Modificada por Ley Foral 21/2019, de 4 de abril, de modificación y actualización de la Compilación del Derecho Civil Foral de Navarra o Fuero Nuevo. (Boletín Oficial de Navarra de 16-04-2019).

LEY 107

Prohibiciones

No pueden constituir pareja estable:
1. Las personas casadas o constituidas en pareja estable con otra persona.
2. Las personas relacionadas por parentesco consanguíneo o adoptivo en línea recta o en línea colateral dentro del segundo grado.
No podrá convenirse la constitución de pareja estable temporal ni sometida a condición.

Modificada por Ley Foral 21/2019, de 4 de abril, de modificación y actualización de la Compilación del Derecho Civil Foral de Navarra o Fuero Nuevo. (Boletín Oficial de Navarra de 16-04-2019).

LEY 108

Parentesco

La pareja estable no genera relación alguna de parentesco entre cada uno de sus miembros y los parientes del otro.

Modificada por Ley Foral 21/2019, de 4 de abril, de modificación y actualización de la Compilación del Derecho Civil Foral de Navarra o Fuero Nuevo. (Boletín Oficial de Navarra de 16-04-2019).

LEY 109

Régimen constante la pareja estable

Los miembros de la pareja podrán regular mediante pacto los aspectos personales, familiares y patrimoniales de su relación, así como sus derechos y obligaciones.

Vivienda familiar

Resultará de aplicación a la disposición de la vivienda familiar lo dispuesto en la ley 81, salvo pacto en contrario entre los miembros de la pareja.

Gastos comunes y contribución

Son gastos comunes de la pareja todos los que sean precisos para subvenir a sus necesidades y a las de sus hijos comunes, así como los derivados de la alimentación y habitación en la vivienda familiar de los hijos no comunes.

En defecto de pacto, los miembros de la pareja estable contribuirán al mantenimiento de la vivienda familiar y gastos comunes en proporción a sus medios económicos, computándose a tal fin el trabajo personal prestado para la familia y la dedicación a los hijos, sean o no comunes, y al resto de personas que con ellos convivan.

Responsabilidad frente a terceros

Ambos miembros de la pareja responderán solidariamente ante terceros de las obligaciones contraídas por uno de ellos por los gastos a que se refiere el apartado anterior si se acomodan a los usos sociales y sin perjuicio de los reembolsos que correspondan, en su caso, conforme a sus relaciones internas.

Modificada por Ley Foral 21/2019, de 4 de abril, de modificación y actualización de la Compilación del Derecho Civil Foral de Navarra o Fuero Nuevo. (Boletín Oficial de Navarra de 16-04-2019).

LEY 110

Causas de extinción

La pareja estable se extingue:
1. Por la muerte o declaración de fallecimiento de uno de sus miembros.
2. Por matrimonio de uno de sus miembros y por el matrimonio entre ambos.
3. Por mutuo acuerdo de sus miembros.
4. Por voluntad de uno de sus miembros notificada fehacientemente al otro.
5. Por cese de la convivencia con ruptura efectiva de la comunidad de vida.

La extinción de la pareja estable, que deberá ser comunicada por cualquiera de sus miembros al Registro único en el que, en su caso, esté inscrita, implicará la revocación de los consentimientos y poderes que cualquiera de los convivientes hubiera otorgado en favor del otro.

En caso de extinción de la pareja, las donaciones otorgadas entre sus miembros podrán ser revocadas, además de por las causas previstas en su título, cuando se declare judicialmente la existencia de incumplimiento de los deberes familiares por parte del donatario.

Modificada por Ley Foral 21/2019, de 4 de abril, de modificación y actualización de la Compilación del Derecho Civil Foral de Navarra o Fuero Nuevo. (Boletín Oficial de Navarra de 16-04-2019).

LEY 111

Pactos en previsión del cese

En previsión del cese de la convivencia podrá pactarse en escritura pública los efectos de la extinción de la pareja estable.

Modificada por Ley Foral 21/2019, de 4 de abril, de modificación y actualización de la Compilación del Derecho Civil Foral de Navarra o Fuero Nuevo. (Boletín Oficial de Navarra de 16-04-2019).

LEY 112

Efectos a la extinción

En el momento del cese de la convivencia, podrán ser objeto de compensación tanto el trabajo para la familia como el desarrollado por uno de los miembros en las actividades empresariales o profesionales del otro, en los términos previstos en los apartados 5 y 6 de la ley 101.

Modificada por Ley Foral 21/2019, de 4 de abril, de modificación y actualización de la Compilación del Derecho Civil Foral de Navarra o Fuero Nuevo. (Boletín Oficial de Navarra de 16-04-2019).

LEY 113

Derechos sucesorios

En caso de extinción de la pareja estable por muerte o declaración de fallecimiento de uno de los convivientes, el sobreviviente solo tendrá los derechos sucesorios que se hubieran otorgado entre sí o por cualquiera de ellos en favor del otro, conjunta o separadamente, por testamento, pacto sucesorio, donación «mortis causa» y demás actos de disposición reconocidos en esta Compilación.

Modificada por Ley Foral 21/2019, de 4 de abril, de modificación y actualización de la Compilación del Derecho Civil Foral de Navarra o Fuero Nuevo. (Boletín Oficial de Navarra de 16-04-2019).

TITULO VIII
Liquidación de bienes en segundas o posteriores uniones

Modificado por Ley Foral 21/2019, de 4 de abril, de modificación y actualización de la Compilación del Derecho Civil Foral de Navarra o Fuero Nuevo. (Boletín Oficial de Navarra de 16-04-2019).

LEY 114

Liquidación de sociedad conyugal o comunidad de bienes de anterior matrimonio o pareja estable

El progenitor que contrajere segundo o ulterior matrimonio o constituyere pareja estable con otra persona deberá practicar, conjuntamente con sus hijos o descendientes de matrimonio o pareja estable anterior disueltos por fallecimiento del cónyuge o conviviente, la liquidación de la sociedad conyugal o comunidad de bienes disuelta y hacerles entrega formal y efectiva de los bienes que les correspondan cuando tales hijos o descendientes sean herederos o legatarios de parte alícuota del premuero.

Los hijos menores no emancipados serán representados por el defensor judicial.

Derechos de los hijos de la anterior unión

Si antes de contraer matrimonio o de constituir pareja estable, los progenitores no hubiere cumplido la obligación que le impone el apartado anterior, los hijos o descendientes del matrimonio o de la pareja estable anterior podrán exigir la liquidación y reclamar lo que les correspondiera por los incrementos patrimoniales o ganancias producidos por sus bienes en la nueva sociedad conyugal o comunidad de bienes.

Lo dispuesto en esta ley se observará siempre que el régimen de bienes del nuevo matrimonio o pareja estable sea de comunidad de bienes.

Modificada por Ley Foral 21/2019, de 4 de abril, de modificación y actualización de la Compilación del Derecho Civil Foral de Navarra o Fuero Nuevo. (Boletín Oficial de Navarra de 16-04-2019).

LEY 115

Excepciones

No será aplicable lo dispuesto en la ley anterior en los casos siguientes:

1. Si al fallecimiento del premuerto, el sobreviviente fuese único y universal heredero de aquel.

2. Cuando el fallecido hubiera nombrado heredero a su cónyuge o pareja o a terceras personas distintas de sus hijos o descendientes.

3. Cuando el fallecido hubiera nombrado a sus hijos herederos exclusivamente en sus bienes privativos.

4. Cuando el fallecido hubiera nombrado al sobreviviente heredero de confianza o fiduciario comisario sin condicionar su institución a no contraer nuevo matrimonio o constituir pareja estable.

5. Cuando el sobreviviente sea heredero fiduciario y los hijos o descendientes herederos fideicomisarios.

6. Si al tiempo de la disolución de la sociedad conyugal o comunidad no existieren bienes apreciables con base en los cuales se haya obtenido alguna ganancia durante la unión posterior. La inexistencia de bienes se hará constar por el sobreviviente en acta notarial o en acto de conciliación, con notificación o citación de los interesados o de sus legítimos representantes.

Modificada por Ley Foral 21/2019, de 4 de abril, de modificación y actualización de la Compilación del Derecho Civil Foral de Navarra o Fuero Nuevo. (Boletín Oficial de Navarra de 16-04-2019).

LEY 116

Liquidación de sociedad conyugal o comunidad de bienes habiendo descendientes de varias uniones anteriores

Si en la sociedad conyugal o comunidad de bienes estuvieran interesados hijos o descendientes de varias uniones anteriores, se procederá por separado y sucesivamente a la liquidación de cada una de ellas.

Los haberes de los hijos o descendientes de cada matrimonio se integrarán:

1. Por los bienes que al tiempo de celebrarse el siguiente matrimonio o constituirse la siguiente pareja estable debieran haberles sido entregados conforme a la ley 114.

2. Por los respectivos créditos que les correspondieran frente a la siguiente o posteriores uniones conforme a la referida ley.

Para el cobro de los haberes determinados en el número 1, tendrán preferencia los hijos o descendientes de la unión más antigua.

Respecto a los del número 2, concurrirán sin preferencia todos los hijos o descendientes de uniones anteriores.

Distribución

Concurriendo hijos o descendientes de varias uniones anteriores, tanto de uno solo de los cónyuges o miembro de la pareja estable como de ambos, los incrementos patrimoniales y ganancias se distribuirán por cabezas entre aquellos hijos, con derecho de representación en favor de los descendientes del hijo premuerto.

Modificada por Ley Foral 21/2019, de 4 de abril, de modificación y actualización de la Compilación del Derecho Civil Foral de Navarra o Fuero Nuevo. (Boletín Oficial de Navarra de 16-04-2019).

TITULO IX
Comunidades de ayuda mutua

Modificado por Ley Foral 21/2019, de 4 de abril, de modificación y actualización de la Compilación del Derecho Civil Foral de Navarra o Fuero Nuevo. (Boletín Oficial de Navarra de 16-04-2019).

LEY 117

Definición

Dos o más personas mayores de edad que convivan en una misma vivienda habitual con voluntad de permanencia, sin contraprestación económica y con finalidad de procurarse asistencia entre ellos compartiendo los gastos comunes y el trabajo doméstico, pueden constituir una relación de ayuda mutua mediante convenio con forma escrita.

Modificada por Ley Foral 21/2019, de 4 de abril, de modificación y actualización de la Compilación del Derecho Civil Foral de Navarra o Fuero Nuevo. (Boletín Oficial de Navarra de 16-04-2019).

LEY 118

Requisitos personales y prohibiciones

Pueden constituir relación de ayuda mutua las personas unidas por vínculo de parentesco en línea colateral sin límite de grado, relación de amistad o compañerismo.
No pueden constituirla entre sí los cónyuges ni quienes formen pareja estable o de hecho.

Modificada por Ley Foral 21/2019, de 4 de abril, de modificación y actualización de la Compilación del Derecho Civil Foral de Navarra o Fuero Nuevo. (Boletín Oficial de Navarra de 16-04-2019).

LEY 119

Régimen durante la convivencia

Los convivientes podrán regular mediante pacto con forma escrita sus relaciones personales, los derechos y deberes durante la convivencia, así como la contribución igual o desigual de cada uno de ellos a los gastos comunes y al trabajo doméstico.

Modificada por Ley Foral 21/2019, de 4 de abril, de modificación y actualización de la Compilación del Derecho Civil Foral de Navarra o Fuero Nuevo. (Boletín Oficial de Navarra de 16-04-2019).

TITULO X
De las donaciones para la familia y para la unidad y continuidad del patrimonio familiar

Modificado por Ley Foral 21/2019, de 4 de abril, de modificación y actualización de la Compilación del Derecho Civil Foral de Navarra o Fuero Nuevo. (Boletín Oficial de Navarra de 16-04-2019).

LEY 120

Clases de donaciones para la familia

Se consideran donaciones para la familia:
1. Las donaciones que se realicen entre cónyuges o miembros de una pareja por razón de la celebración del matrimonio o del inicio de la convivencia.
2. Las donaciones otorgadas entre cónyuges o convivientes en contemplación al mantenimiento del equilibrio económico durante el matrimonio o convivencia o para el momento de su cese.
3. Las donaciones hechas por una o varias personas conjuntamente a favor de uno o de ambos cónyuges, de uno o de ambos miembros de una pareja o de una persona que haya constituido un grupo familiar, por las que se transmitan determinados bienes en atención a la celebración del matrimonio, al inicio de la convivencia o a la constitución de ese nuevo grupo familiar.
4. Las donaciones hechas por una o varias personas conjuntamente en razón de la perpetuación de su familia en una nueva generación a favor de uno o de ambos cónyuges, de uno o de ambos miembros de una pareja o de una persona que haya pasado a constituir un grupo familiar y que consistan en la transmisión de bienes con la finalidad de mantener la unidad del patrimonio o empresa familiar y la de su continuidad.

Modificada por Ley Foral 21/2019, de 4 de abril, de modificación y actualización de la Compilación del Derecho Civil Foral de Navarra o Fuero Nuevo. (Boletín Oficial de Navarra de 16-04-2019).

LEY 121

Contenido

Las donaciones podrán versar sobre determinados bienes presentes, sobre todos los bienes presentes o futuros, sobre todos ellos, o de los que quedaren a la muerte del donante y podrán realizarse en pleno dominio o con reserva del usufructo, a libre disposición o con limitaciones, con cláusulas de revocación o reversión, con llamamientos sucesorios y fidei-comisos o con otras cualesquiera condiciones lícitas.

Modificada por Ley Foral 21/2019, de 4 de abril, de modificación y actualización de la Compilación del Derecho Civil Foral de Navarra o Fuero Nuevo. (Boletín Oficial de Navarra de 16-04-2019).

LEY 122

Tiempo, forma y aceptación

Las donaciones pueden hacerse antes o después de la celebración del matrimonio, del inicio de la convivencia o de la constitución del nuevo grupo familiar y deberán otorgarse en capitulaciones matrimoniales o en escritura pública, en todo caso, con descripción de los bienes en la misma escritura o por inventario incorporado.

Las donaciones requieren la aceptación del donatario, en la misma escritura o en otra separada.

La aceptación podrá hacerse en vida del donante o donantes o después de su fallecimiento.

Los donantes o sus herederos podrán revocar la donación de cuya aceptación no tengan conocimiento, a no ser que el requerimiento que hicieren por acta notarial al donatario fuera seguido de la aceptación por este.

Modificada por Ley Foral 21/2019, de 4 de abril, de modificación y actualización de la Compilación del Derecho Civil Foral de Navarra o Fuero Nuevo. (Boletín Oficial de Navarra de 16-04-2019).

LEY 123

Régimen

En las donaciones familiares se aplicarán las reglas siguientes:

1. El donatario universal sucede como heredero, pero no responderá de las deudas que los donantes contrajeren con posterioridad a la donación, salvo si se hubieren contraído en beneficio del patrimonio o empresa familiar.

2. En la donación universal de bienes presentes y futuros se presumirá, salvo pacto en contrario, que el donatario adquiere los futuros solo a la muerte del donante.

3. Cuando en la donación universal los donantes se reservaren a libre disposición bienes o cantidades, se presumirá: a) que la libre disposición será tanto «inter vivos» como «mortis causa»; b) que la reserva se hace a favor de los donantes conjuntamente, e íntegramente para el sobreviviente; c) que, fallecidos todos los donantes, los bienes reservados de que no hubiesen dispuesto pertenecerán al donatario como comprendidos en la donación; d) que de las deudas que los donantes ocultaren al hacer la donación responderán preferentemente los bienes que ellos se hubiesen reservado.

4. El que hiciere donación de lo que quedare a su muerte, sólo podrá disponer de sus bienes por actos «inter vivos» a título oneroso.

5. Si los donantes se reservaren el usufructo y la administración, se presumirá, salvo disposición en contrario, que la reserva se hace conjuntamente para ambos e íntegramente para el sobreviviente.

6. A falta de otra disposición, el donatario deberá ordenar y costear los gastos de sepelio de los donantes conforme al uso del lugar y según corresponda al nivel económico familiar.

7. Si la donación se hiciere con la obligación de convivencia de los donatarios con los donantes o la obligación de asistencia de aquellos a estos, el abandono de la convivencia o el incumplimiento del deber de asistencia permitirá a los donantes o al que de ellos sobreviva revocar la donación. La escritura de revocación podrá otorgarse previa justificación del abandono o incumplimiento por acta notarial de notoriedad.

8. En las reversiones y sustituciones fideicomisarias a favor de personas futuras se estará a lo dispuesto en las leyes 223 y 224.

9. Los llamamientos para suceder en favor de cualquier persona se considerarán como donación sólo cuando así se hubiere hecho constar expresamente. En los demás casos no tendrán más valor que el de simples llamamientos sucesorios, por lo que no implicarán prohibición de disponer de los bienes a título oneroso, y los llamados sucederán únicamente en los bienes que quedaren al fallecimiento del donatario.

10. Cuando nada se hubiere pactado sobre administración y dirección de los bienes donados, se entenderá que corresponden a los donantes o al sobreviviente, siempre que estos se hubieren reservado el usufructo.

11. Si se hubiere pactado la convivencia entre donatarios y donantes, reservándose estos el usufructo de los bienes donados, ninguno de ellos sin consentimiento de los otros podrá enajenar la nuda propiedad ni ceder el disfrute ni gravar sus respectivos derechos.

Modificada por Ley Foral 21/2019, de 4 de abril, de modificación y actualización de la Compilación del Derecho Civil Foral de Navarra o Fuero Nuevo. (Boletín Oficial de Navarra de 16-04-2019).

LEY 124

Disposición

Si no se hubiere ordenado otra cosa en el título, el donatario, los hijos del matrimonio, de la pareja o de la persona constituyente de la unidad familiar en cuya contemplación se hubiere realizado la donación, o los descendientes que sucesivamente hubiesen heredado los bienes donados, podrán disponer de los mismos, en todo caso, a título oneroso; a título lucrativo podrá disponer el donatario que tenga descendencia del matrimonio, pareja estable o en la unidad familiar constituida en cuya contemplación se hubiera hecho la donación, con capacidad de testar, así como sus descendientes aunque carezcan de descendencia.

Reversión

Los bienes donados, de los que el donatario o sus descendientes no hubiesen dispuesto válidamente según el párrafo anterior, al fallecimiento del último revertirán al donante. Si se tratare de bienes de conquista de los cónyuges donantes, la reversión se dará en favor de ambos por mitad.

Si hubiere fallecido el donante, los bienes donados revertirán a favor de los más próximos parientes que serían sus herederos legales en el momento de la reversión.

Salvo que hubiere pacto de exclusión del usufructo, la reversión será siempre sin perjuicio del usufructo de viudedad a favor del cónyuge viudo o, en su caso, de la pareja del donatario o del que correspondiese al cónyuge o pareja del donante premuerto, con preferencia a favor de este último si concurrieren ambos usufructos.

Lo dispuesto en esta ley se entenderá siempre que otra cosa no se hubiere establecido en el título de la donación, y no tendrá lugar la reversión cuando este derecho hubiere sido renunciado por el donante o no hubiere parientes llamados a sucederle por el orden legal.

Modificada por Ley Foral 21/2019, de 4 de abril, de modificación y actualización de la Compilación del Derecho Civil Foral de Navarra o Fuero Nuevo. (Boletín Oficial de Navarra de 16-04-2019).

LEY 125

Ineficacia

Las donaciones realizadas en contemplación al matrimonio, a la convivencia en pareja o a la constitución de grupo familiar quedarán ineficaces si el hecho que fundamentó su otorgamiento no tuviera lugar en el plazo de un año.

Así mismo, las donaciones realizadas en contemplación al matrimonio serán ineficaces desde que fuera declarado nulo.

Modificada por Ley Foral 21/2019, de 4 de abril, de modificación y actualización de la Compilación del Derecho Civil Foral de Navarra o Fuero Nuevo. (Boletín Oficial de Navarra de 16-04-2019).

LEY 126

Revocación

Con carácter general, las donaciones solo podrán revocarse por las causas pactadas y por el incumplimiento de cargas impuestas al donatario que sean esenciales; en el supuesto de incumplimiento de otras cargas, el donante podrá exigir su cumplimiento.

Además, las donaciones realizadas entre cónyuges o miembros de pareja estable podrán ser revocadas por las causas previstas, respectivamente, en las leyes 82 y 110 segundo párrafo.

Salvo lo dispuesto en otras disposiciones de la presente Compilación, las donaciones realizadas por terceros en contemplación de la perpetuación de la familia en una nueva generación con la finalidad de lograr la unidad y continuidad del patrimonio o empresa familiar podrán revocarse por la separación legal o de hecho y divorcio de los cónyuges de cuyo matrimonio trajera causa la donación, por la extinción en vida o ruptura de la pareja en cuya contemplación tuvo lugar y por la modificación del grupo familiar de la persona en cuya consideración se hubiera realizado la misma.

Fallecido el donante, se estará a lo dispuesto en la ley 162.

La facultad de revocación es intransmisible, pero si los donantes fallecieren habiendo interpuesto demanda, podrán continuar el ejercicio de la acción personas que resultarían llamadas a los bienes, caso de prosperar la revocación.

Cuando la donación se hubiere hecho conjuntamente por varios donantes, la revocación deberá hacerse respecto a la totalidad de los bienes y por todos los donantes o sobrevivientes.

Modificada por Ley Foral 21/2019, de 4 de abril, de modificación y actualización de la Compilación del Derecho Civil Foral de Navarra o Fuero Nuevo. (Boletín Oficial de Navarra de 16-04-2019).

TITULO XI
La Casa navarra

Modificado por Ley Foral 21/2019, de 4 de abril, de modificación y actualización de la Compilación del Derecho Civil Foral de Navarra o Fuero Nuevo. (Boletín Oficial de Navarra de 16-04-2019).

CAPÍTULO I
La Casa y su transmisión mediante donación ordenada para su unidad y continuidad

Modificado por Ley Foral 21/2019, de 4 de abril, de modificación y actualización de la Compilación del Derecho Civil Foral de Navarra o Fuero Nuevo. (Boletín Oficial de Navarra de 16-04-2019).

LEY 127

La Casa

La Casa Navarra identifica por su nombre a la comunidad o grupo familiar que la habita o depende de sus recursos y a los bienes que integran su patrimonio en las relaciones de vecindad, prestaciones de servicios, identificación de fincas y otras relaciones establecidas por la costumbre y usos locales y por las normas. Corresponde el mantenimiento de la unidad y conservación de la Casa y la defensa de su patrimonio y nombre a los dueños o a quienes en los respectivos títulos de propiedad tengan atribuida o reservada su administración.

En la interpretación de todos los pactos y disposiciones voluntarias relacionadas con la Casa y en la de las costumbres y leyes que le resulten de aplicación, se observará el principio fundamental de la unidad de su patrimonio y el de todas las empresas mediante las que se desarrollen las actividades económicas del mismo, así como el de su continuidad y conservación en la comunidad o grupo familiar.

Modificada por Ley Foral 21/2019, de 4 de abril, de modificación y actualización de la Compilación del Derecho Civil Foral de Navarra o Fuero Nuevo. (Boletín Oficial de Navarra de 16-04-2019).

LEY 128

La donación de la Casa

Las donaciones de la Casa ordenadas para su unidad y continuidad, además del contenido previsto en la ley 121, pueden contener señalamientos de dotaciones, alimentos o derechos a vivir en la Casa los hijos u otras personas, así como pactos sobre constitución, dirección y administración, modificación y disolución de la sociedad familiar de convivencia de donantes y donatarios y ruptura de esta convivencia, pactos y estipulaciones sobre usufructo y disposición de bienes, participación en las conquistas y, en general, cualesquiera condiciones u otros pactos lícitos.

Cuando tenga lugar la transmisión de la Casa mediante tales donaciones, se aplicarán las disposiciones contenidas en el título X con las siguientes especialidades:

1. El donatario universal sucede como heredero, pero no responderá de las deudas que los donantes contrajeren con posterioridad a la donación, salvo si fueren en beneficio de la Casa.

2. A falta de otra disposición, el donatario deberá ordenar y costear el sepelio de los donantes conforme al uso del lugar y según corresponda a la Casa.

3. Si la donación se hiciere con la carga de vivir el donatario en la Casa, el abandono de esta permitirá a los donantes o al que de ellos sobreviva revocar la donación. La escritura de revocación podrá otorgarse previa justificación del abandono por acta notarial de notoriedad. Fallecidos los donantes, si existieran personas con derecho de acogimiento a la Casa, se estará a lo dispuesto en la ley 137.

4. Si el donante no se hubiere reservado bienes suficientes para atender las dotaciones a que viniere obligado según lo previsto en la ley 138, se entenderá que estas quedan a cargo del donatario, aunque no se hubiera consignado expresamente. El donatario no podrá ser relevado de esta obligación por el donante, salvo renuncia del beneficiario.

5. Cuando convivieren en la Casa donantes y donatarios, los que tengan el disfrute de los bienes deberán alimentos a los otros, conforme al nivel económico de la Casa y según el uso del lugar.

Modificada por Ley Foral 21/2019, de 4 de abril, de modificación y actualización de la Compilación del Derecho Civil Foral de Navarra o Fuero Nuevo. (Boletín Oficial de Navarra de 16-04-2019).

CAPÍTULO II
De la sociedad familiar de conquistas

Modificado por Ley Foral 21/2019, de 4 de abril, de modificación y actualización de la Compilación del Derecho Civil Foral de Navarra o Fuero Nuevo. (Boletín Oficial de Navarra de 16-04-2019).

LEY 129

Presunción de su existencia y régimen jurídico

Si en las capitulaciones matrimoniales con donación de bienes o nombramiento de heredero se pacta la convivencia de donantes o instituyentes y donatarios o instituidos, se presumirá que todos ellos participan en las conquistas que se obtengan, salvo que en la escritura hubiere pactos en contra o incompatibles con la existencia de tal sociedad familiar.

La sociedad familiar de conquistas se rige por lo pactado, por la costumbre y, en su defecto, por las disposiciones de este capítulo. En todo lo no previsto en el mismo, se aplicará al régimen familiar de conquistas lo establecido para la sociedad conyugal.

Modificada por Ley Foral 21/2019, de 4 de abril, de modificación y actualización de la Compilación del Derecho Civil Foral de Navarra o Fuero Nuevo. (Boletín Oficial de Navarra de 16-04-2019).

LEY 130

Bienes y cargas de la sociedad familiar

Para la determinación de los bienes de conquista o privativos de cada una de las personas que componen esta sociedad, se estará a lo dispuesto para los cónyuges en las leyes 88 y 89.

En cuanto a las cargas de la sociedad familiar de conquistas, se aplicará respecto a todos los partícipes lo dispuesto en la ley 90.

Administración y disposición

Salvo pacto en contrario, la administración de los bienes de conquista corresponde a los donantes o instituyentes, o a los que de ellos sobrevivan.

La enajenación o gravamen de bienes conquistados inmuebles, establecimientos industriales o mercantiles o sus elementos esenciales requiere consentimiento de los partícipes.

Modificada por Ley Foral 21/2019, de 4 de abril, de modificación y actualización de la Compilación del Derecho Civil Foral de Navarra o Fuero Nuevo. (Boletín Oficial de Navarra de 16-04-2019).

LEY 131

Disolución

Son causas de disolución de la sociedad familiar de conquistas:
1. Las establecidas en capitulaciones matrimoniales.
2. El acuerdo de todos los partícipes con las formalidades prescritas en la ley 86 para la modificación de las capitulaciones.
3. La separación legal, el divorcio y la declaración de nulidad del matrimonio en contemplación del cual se otorgaron los capítulos.

Sociedad continuada

El fallecimiento de uno de los cónyuges donatarios o instituidos y las causas de disolución previstas en la ley 95 número 5 que afecten a los mismos, siempre que los donantes o instituyentes no continúen viviendo con uno solo de ellos. El hecho de existir o no convivencia, caso de ser discutido, podrá ser apreciado por los Parientes Mayores conforme a lo dispuesto en la ley 147.

Modificada por Ley Foral 21/2019, de 4 de abril, de modificación y actualización de la Compilación del Derecho Civil Foral de Navarra o Fuero Nuevo. (Boletín Oficial de Navarra de 16-04-2019).

LEY 132

Fallecimiento de donantes

Al fallecimiento de alguno de los donantes o instituyentes, la sociedad familiar continuará, salvo pacto en contrario, entre los restantes partícipes.

Fallecidos todos los donantes o instituyentes, la sociedad continuará entre los cónyuges, y se regirá por las leyes relativas a la sociedad conyugal de conquistas.

Lo dispuesto en esta ley, será sin perjuicio de la liquidación parcial que en su caso procediere.

Modificada por Ley Foral 21/2019, de 4 de abril, de modificación y actualización de la Compilación del Derecho Civil Foral de Navarra o Fuero Nuevo. (Boletín Oficial de Navarra de 16-04-2019).

LEY 133

División

El remanente líquido de los bienes de conquista se dividirá en la proporción pactada y, en su defecto, por cabezas entre los partícipes en la sociedad, sin perjuicio de la aplicación, cuando procediere, de las disposiciones a que se refiere el título VIII.

Modificada por Ley Foral 21/2019, de 4 de abril, de modificación y actualización de la Compilación del Derecho Civil Foral de Navarra o Fuero Nuevo. (Boletín Oficial de Navarra de 16-04-2019).

CAPÍTULO III
De las comunidades familiares

Modificado por Ley Foral 21/2019, de 4 de abril, de modificación y actualización de la Compilación del Derecho Civil Foral de Navarra o Fuero Nuevo. (Boletín Oficial de Navarra de 16-04-2019).

LEY 134

Comunidades formalmente constituidas

Las comunidades familiares formalmente constituidas se regirán durante su vigencia por las reglas establecidas en el título de su constitución.

A su disolución, en defecto de previsión específica en el título constitutivo y sin perjuicio del sometimiento voluntario a la intervención de los Parientes Mayores conforme al último capítulo del presente título, el juez decidirá sobre los efectos personales de la disolución, procurando que los titulares de la Casa permanezcan en ella.

En cuanto a los bienes, se resolverá conforme al uso del lugar, manteniendo en lo posible la unidad de la Casa y adjudicando a los miembros de la comunidad disuelta bienes y derechos proporcionados al tiempo que hubieren trabajado en la Casa, al nivel económico de esta, al número de personas que tuvieran a su cargo y demás circunstancias. Cuando se adjudique una pensión, decidirá si procede el aseguramiento de esta mediante cláusula de estabilización u otra garantía.

Modificada por Ley Foral 21/2019, de 4 de abril, de modificación y actualización de la Compilación del Derecho Civil Foral de Navarra o Fuero Nuevo. (Boletín Oficial de Navarra de 16-04-2019).

LEY 135

Comunidades de hecho

Cuando se hubiera mantenido una situación permanente de convivencia y colaboración entre personas y familias sin haberse establecido las reglas a que hubiera de sujetarse, se aplicarán las siguientes:

1. En todo momento, cualquiera de los miembros de esta comunidad podrá poner fin a la misma libremente.

2. Los beneficios y mejoras por el trabajo en común que subsistan en el momento de la disolución se adjudicarán a los miembros de la comunidad, según el uso del lugar y teniendo en cuenta las aportaciones en bienes o trabajo, los beneficios ya percibidos por cada uno, las causas de la disolución y demás circunstancias.

3. A los efectos de las reglas anteriores no se considerarán miembros de la comunidad los hijos solteros que convivan con sus padres.

Modificada por Ley Foral 21/2019, de 4 de abril, de modificación y actualización de la Compilación del Derecho Civil Foral de Navarra o Fuero Nuevo. (Boletín Oficial de Navarra de 16-04-2019).

LEY 136

Prestación de alimentos

Exista o no convivencia, si los hijos hubieren prestado alimentos a sus padres, o les hubiesen atendido en sus necesidades personales, no podrán aquellos reclamar nada de los padres ni de los herederos de estos.

Modificada por Ley Foral 21/2019, de 4 de abril, de modificación y actualización de la Compilación del Derecho Civil Foral de Navarra o Fuero Nuevo. (Boletín Oficial de Navarra de 16-04-2019).

CAPÍTULO IV
Del acogimiento a la Casa y de las dotaciones

Modificado por Ley Foral 21/2019, de 4 de abril, de modificación y actualización de la Compilación del Derecho Civil Foral de Navarra o Fuero Nuevo. (Boletín Oficial de Navarra de 16-04-2019).

LEY 137

Acogimiento a la Casa

Cuando en capitulaciones matrimoniales, testamento u otras disposiciones otorgadas mediante escritura pública se establezca en favor de alguna persona derechos de vivir en la Casa, de ser alimentada y atendida, tanto en salud como en enfermedad u otros similares, con o sin obligación de trabajar para ella, el sucesor en el patrimonio de la Casa tendrá el deber de cumplir con dichas cargas conforme a la disposición que las establezca, al nivel económico de la misma y a la costumbre del lugar.

Sin perjuicio de la intervención de los Parientes Mayores conforme a la ley 147, el juez resolverá todas las cuestiones que se susciten sobre la interpretación, cumplimiento o incumplimiento de los derechos a que se refiere esta ley y efectuará las valoraciones de los derechos, pudiendo asegurarlos, liquidarlos, sustituirlos por un capital o pensión y, caso de apreciar incumplimiento por parte del beneficiario, declararlos extinguidos.

Modificada por Ley Foral 21/2019, de 4 de abril, de modificación y actualización de la Compilación del Derecho Civil Foral de Navarra o Fuero Nuevo. (Boletín Oficial de Navarra de 16-04-2019).

LEY 138

Dotaciones

a) Concepto y régimen: Las cantidades, bienes o derechos asignados libremente en capitulaciones matrimoniales, testamento u otras disposiciones otorgadas mediante escritura pública a persona distinta del instituido heredero, donatario o legatario de la Casa, tendrán carácter de dotaciones y se regirán por el título en que se hubiesen establecido.

b) Cuantía. Si se establecieren dotaciones a cargo del heredero, donatario o legatario de la Casa, sin haberse determinado su cuantía o el modo de fijarla, se determinará esta:

1. Por los instituyentes o el que de ellos sobreviva, de mutuo acuerdo con el obligado.

2. En defecto de aquellos, por el obligado y el beneficiario de la dotación, según el nivel económico de la Casa y el uso del lugar.

3. En cualquiera de los supuestos anteriores, y a falta de acuerdo entre las personas indicadas, el juez podrá fijar la cuantía, el plazo y la forma de la entrega, así como las garantías que estime precisas, sin perjuicio de la intervención de los Parientes Mayores conforme a lo dispuesto en la ley 147.

c) Reversión. A las dotaciones hechas por razón de matrimonio, del inicio de la convivencia en pareja o de cualquier otra forma de perpetuación de la familia se aplicará el derecho de reversión establecido para las donaciones para la familia en la ley 124.

d) Intransmisibilidad. El derecho a la dotación no será transmisible cuando el beneficiario de la misma no la hubiere exigido y hubiese permanecido hasta su fallecimiento en la Casa. En este caso, el heredero o donatario estará obligado a costear el sepelio según el uso del lugar y el nivel económico de la Casa.

Modificada por Ley Foral 21/2019, de 4 de abril, de modificación y actualización de la Compilación del Derecho Civil Foral de Navarra o Fuero Nuevo. (Boletín Oficial de Navarra de 16-04-2019).

CAPÍTULO V
De los parientes mayores

Modificado por Ley Foral 21/2019, de 4 de abril, de modificación y actualización de la Compilación del Derecho Civil Foral de Navarra o Fuero Nuevo. (Boletín Oficial de Navarra de 16-04-2019).

LEY 139

Llamamiento e intervención

Cuando el llamamiento e intervención de los Parientes Mayores venga establecida en disposición voluntaria por los testadores, donantes u otorgantes de las capitulaciones será aplicable lo establecido en estas y, en su defecto e integración, lo dispuesto en el presente capítulo.

Modificada por Ley Foral 21/2019, de 4 de abril, de modificación y actualización de la Compilación del Derecho Civil Foral de Navarra o Fuero Nuevo. (Boletín Oficial de Navarra de 16-04-2019).

LEY 140

Parientes llamados

En defecto de previsión en el llamamiento, se entenderán llamados los dos más próximos parientes mayores de edad y residentes en Navarra, determinados conforme a las reglas siguientes:
1. Serán elegidos uno de la línea paterna y otro de la materna; si las personas entre quienes se suscite cuestión tuvieran distintos parientes, será elegido uno por cada parte.
2. En todo caso, serán preferidos los parientes más próximos en grado; en igualdad de grado, los de vínculo doble sobre los de vínculo sencillo; y en las mismas condiciones, los de más edad, salvo entre ascendientes, en cuyo caso se preferirá al de menos.

Modificada por Ley Foral 21/2019, de 4 de abril, de modificación y actualización de la Compilación del Derecho Civil Foral de Navarra o Fuero Nuevo. (Boletín Oficial de Navarra de 16-04-2019).

LEY 141

Suplencia

Si por no existir personas que reúnan las condiciones legales, no pudieran designarse parientes de una línea o de una parte, se procederá de la siguiente forma:
1. La falta de pariente de línea paterna o materna se suplirá con pariente de la otra línea.
2. La falta de pariente de una de las partes se suplirá con la persona, sea o no pariente, que el interesado designe.

Modificada por Ley Foral 21/2019, de 4 de abril, de modificación y actualización de la Compilación del Derecho Civil Foral de Navarra o Fuero Nuevo. (Boletín Oficial de Navarra de 16-04-2019).

LEY 142

Caracteres

La función del Pariente Mayor es personalísima, siendo únicamente delegable la simple ejecución o formalización del acuerdo.

Los Parientes Mayores no podrán renunciar a su función ni negar su intervención sin causa que impida o dificulte gravemente su gestión, pudiendo ser recusados por interés personal directo o enemistad manifiesta.

Las causas de excusa y recusación serán apreciadas por el otro Pariente Mayor y el llamado a la sustitución y, en caso de desacuerdo, por el juez.
Será sustituto el pariente que siga al sustituido en orden de prelación.

Modificada por Ley Foral 21/2019, de 4 de abril, de modificación y actualización de la Compilación del Derecho Civil Foral de Navarra o Fuero Nuevo. (Boletín Oficial de Navarra de 16-04-2019).

LEY 143

Decisión

Los Parientes Mayores, una vez requeridos al efecto, habrán de dictar su decisión en el plazo de seis meses. Cuando se trate de la elección de heredero entre los hijos u otras personas llamadas genéricamente, no estarán obligados a elegir hasta la mayoría de edad de la menor de las personas llamadas.
El acuerdo deberá consignarse en escritura pública.

Modificada por Ley Foral 21/2019, de 4 de abril, de modificación y actualización de la Compilación del Derecho Civil Foral de Navarra o Fuero Nuevo. (Boletín Oficial de Navarra de 16-04-2019).

LEY 144

Tercer pariente

Cuando los Parientes Mayores no llegaran a ponerse de acuerdo sobre determinada cuestión, requerirán la intervención de un tercer pariente, designado por ellos de conformidad o judicialmente, decidiendo por mayoría entre las dos soluciones que hubieren motivado el desacuerdo.

Modificada por Ley Foral 21/2019, de 4 de abril, de modificación y actualización de la Compilación del Derecho Civil Foral de Navarra o Fuero Nuevo. (Boletín Oficial de Navarra de 16-04-2019).

LEY 145

Reclamación por preferencia de otro pariente

Si por olvido o desconocimiento de la existencia de algún pariente que tenga preferencia, hubiera intervenido otro, será válido lo acordado o decidido, a menos que ante los propios Parientes Mayores se hubiera reclamado dentro de los quince días desde la fecha del conocimiento de haberse otorgado la escritura pública u otro documento en que conste la decisión.

Modificada por Ley Foral 21/2019, de 4 de abril, de modificación y actualización de la Compilación del Derecho Civil Foral de Navarra o Fuero Nuevo. (Boletín Oficial de Navarra de 16-04-2019).

LEY 146

Impugnación y responsabilidad

La decisión de los Parientes Mayores solo podrá ser impugnada ante los Tribunales por vicio de voluntad, fraude, infracción de costumbre o ley, o contravención de lo dispuesto por el causante.
En todo caso, los Parientes Mayores serán personalmente responsables de los daños y perjuicios que causaren por dolo o negligencia en el desempeño de sus funciones.

Modificada por Ley Foral 21/2019, de 4 de abril, de modificación y actualización de la Compilación del Derecho Civil Foral de Navarra o Fuero Nuevo. (Boletín Oficial de Navarra de 16-04-2019).

LEY 147

Intervención voluntaria

Podrá someterse a decisión de los Parientes Mayores, por acuerdo de todos los interesados y aceptación voluntaria de la encomienda en documento público, las cuestiones familiares patrimoniales y sucesorias de naturaleza disponible.

La intervención de los Parientes Mayores se regirá por las normas establecidas en la encomienda y, en su integración, por las normas del presente título en lo que se les sea aplicable conforme a su finalidad.

Podrá efectuarse la encomienda a cualesquiera de los Parientes Mayores señalados en la ley 140 sin sujeción a preferencia y en cualquier número.

Modificada por Ley Foral 21/2019, de 4 de abril, de modificación y actualización de la Compilación del Derecho Civil Foral de Navarra o Fuero Nuevo. (Boletín Oficial de Navarra de 16-04-2019).

LIBRO II
De las donaciones y sucesiones

TÍTULO I
Principios fundamentales

LEY 148

Libertad de disposición

Los navarros pueden disponer libremente de sus bienes sin más restricciones que las establecidas en el título X de este libro.

Las disposiciones a título lucrativo pueden ordenarse por donación «inter vivos» o «mortis causa», pacto sucesorio, testamento y demás actos de disposición reconocidos en esta Compilación. Solo en defecto de estas disposiciones se aplicará la sucesión legal.

Toda disposición a título lucrativo puede hacerse puramente, con modo o bajo condición o término suspensivos o resolutorios. El día incierto se considera como condición.

Modificada por Ley Foral 21/2019, de 4 de abril, de modificación y actualización de la Compilación del Derecho Civil Foral de Navarra o Fuero Nuevo. (Boletín Oficial de Navarra de 16-04-2019).

LEY 149

Donatario universal

Las donaciones «inter vivos» o «mortis causa» que comprendan los bienes presentes y futuros del donante confieren al donatario la cualidad de heredero.

Modificada por Ley Foral 21/2019, de 4 de abril, de modificación y actualización de la Compilación del Derecho Civil Foral de Navarra o Fuero Nuevo. (Boletín Oficial de Navarra de 16-04-2019).

LEY 150

Fiducia sucesoria

El causante puede delegar en fiduciarios-comisarios o en herederos de confianza la facultad de disponer u ordenar la herencia, bien libremente, bien conforme a instrucciones reservadas, de acuerdo con lo establecido en los títulos XI y XII de este libro.

Poder «post mortem». El poder otorgado por el causante para después de su muerte será válido en tanto no lo revoque quien se halle preferentemente instituido por el difunto como ejecutor de su voluntad, y siempre sin perjuicio del total cumplimiento de la gestión encomendada al apoderado.

Este poder quedará revocado por otro posterior, incompatible, y también se presumirá revocado por el testamento válido posterior a no ser que en él aparezca confirmado.

Modificada por Ley Foral 21/2019, de 4 de abril, de modificación y actualización de la Compilación del Derecho Civil Foral de Navarra o Fuero Nuevo. (Boletín Oficial de Navarra de 16-04-2019).

LEY 151

Disposición en caso de necesidad

Si en cualquier acto de liberalidad se facultare a una persona para disponer en caso de necesidad, salvo que resulte otra cosa, se entenderá:

1. Que la apreciación de la necesidad queda a libre arbitrio de dicha persona.

2. Que, si se facultare para disponer solo con la autorización de persona o personas físicas determinadas, esta limitación quedará sin efecto si aquellas personas hubieren fallecido, renunciado o se hubiere establecido curatela representativa para el ejercicio de su capacidad jurídica con afectación a tal facultad, a no ser que las personas a quienes corresponda prestar el consentimiento hubieren sido determinadas en razón del cargo o función que ocupen.

Modificada por Ley Foral 31/2022, de 28 de noviembre, de atención a las personas con discapacidad en Navarra y garantía de sus derechos. (Boletín Oficial de Navarra de 15-12-2022).

Anteriormente modificada por Ley Foral 21/2019, de 4 de abril, de modificación y actualización de la Compilación del Derecho Civil Foral de Navarra o Fuero Nuevo. (Boletín Oficial de Navarra de 16-04-2019).

LEY 152

Capacidad para adquirir

Pueden adquirir a título lucrativo, «inter vivos» o «mortis causa», todas las personas sin más prohibiciones que las siguientes:

1. Las personas que hayan intervenido para la formalización del acto.

2. Los tutores o curadores respecto a las personas sometidas a su tutela o curatela antes de la extinción de sus cargos o de ser aprobadas definitivamente las cuentas, salvo que sean descendientes, cónyuge o pareja, ascendientes o hermanos del disponente.

Modificada por Ley Foral 21/2019, de 4 de abril, de modificación y actualización de la Compilación del Derecho Civil Foral de Navarra o Fuero Nuevo. (Boletín Oficial de Navarra de 16-04-2019).

LEY 153

Requisitos para adquirir en casos especiales

Las personas físicas o jurídicas, y los dependientes de las mismas, que presten al disponente, o le hayan prestado, servicios asistenciales, residenciales o de naturaleza análoga en virtud de una relación contractual solo pueden adquirir a título lucrativo «inter vivos» o «mortis causa» de aquel si la disposición es ordenada en documento otorgado bajo la fe pública notarial.

No precisará de tales requisitos la adquisición de cantidades u objetos de módico valor conforme a los usos sociales.

Modificada por Ley Foral 21/2019, de 4 de abril, de modificación y actualización de la Compilación del Derecho Civil Foral de Navarra o Fuero Nuevo. (Boletín Oficial de Navarra de 16-04-2019).

LEY 154

Incapacidad por indignidad

Son indignos para adquirir:

1. El condenado en sentencia firme por haber atentado contra la vida o por haber causado lesiones graves al disponente o causante, su cónyuge o persona con la que conviva en pareja estable o a alguno de sus descendientes, ascendientes o hermanos.

2. El condenado en sentencia firme por haber ejercido habitualmente violencia física o psíquica en el ámbito familiar al disponente o causante o a alguna de las personas a que se refiere el número anterior.

3. El condenado en sentencia firme por delitos contra la libertad, la integridad moral y la libertad e indemnidad sexual, si el ofendido es el disponente o causante o alguna de las personas referidas anteriormente.

4. El condenado por sentencia firme por haber cometido un delito contra las relaciones familiares respecto de la adquisición de la persona perjudicada por el mismo o de su representante legal.

5. El condenado por denuncia falsa o falso testimonio por haber acusado o prestado declaración en proceso judicial frente al disponente o causante por delito para el que la Ley señala pena grave.

6. El que, sabedor de la muerte violenta del causante, no la hubiese denunciado dentro de un mes a la justicia cuando esta no hubiera procedido ya de oficio, salvo que, según la ley, no tuviera obligación de acusar, en cuyo caso cesará esta prohibición.

7. El que por resolución judicial firme haya sido privado de la responsabilidad parental, o removido del ejercicio de la tutela, acogimiento familiar o guarda del causante menor, por causa que le sea imputable.

El que, por resolución judicial firme, haya sido removido de la curatela o se haya decidido la extinción de la provisión de apoyos, a la persona causante con medidas de apoyos establecidas para el ejercicio de su capacidad jurídica, por causa que le sea imputable.

8. El que no hubiere prestado las atenciones jurídicamente debidas a una persona con discapacidad cuando se trate de la adquisición de sus bienes o derechos.

9. El que, con amenaza, fraude o violencia, obligare a una persona a realizar un acto de disposición o le impida hacerlo o revocar el que tenga hecho, y el que conociendo estos hechos se aproveche de los mismos.

10. El que destruya, suplante, oculte o altere el acto de disposición del otorgante.

Las causas de indignidad dejan de surtir efecto si el otorgante las conocía al tiempo de realizar la disposición o, si habiéndolas sabido después, las remite en documento público o su reconciliación con el indigno resulta de actos que no ofrezcan duda.

Para apreciar la indignidad se atenderá al tiempo de la delación salvo cuando la causa exija resolución judicial firme o el transcurso de plazo.

Modificada por Ley Foral 31/2022, de 28 de noviembre, de atención a las personas con discapacidad en Navarra y garantía de sus derechos. (Boletín Oficial de Navarra de 15-12-2022).

Anteriormente modificada por Ley Foral 21/2019, de 4 de abril, de modificación y actualización de la Compilación del Derecho Civil Foral de Navarra o Fuero Nuevo. (Boletín Oficial de Navarra de 16-04-2019).

LEY 155

Disposiciones a favor del «nasciturus» y del «concepturus»

Las disposiciones a título lucrativo, por actos «inter vivos» o «mortis causa», pueden hacerse a favor del concebido, e incluso a favor de los hijos aún no concebidos de persona determinada que viva al tiempo de la donación o al de la muerte del testador.

Cuando se trate de disposiciones por actos «inter vivos» y salvo lo establecido por el donante, la administración de los bienes donados corresponde al mismo donante o a sus herederos. Los frutos producidos antes del nacimiento del donatario se reservan a este, si la donación se hiciere a favor del ya concebido; si se hiciere a favor del no concebido, los frutos se reservan al donante o a sus herederos hasta el momento del nacimiento del donatario. Los herederos del donante que administraren o percibieren los frutos podrán ser obligados a constituir garantía suficiente.

La aceptación de estas disposiciones y la defensa de los intereses y expectativas de los hijos, en cuanto a los bienes objeto de la liberalidad, corresponde a sus futuros progenitores.

Modificada por Ley Foral 21/2019, de 4 de abril, de modificación y actualización de la Compilación del Derecho Civil Foral de Navarra o Fuero Nuevo. (Boletín Oficial de Navarra de 16-04-2019).

LEY 156

Renuncia a la herencia futura. Forma

Es válida la renuncia o transacción sobre herencia futura siempre que se otorgue en escritura pública.

Modificada por Ley Foral 21/2019, de 4 de abril, de modificación y actualización de la Compilación del Derecho Civil Foral de Navarra o Fuero Nuevo. (Boletín Oficial de Navarra de 16-04-2019).

LEY 157

Efectos de la renuncia

El renunciante quedará excluido de la sucesión deferida por la ley; no obstante, podrá aceptar las disposiciones que en su favor ordenare el causante.

Modificada por Ley Foral 21/2019, de 4 de abril, de modificación y actualización de la Compilación del Derecho Civil Foral de Navarra o Fuero Nuevo. (Boletín Oficial de Navarra de 16-04-2019).

TÍTULO II
De las donaciones ínter vivos

LEY 158

Concepto

Son donaciones «inter vivos» las que se hacen sin consideración a la muerte del donante. Donaciones supeditadas a la muerte de un tercero. Las donaciones que se supeditan a la muerte de un tercero se consideran como donaciones «inter vivos» bajo condición.

Modificada por Ley Foral 21/2019, de 4 de abril, de modificación y actualización de la Compilación del Derecho Civil Foral de Navarra o Fuero Nuevo. (Boletín Oficial de Navarra de 16-04-2019).

LEY 159

Reserva a favor del donante

Cuando el donante no se hubiere reservado en propiedad u otros derechos lo suficiente para atender a sus necesidades según su estado y circunstancias, podrá ejercitar la acción de reducción contra el donatario o sus herederos.

Esta acción es personalísima e intransmisible.

Modificada por Ley Foral 21/2019, de 4 de abril, de modificación y actualización de la Compilación del Derecho Civil Foral de Navarra o Fuero Nuevo. (Boletín Oficial de Navarra de 16-04-2019).

LEY 160

Donaciones universales

Las donaciones universales solo serán válidas cuando se hagan por razón de la unidad y continuidad del patrimonio o empresa familiar y de la Casa conforme a lo previsto en el apartado 4 de la ley 120 y en la ley 128, o en escrituras de nombramiento de heredero, o cuando se establezcan pactos de comunidad familiar o de asistencia entre donantes y donatarios.

A estas donaciones se aplicará lo dispuesto en las leyes 121, 123 y 128, y deberán otorgarse en la forma prevista en la ley 122.

Modificada por Ley Foral 21/2019, de 4 de abril, de modificación y actualización de la Compilación del Derecho Civil Foral de Navarra o Fuero Nuevo. (Boletín Oficial de Navarra de 16-04-2019).

LEY 161

Perfección

a) Donaciones de inmuebles. Son nulas las donaciones de bienes inmuebles que no se otorguen en escritura pública. Estas donaciones serán irrevocables cuando la aceptación del donatario conste en la misma escritura o desde el momento en que se hubiese notificado al donante la aceptación en escritura separada.

b) De muebles. Las donaciones de bienes muebles serán revocables mientras el donante no hubiere hecho entrega de los bienes o no le hubiese sido notificada la aceptación escrita del donatario.

c) En favor de personas futuras. Las donaciones de bienes muebles o inmuebles en favor de personas futuras serán irrevocables sin necesidad de la aceptación, a menos que otra cosa se hubiere establecido.

Modificada por Ley Foral 21/2019, de 4 de abril, de modificación y actualización de la Compilación del Derecho Civil Foral de Navarra o Fuero Nuevo. (Boletín Oficial de Navarra de 16-04-2019).

LEY 162

Causas de revocación

Una vez perfeccionadas, las donaciones «inter vivos» podrán ser revocadas por las causas expresamente establecidas por el donante o por el incumplimiento de cargas impuestas al donatario. Si este no las hubiere cumplido a la muerte del donante se entenderán remitidas si fueran a favor del donante, y las que sean a favor de terceras personas se considerarán como legados.

Modificada por Ley Foral 21/2019, de 4 de abril, de modificación y actualización de la Compilación del Derecho Civil Foral de Navarra o Fuero Nuevo. (Boletín Oficial de Navarra de 16-04-2019).

LEY 163

Revocación por ingratitud

También podrán ser revocadas las donaciones por causa de ingratitud en los casos siguientes:

1. Si el donatario comete cualquier delito, causa un daño o realiza voluntariamente una conducta socialmente reprobable contra la persona o bienes del donante o contra personas integrantes de su grupo o comunidad familiar o de sus bienes.

2. Si el donatario niega indebidamente alimentos al donante aun en el supuesto de que existan otras personas obligadas a prestárselos o pueda recibir prestaciones públicas para atender a su sustento.

Caducidad de la acción

La acción de revocación caduca al año desde que el donante conozca o pueda razonablemente conocer el hecho que la fundamente.

Modificada por Ley Foral 21/2019, de 4 de abril, de modificación y actualización de la Compilación del Derecho Civil Foral de Navarra o Fuero Nuevo. (Boletín Oficial de Navarra de 16-04-2019).

LEY 164

Donación fiduciaria

Cuando el donante imponga al donatario una carga que requiera un cumplimiento continuado o periódico, podrá asegurar la ejecución de la donación fiduciaria nombrando sucesivos donatarios de confianza. A estas donaciones se aplicará lo dispuesto en la ley 293.

Modificada por Ley Foral 21/2019, de 4 de abril, de modificación y actualización de la Compilación del Derecho Civil Foral de Navarra o Fuero Nuevo. (Boletín Oficial de Navarra de 16-04-2019).

TÍTULO III
De las donaciones mortis causa

LEY 165

Concepto

Son donaciones mortis causa las que se hacen en consideración a la muerte del donante.

Se presume que la donación se hace en consideración a la muerte del donante cuando la adquisición de los bienes donados queda diferida al fallecimiento de aquél.

LEY 166

Capacidad

Para donar mortis causa es suficiente que el donante tenga capacidad para testar, salvo que se pacte la irrevocabilidad de la donación o ésta se hiciere con entrega de bienes; en estos casos deberá tener también capacidad para disponer ínter vivos.

LEY 167

Forma

Las donaciones «mortis causa» deben otorgarse en escritura pública. Únicamente será precisa la asistencia de testigos en los supuestos previstos en la ley 185.

Modificada por Ley Foral 21/2019, de 4 de abril, de modificación y actualización de la Compilación del Derecho Civil Foral de Navarra o Fuero Nuevo. (Boletín Oficial de Navarra de 16-04-2019).

LEY 168

Aceptación

Para la eficacia de las donaciones mortis causa es necesaria la aceptación del donatario o de las personas que legalmente le representen. La aceptación podrá hacerse, expresa o tácitamente, tanto en vida del donante como después de su fallecimiento.

LEY 169

Revocación

El donante podrá en cualquier momento revocar libremente la donación, salvo pacto en contrario o renuncia de la facultad de revocar.

Para la revocación de estas donaciones se observarán las mismas formalidades que para su otorgamiento. Si la aceptación de la donación hubiere sido comunicada al donante o este hubiese hecho entrega de los bienes, la revocación no surtirá efecto mientras no sea notificada al donatario.

Modificada por Ley Foral 21/2019, de 4 de abril, de modificación y actualización de la Compilación del Derecho Civil Foral de Navarra o Fuero Nuevo. (Boletín Oficial de Navarra de 16-04-2019).

LEY 170

Ineficacia sobrevenida y por frustración

Cuando no se haya dispuesto otra cosa, las donaciones «mortis causa» devendrán ineficaces sin necesidad de formalidad alguna si el donatario muere en vida del donante, salvo el derecho de representación de los descendientes de aquel.

Serán también ineficaces sin necesidad de más formalidades cuando claramente se hubiere supeditado la donación a la muerte esperada por el donante en una determinada ocasión, si este no falleciere en el momento previsto.

Modificada por Ley Foral 21/2019, de 4 de abril, de modificación y actualización de la Compilación del Derecho Civil Foral de Navarra o Fuero Nuevo. (Boletín Oficial de Navarra de 16-04-2019).

LEY 171

Toma de posesión

Los bienes donados «mortis causa» no forman parte de la herencia, y el donatario podrá tomar posesión de ellos sin intervención de los herederos o albaceas del donante.

Modificada por Ley Foral 21/2019, de 4 de abril, de modificación y actualización de la Compilación del Derecho Civil Foral de Navarra o Fuero Nuevo. (Boletín Oficial de Navarra de 16-04-2019).

TÍTULO IV
De los pactos o contratos sucesorios

CAPÍTULO I
Disposiciones generales

LEY 172

Concepto

Por pacto sucesorio se puede establecer, modificar, extinguir o renunciar derechos de sucesión mortis causa de una herencia o parte de ella, en vida del causante de la misma. Cuando estos actos impliquen cesión de tales derechos a un tercero será necesario el consentimiento del causante.

LEY 173

Capacidad

Los otorgantes de cualesquiera pactos sucesorios deben ser mayores de edad. Para los contenidos en capitulaciones matrimoniales se observará, sin embargo, lo establecido en la ley 83.

Carácter personalísimo. Delegación

El otorgamiento del pacto sucesorio es acto personalísimo. No obstante, puede delegarse en otra persona su formalización, siempre que en el correspondiente instrumento de poder conste esencialmente el contenido de la voluntad.

Modificada por Ley Foral 21/2019, de 4 de abril, de modificación y actualización de la Compilación del Derecho Civil Foral de Navarra o Fuero Nuevo. (Boletín Oficial de Navarra de 16-04-2019).

LEY 174

Forma

Son nulos los pactos sucesorios no otorgados en capitulaciones matrimoniales o en otra escritura pública.

LEY 175

Pactos contenidos en capitulaciones

Los pactos sucesorios contenidos en capitulaciones matrimoniales se rigen por las leyes del título X del libro I y, además, por lo establecido en el presente título.

> *Modificada por Ley Foral 21/2019, de 4 de abril, de modificación y actualización de la Compilación del Derecho Civil Foral de Navarra o Fuero Nuevo. (Boletín Oficial de Navarra de 16-04-2019).*

LEY 176

Interpretación e integración

Los pactos sucesorios se interpretarán e integrarán conforme a la costumbre del lugar y, supletoriamente, según las disposiciones de esta Compilación sobre otros actos de última voluntad.

CAPÍTULO II
Disposiciones especiales sobre pactos de institución

LEY 177

Contenido y clases

Los pactos sucesorios pueden contener cualesquiera disposiciones mortis causa a favor de los contratantes, de uno de ellos o de tercero, a título universal o singular, con las sustituciones, modalidades, reservas, cláusulas de reversión, cargas y obligaciones que los otorgantes establezcan.

La institución podrá hacerse determinando en el propio pacto las personas llamadas a la herencia o estableciendo las reglas conforme a las cuales debe ésta deferirse en lo futuro o delegando en una o más personas la facultad de ordenar la sucesión.

Los pactos de institución pueden asimismo implicar simples llamamientos a la sucesión o contener también transmisión actual de todos o parte de los bienes.

LEY 178

Irrevocabilidad

Los nombramientos de heredero pactados entre dos o más personas en beneficio mutuo o en beneficio de un tercero son irrevocables. A los nombramientos contractuales de heredero otorgados unilateralmente se aplicará lo dispuesto para la aceptación en la ley 122.

> *Modificada por Ley Foral 21/2019, de 4 de abril, de modificación y actualización de la Compilación del Derecho Civil Foral de Navarra o Fuero Nuevo. (Boletín Oficial de Navarra de 16-04-2019).*

LEY 179

Efectos

Los pactos sucesorios sin transmisión actual de bienes confieren únicamente la cualidad de heredero contractual, que será inalienable e inembargable. El instituyente conservará hasta su muerte la propiedad de los bienes, pero no podrá disponer de éstos a título lucrativo sin consentimiento del instituido.

En los pactos sucesorios con transmisión actual de bienes, el instituyente podrá reservarse la facultad de disponer por cualquier título o sólo por título oneroso. Los actos de disposición no reservados serán nulos sin el consentimiento expreso del instituido. Las acciones de nulidad sólo podrán ejercitarlas el instituido y sus causahabientes, incluso en vida del instituyente.

LEY 180

Derecho de transmisión para mantener la unidad de la Casa

Cuando el pacto sucesorio tenga por finalidad mantener la unidad de la Casa, si el instituido en el mismo premuere al instituyente dejando descendencia, transmite a esta su derecho, salvo lo establecido en el propio pacto. Si fuesen varios los descendientes y el nombramiento de heredero se hubiese hecho sin transmisión actual de bienes, la designación del que haya de subrogarse en los derechos del instituido corresponderá a los instituyentes o sobrevivientes de estos y, en su defecto, a los Parientes Mayores; pero si el nombramiento se hubiese hecho con transmisión actual de bienes podrá el instituido hacer esta designación; si falleciera sin hacerla, tal facultad corresponderá a los instituyentes o, en su defecto, a los Parientes Mayores.

En todo caso, si el instituido dejara un solo descendiente, sucederá este y podrá exigir de los instituyentes o, a falta de estos, de los Parientes Mayores la declaración de su cualidad de heredero. La condición de único descendiente se probará por acta notarial de notoriedad.

Modificada por Ley Foral 21/2019, de 4 de abril, de modificación y actualización de la Compilación del Derecho Civil Foral de Navarra o Fuero Nuevo. (Boletín Oficial de Navarra de 16-04-2019).

LEY 181

Cláusulas de sustitución

Respecto a las cláusulas de sustitución establecidas en pactos sucesorios se observará lo establecido en el título VIII de este libro.

LEY 182

Revocación y modificación

Los pactos sucesorios no podrán ser revocados ni modificados sin el consentimiento de todos sus otorgantes declarado en acto «inter vivos» o «mortis causa».

Las disposiciones contenidas en pactos sucesorios quedarán revocadas por premoriencia del instituido, salvo el derecho de transmisión, cuando proceda, conforme a lo dispuesto en la ley 180.

Estas disposiciones serán revocables por las causas previstas para las donaciones para la familia en la ley 126, y el ejercicio de la acción por los instituyentes se ajustará a lo dispuesto en la misma.

Si se hubieren ordenado en capitulaciones se estará a lo establecido en la ley 86.

Modificada por Ley Foral 21/2019, de 4 de abril, de modificación y actualización de la Compilación del Derecho Civil Foral de Navarra o Fuero Nuevo. (Boletín Oficial de Navarra de 16-04-2019).

LEY 183

Promesa de nombrar heredero

Se tendrá por nombramiento de heredero la promesa de nombrarlo hecha en pacto sucesorio y producirá los mismos efectos establecidos en las leyes ciento setenta y nueve y ciento ochenta para los pactos sucesorios sin transmisión actual de bienes.

TÍTULO V
Del testamento y sus formas

CAPÍTULO I
Disposiciones generales

LEY 184

Incapacidad para testar

No pueden testar:
1. Las personas menores de 14 años.
2. Las personas que carezcan de capacidad de hecho de entender y expresar la voluntad en el momento de otorgar el testamento ni aun con medios o apoyos para ello.

Modificada por Ley Foral 31/2022, de 28 de noviembre, de atención a las personas con discapacidad en Navarra y garantía de sus derechos, eliminándose, además, el último párrafo. (Boletín Oficial de Navarra de 15-12-2022).

Anteriormente modificada por Ley Foral 21/2019, de 4 de abril, de modificación y actualización de la Compilación del Derecho Civil Foral de Navarra o Fuero Nuevo. (Boletín Oficial de Navarra de 16-04-2019).

LEY 185

Intervención y número de testigos

Será necesaria la intervención de testigos:
1. En el testamento abierto notarial, y en número de dos, cuando:
a) El testador o el notario lo soliciten.
b) El testador declare que no sabe o no puede firmar el testamento.
c) El testador declare que no sabe o no puede leer por sí el testamento. En tal caso, los testigos leerán el testamento en presencia del notario y deberán declarar que coincide con la voluntad manifestada.
2. En los testamentos abiertos otorgados en caso de peligro de muerte del testador, en número de tres.
3. En el otorgamiento del testamento cerrado, y en número de dos, cuando el testador o el notario lo soliciten o cuando el testador declare que no sabe o no puede firmar.

Modificada por Ley Foral 21/2019, de 4 de abril, de modificación y actualización de la Compilación del Derecho Civil Foral de Navarra o Fuero Nuevo. (Boletín Oficial de Navarra de 16-04-2019).

LEY 186

Idoneidad de los testigos

a) General. No podrán ser testigos las personas que al tiempo del otorgamiento del testamento:
1. Sean menores de edad, salvo en el testamento otorgado en tiempo de epidemia en que serán idóneas las personas mayores de 16 años.
2. No entiendan el idioma del testador.
3. No presenten el discernimiento necesario para desarrollar la labor testifical.
4. Sean cónyuge, pareja estable o pariente dentro del cuarto grado de consanguinidad o segundo de afinidad del notario autorizante.
b) Según los testamentos. Tampoco podrán ser testigos:
1. En el testamento abierto, los herederos y legatarios en él instituidos, ni sus cónyuges, parejas estables o parientes dentro del cuarto grado de consanguinidad o segundo de afinidad, salvo que el legado sea de objeto mueble o cantidad de poca relevancia en relación con el caudal hereditario.

2. En los testamentos no otorgados ante notario, las personas que no conozcan al testador.

Modificada por Ley Foral 21/2019, de 4 de abril, de modificación y actualización de la Compilación del Derecho Civil Foral de Navarra o Fuero Nuevo. (Boletín Oficial de Navarra de 16-04-2019).

LEY 187

Condiciones específicas de los testigos

Además de las condiciones de idoneidad establecidas en la ley anterior, deberán observarse también las siguientes:

1. En los testamentos otorgados ante notario, al menos uno de los testigos debe poder leer y escribir. Podrán ser testigos los empleados o dependientes del notario.

2. En los testamentos otorgados solo ante testigos, al menos dos de ellos deben poder leer y escribir.

3. En los testamentos no otorgados ante notario, los testigos deben apreciar la capacidad del testador.

Modificada por Ley Foral 21/2019, de 4 de abril, de modificación y actualización de la Compilación del Derecho Civil Foral de Navarra o Fuero Nuevo. (Boletín Oficial de Navarra de 16-04-2019).

CAPÍTULO II
De las formas del testamento

LEY 188

Testamento ante notario

Cuando se trate de testamentos otorgados ante notario se aplicarán las disposiciones del Código Civil en lo que no esté previsto en las leyes anteriores.

Modificada por Ley Foral 21/2019, de 4 de abril, de modificación y actualización de la Compilación del Derecho Civil Foral de Navarra o Fuero Nuevo. (Boletín Oficial de Navarra de 16-04-2019).

LEY 189

Testamento ante testigos

Si el testador se hallare en peligro inminente de muerte y no fuera posible obtener la presencia de notario, podrá otorgar el testamento con la intervención de tres testigos.

Para su validez, deberán observarse las reglas siguientes:

1. Deberá redactarse por escrito, con expresión del día, mes y año, en el mismo acto o inmediatamente después que el testador haya declarado con palabras dispositivas su última voluntad.

2. Será firmado por el testador y personas que intervengan en el acto. Si cualquiera de ellas no supiera o no pudiere firmar, se consignará esta circunstancia en el mismo documento.

3. Los testigos deberán conservar el documento o requerir a notario para su custodia.

4. Perderá su eficacia a los dos meses de haber salido el testador del peligro de muerte.

5. Dentro del plazo de año y día, a contar de la fecha del fallecimiento del testador, la persona que lo tenga en su poder deberá presentarlo ante notario competente para su adveración y protocolización, sin cuyo requisito quedaran ineficaces. La presentación podrá ser exigida por cualquier persona que considere tener interés en el testamento.

Modificada por Ley Foral 21/2019, de 4 de abril, de modificación y actualización de la Compilación del Derecho Civil Foral de Navarra o Fuero Nuevo. (Boletín Oficial de Navarra de 16-04-2019).

LEY 190

Concepto de testamento ológrafo

Se denomina ológrafo el testamento que el testador mayor de edad o menor emancipado escribe de su puño y letra en su totalidad y firma por sí mismo con expresión de la fecha en que lo otorga.

Modificada por Ley Foral 21/2019, de 4 de abril, de modificación y actualización de la Compilación del Derecho Civil Foral de Navarra o Fuero Nuevo. (Boletín Oficial de Navarra de 16-04-2019).

LEY 191

Requisitos del testamento ológrafo

Sin perjuicio de lo establecido en las leyes 199 y 208 de esta Compilación, para que este testamento sea válido deberán observarse las reglas siguientes:

1. Todas las enmiendas, tachaduras o adiciones entre líneas que contuviera, deberán estar salvadas por el testador con su firma.

2. Deberá ser adverado y protocolizado. La persona que lo tenga en su poder lo presentará ante notario dentro de los diez días siguientes a aquel en que tenga conocimiento del fallecimiento del testador. La presentación podrá también hacerse por cualquier persona que tenga interés en el mismo. La falta de presentación o adveración en plazo no afectará a la eficacia del testamento sin perjuicio de la responsabilidad de la persona que haya incumplido su correspondiente obligación.

3. El testamento caducará si no es protocolizado en los cinco años siguientes al fallecimiento del testador. Si durante dicho plazo se presentara demanda impugnando la adveración o su desestimación, deberá protocolizarse en el plazo de seis meses desde la firmeza de la sentencia.

Modificada por Ley Foral 21/2019, de 4 de abril, de modificación y actualización de la Compilación del Derecho Civil Foral de Navarra o Fuero Nuevo. (Boletín Oficial de Navarra de 16-04-2019).

LEY 192

Testamentos en vascuence o euskera

Los navarros podrán testar en vascuence o euskera. Cuando el testamento se otorgare ante notario y este no conociere dicha lengua, se precisará la intervención de dos intérpretes elegidos por el testador que traduzcan su disposición al castellano; el testamento se escribirá en las dos lenguas, conforme se establece en el Reglamento Notarial.

Modificada por Ley Foral 21/2019, de 4 de abril, de modificación y actualización de la Compilación del Derecho Civil Foral de Navarra o Fuero Nuevo. (Boletín Oficial de Navarra de 16-04-2019).

LEY 193

Otros testamentos

Sin perjuicio de las especialidades contenidas en la presente Compilación, se aplicarán en Navarra las disposiciones del Código Civil relativas a los siguientes testamentos: el testamento otorgado en tiempo de epidemia, los testamentos militares y marítimos y el testamento hecho en país extranjero.

Modificada por Ley Foral 21/2019, de 4 de abril, de modificación y actualización de la Compilación del Derecho Civil Foral de Navarra o Fuero Nuevo. (Boletín Oficial de Navarra de 16-04-2019).

CAPÍTULO III
Del codicilo

LEY 194

Concepto

Son codicilos aquellos actos de última voluntad que, sin revocar el testamento, le adicionan algo o modifican sus disposiciones.

Forma

Se otorgarán en cualquiera de las formas previstas para los testamentos y con los requisitos exigidos a las mismas.

LEY 195

Contenido

Los codicilos podrán contener cualesquiera disposiciones de última voluntad, excepto la institución de heredero, las sustituciones hereditarias, modificaciones de una y otras, desheredaciones y la institución en la legítima foral.

CAPÍTULO IV
De las memorias testamentarias

LEY 196

Concepto

Pueden otorgarse memorias testamentarias como rectificación o complemento de un testamento anterior, siempre que el testador o testadores se hubieren reservado la facultad de otorgarlas determinando a la vez los lemas, signos u otros requisitos que habrán de contener para su eficacia.

Forma

Deberán estar firmadas en todas sus hojas por el testador o testadores y llevar los lemas o signos y cumplir los demás requisitos prevenidos en el testamento. También pueden otorgarse estas memorias como complemento de cualquier otro acto de última voluntad.

LEY 197

Contenido

Se aplicará a las memorias lo establecido para los codicilos en la ley ciento noventa y cinco.

LEY 198

Adveración

Dentro del plazo de cinco años, a contar de la fecha del fallecimiento del testador, las memorias testamentarias deberán presentarse para su adveración y protocolización, sin cuyo requisito quedarán ineficaces. En las otorgadas conjuntamente por dos o más personas, el plazo se contará a partir del fallecimiento de la última de estas, a no ser que se ordenare otra cosa en el testamento o en la propia memoria.

Protocolización

Para la protocolización habrán de cumplirse los trámites establecidos en la legislación notarial. Si las memorias hubieran sido otorgadas en el extranjero, las diligencias de protocolización podrán también practicarse ante el cónsul o vicecónsul de España.

Modificada por Ley Foral 21/2019, de 4 de abril, de modificación y actualización de la Compilación del Derecho Civil Foral de Navarra o Fuero Nuevo. (Boletín Oficial de Navarra de 16-04-2019).

CAPÍTULO V
Del testamento de hermandad

LEY 199

Concepto

Es testamento de hermandad el otorgado en un mismo instrumento por dos o más personas.

Formas

Con excepción de la forma ológrafa, el testamento de hermandad puede revestir cualquier otra forma admitida en esta Compilación, en tanto se cumplan todos los requisitos establecidos para cada una de ellas.

A los efectos de lo dispuesto en la ley 189, la circunstancia del peligro inminente de muerte bastará que concurra en uno de los otorgantes.

Ley personal

Los navarros pueden otorgar testamento de hermandad tanto en Navarra como fuera de ella, así en España como en el extranjero. Cuando se otorgue fuera de Navarra también podrán utilizarse las formas previstas por la ley que sea aplicable de acuerdo con las normas generales del Estado.

Modificada por Ley Foral 21/2019, de 4 de abril, de modificación y actualización de la Compilación del Derecho Civil Foral de Navarra o Fuero Nuevo. (Boletín Oficial de Navarra de 16-04-2019).

LEY 200

Ineficacia

El testamento de hermandad devendrá ineficaz en todas sus disposiciones en los supuestos siguientes:

1. Cuando hubiera sido otorgado por cónyuges, incluso con anterioridad a contraer matrimonio constituyendo o no pareja estable, por la separación legal, divorcio o nulidad del mismo. La mera interposición de la demanda judicial producirá la ineficacia salvo posterior reconciliación.

2. Cuando hubiera sido otorgado por dos personas constituidas en pareja estable, incluso con anterioridad a su constitución, por la extinción de la misma en vida de sus miembros que conste de modo fehaciente y siempre que sea por causa distinta al posterior matrimonio entre ambos, supuesto en el que, en su caso, tendría lugar la aplicación de lo dispuesto en el apartado anterior.

Modificada por Ley Foral 21/2019, de 4 de abril, de modificación y actualización de la Compilación del Derecho Civil Foral de Navarra o Fuero Nuevo. (Boletín Oficial de Navarra de 16-04-2019).

LEY 201

a) Revocación en vida de todos los otorgantes. En vida de todos los otorgantes el testamento de hermandad podrá revocarse:

1. Por todos ellos conjuntamente.

2. Por cualquiera de ellos separadamente; en este caso, la revocación no surtirá efecto hasta que constare el conocimiento de todos los demás en forma fehaciente.

Cuando fuere ignorado el paradero de la persona a quien haya de comunicarse la revocación, podrá hacerse la notificación por edictos, justificándose previamente esa situación mediante acta notarial de notoriedad, los edictos deberán publicarse en el «Boletín Oficial del Estado», en el de la provincia y en uno de los periódicos de mayor circulación del último domicilio conocido.

En ambos casos, la revocación dejará sin efecto la totalidad de las disposiciones contenidas en el testamento, salvo que en este se hubiere previsto otra cosa.

Lo dispuesto en la presente ley y en la anterior se aplicará aunque cualquiera de los otorgantes o todos ellos hubieren perdido la condición foral.

Modificada por Ley Foral 21/2019, de 4 de abril, de modificación y actualización de la Compilación del Derecho Civil Foral de Navarra o Fuero Nuevo. (Boletín Oficial de Navarra de 16-04-2019).

LEY 202

b) Revocación en supuesto de fallecimiento. En caso de fallecimiento de alguno de los cotestadores, el testamento de hermandad será irrevocable.

Sin embargo, podrá revocarse y ordenarse de nuevo por el sobreviviente:

1. Cuando en el testamento así se hubiere establecido.

2. En todo caso, las disposiciones a favor de persona que hubiera devenido incapaz para suceder o hubiese premuerto, sin perjuicio de la sustitución o de los derechos de representación y de acrecer cuando deban tener lugar.

3. Las disposiciones que en cualquier concepto hubiere establecido sobre su propia herencia y que no tengan causa ni estén condicionadas por las disposiciones de otro de los testadores, con independencia de que las mismas sean en beneficio mutuo o de un tercero.

c) Revocación en supuesto de falta de capacidad para testar. En caso de que alguno de los cotestadores devenga incapaz para testar, el testamento de hermandad será irrevocable. Podrá, no obstante, ser revocado por el resto de cotestadores si en el testamento se hubiera previsto que los que mantengan la capacidad para testar puedan hacerlo, así como, en todo caso, respecto de las disposiciones a que se refieren los números 2 y 3 del apartado anterior.

Lo dispuesto en esta ley se aplicará también aunque cualquiera de los otorgantes o todos ellos hubieren perdido la condición foral.

Modificada por Ley Foral 21/2019, de 4 de abril, de modificación y actualización de la Compilación del Derecho Civil Foral de Navarra o Fuero Nuevo. (Boletín Oficial de Navarra de 16-04-2019).

LEY 203

Efectos

a) Disposición a título oneroso. Aunque el testamento de hermandad contuviere cláusula en contrario, cada uno de los testadores podrá disponer por título oneroso de sus propios bienes, aun después del fallecimiento de los demás o de alguno de ellos.

Salvo cláusula en contrario, todo testador podrá disponer, por título oneroso, de los bienes que hubiere recibido de otro testador premuerto.

Si el testamento contuviere institución recíproca y designación de heredero común, con prohibición de enajenar, se entenderá referida la prohibición solamente a los bienes del testador premuerto.

LEY 204. b)

A título lucrativo

Ninguno de los testadores podrá disponer por título lucrativo de sus propios bienes, salvo en cualquiera de los casos siguientes:

1. Que en el testamento de hermandad se hubiera establecido otra cosa.

2. Que disponga de conformidad con todos los demás testadores.

3. Que se trate de bienes cuya disposición en el testamento no tuviera su causa ni estuviera condicionada por lo establecido por otro de los testadores.

4. Que se trate de disposiciones para subvenir a las necesidades vitales de descendientes o ascendientes cuyo reconocimiento de discapacidad o dependencia hubiera tenido lugar con posterioridad al otorgamiento del testamento.

> *Modificada por Ley Foral 31/2022, de 28 de noviembre, de atención a las personas con discapacidad en Navarra y garantía de sus derechos. (Boletín Oficial de Navarra de 15-12-2022).*
>
> *Anteriormente modificada por Ley Foral 21/2019, de 4 de abril, de modificación y actualización de la Compilación del Derecho Civil Foral de Navarra o Fuero Nuevo. (Boletín Oficial de Navarra de 16-04-2019).*

LEY 205

Legados

Salvo disposición en contrario, los legados ordenados en el testamento de hermandad por cualquiera de los testadores que hubieren instituido heredero a otro u otros de ellos no serán exigibles hasta después del fallecimiento del último de los así instituídos, pero el legatario podrá exigir el afianzamiento del legado si el testador no hubiera dispensado de esta obligación.

TÍTULO VI
De la nulidad e ineficacia de las disposiciones mortis causa

LEY 206

Nulidad

Son nulos los testamentos y demás disposiciones «mortis causa» en cuyo otorgamiento no se hayan observado los requisitos prescritos por la ley.

No obstante, la falta de expresión de la hora del testamento no producirá su nulidad si el testador no otorgó otro en la misma fecha.

> *Modificada por Ley Foral 21/2019, de 4 de abril, de modificación y actualización de la Compilación del Derecho Civil Foral de Navarra o Fuero Nuevo. (Boletín Oficial de Navarra de 16-04-2019).*

LEY 207

a) Total. La nulidad e ineficacia del nombramiento contractual de heredero llevará consigo la de todas las disposiciones contenidas en el contrato.

b) Parcial. La nulidad e ineficacia de cualquier otra disposición contenida en pacto sucesorio llevará consigo la de las demás que tuvieran en ella su causa.

En los demás actos por causa de muerte, la nulidad e ineficacia de cualquiera de sus disposiciones no afectará a la validez o eficacia de las otras.

LEY 208

Revocabilidad del testamento

Las disposiciones testamentarias son esencialmente revocables, excepto lo establecido para el testamento de hermandad.

a) Cláusula ad cautelam. Se tendrán por no puestas las cláusulas derogatorias de disposiciones futuras. No obstante, al tiempo de otorgarse un testamento podrá disponer el testador que no valgan o se entiendan revocados cualquier testamento ológrafo o memoria testamentaria que pudieran aparecer como otorgados por él, si no llevan determinados lemas o signos u otros requisitos.

LEY 209

b) Reconocimiento de filiación. La revocación de un acto mortis causa no afectará a la validez y eficacia, en su caso, del reconocimiento de la filiación que en ella se contuviere.

Modificada por Ley Foral 5/1987, de 1 de abril, por la que se modifica la Compilación de Derecho Civil Foral o Fuero Nuevo de Navarra. (Boletín Oficial de Navarra de 06-04-1987).

LEY 210

c) Revocación por testamento posterior, pacto, donación «mortis causa» u otros actos de disposición. El testamento se entenderá revocado de pleno derecho por el otorgamiento posterior de otro testamento o de un pacto sucesorio válidos, a menos que en ellos se dispusiera que aquel subsista en todo o en parte.

Las donaciones «mortis causa», los codicilos y las memorias testamentarias solo revocan las disposiciones del testamento en la medida en que fueren incompatibles.

Modificada por Ley Foral 21/2019, de 4 de abril, de modificación y actualización de la Compilación del Derecho Civil Foral de Navarra o Fuero Nuevo. (Boletín Oficial de Navarra de 16-04-2019).

LEY 211

Revocación de pactos sucesorios

En cuanto a la revocación de pactos sucesorios, se estará a lo dispuesto en la ley ciento ochenta y dos.

LEY 212

Revocación de codicilos y memorias testamentarias

Los codicilos y memorias testamentarias quedarán revocados por los testamentos posteriores, a no ser que en éstos aparezcan confirmados.

Las memorias testamentarias y los codicilos no quedan revocados por otras u otros posteriores sino en lo que fueren incompatibles.

Salvo prueba en contrario, las memorias testamentarias sin fecha se entenderán anteriores a los codicilos y a las memorias con fecha.

LEY 213

Conversión de testamentos y memorias

La invalidez del testamento implica la de las memorias testamentarias que en él se basen. No obstante la invalidez del testamento, las memorias testamentarias otorgadas en relación con él valdrán como testamentos ológrafos si reúnen los requisitos exigidos para estos.

Modificada por Ley Foral 21/2019, de 4 de abril, de modificación y actualización de la Compilación del Derecho Civil Foral de Navarra o Fuero Nuevo. (Boletín Oficial de Navarra de 16-04-2019).

LEY 214

Revocación e ineficacia de donaciones «mortis causa»

En cuanto a la revocación e ineficacia de donaciones «mortis causa» se estará a lo establecido en las leyes 169 y 170.

Modificada por Ley Foral 21/2019, de 4 de abril, de modificación y actualización de la Compilación del Derecho Civil Foral de Navarra o Fuero Nuevo. (Boletín Oficial de Navarra de 16-04-2019).

TÍTULO VII
De la institución de heredero

LEY 215

No exigencia

El pacto sucesorio y el testamento serán válidos aunque no contengan institución de heredero, o esta no comprenda la totalidad de los bienes. También será eficaz el testamento aunque el instituido sea incapaz de heredar conforme a lo dispuesto en las leyes 152, 153 y 154 o no acepte la herencia. Respecto a los pactos sucesorios se estará a lo dispuesto en la ley 207.

Modificada por Ley Foral 21/2019, de 4 de abril, de modificación y actualización de la Compilación del Derecho Civil Foral de Navarra o Fuero Nuevo. (Boletín Oficial de Navarra de 16-04-2019).

LEY 216

«Institutio ex re certa»

Si el instituido heredero en cosa determinada no concurre con otro u otros instituidos a título universal, se entenderá llamado a toda la herencia; pero si concurriere, será considerado legatario.

Cuando todos los herederos hayan sido instituidos en cosa determinada, heredarán en partes iguales, y el señalamiento de cosa determinada valdrá como prelegado.

Estas mismas reglas se aplicarán al instituido sólo en usufructo.

LEY 217

Institución con reserva

En la institución de heredero será válida la reserva de cosa determinada, pero se tendrá por no puesta si el instituyente no llegara a disponer de la cosa reservada. Si la institución se hiciere por dos o más personas conjuntamente y una de éstas falleciere sin disponer total o parcialmente de la parte reservada, podrán hacerlo el sobreviviente o sobrevivientes, salvo que otra cosa se hubiere establecido.

LEY 218

«Institutio excepta re certa»

Es válida la institución de heredero con excepción de cosa determinada a favor de otra persona, pero la excepción se tendrá por no puesta cuando el beneficiario no llegara a adquirir la cosa exceptuada.

LEY 219

«Legatum partitionis»

Toda disposición sucesoria de parte alícuota se entenderá como legado salvo que el instituyente la hubiere ordenado a título de heredero, o que hubiera dispuesto de toda la herencia en legados sin institución de heredero.

El heredero podrá satisfacer a su voluntad el legado de parte alícuota en bienes de la herencia o en dinero, a no ser que el testador hubiese dispuesto otra cosa.

TÍTULO VIII
De las sustituciones

CAPÍTULO I
Principios generales

LEY 220

Libertad de ordenar sustituciones

En cualquier acto de liberalidad inter vivos o mortis causa el disponente puede ordenar sustituciones en todos sus bienes o parte de ellos.

LEY 221

Efectos

Toda sustitución excluye el derecho de representación y el de acrecer.

LEY 222

Concepto y efectos

El disponente puede establecer una o varias sustituciones para el caso de que el llamado o los sustitutos premueran, no quieran o no puedan aceptar la liberalidad.

Cuando no se exprese el supuesto en que la sustitución tenga lugar, la misma comprenderá los tres referidos en el párrafo anterior salvo disposición expresa en contrario.

Pueden ser sustituidos varios en lugar de uno, o uno en el de varios, o recíprocamente entre sí los mismos que han sido llamados.

Si los llamados en partes desiguales hubieran sido sustituidos entre sí sin hacer mención de partes en la sustitución, tendrán como sustitutos partes proporcionales a las establecidas en la institución.

Si dos personas fueran llamadas conjuntamente a una liberalidad y una de ellas fuese sustituida por la otra, el sustituto de esta se entenderá llamado a las dos partes.

Modificada por Ley Foral 21/2019, de 4 de abril, de modificación y actualización de la Compilación del Derecho Civil Foral de Navarra o Fuero Nuevo. (Boletín Oficial de Navarra de 16-04-2019).

CAPÍTULO II
De la sustitución vulgar

LEY 223

Concepto

El disponente puede ordenar que se transmitan a uno o sucesivos fideicomisarios, en el tiempo y forma que señale, los bienes que de él haya recibido el fiduciario.

Modificada por Ley Foral 21/2019, de 4 de abril, de modificación y actualización de la Compilación del Derecho Civil Foral de Navarra o Fuero Nuevo. (Boletín Oficial de Navarra de 16-04-2019).

CAPÍTULO III
De la sustitución fideicomisaria

LEY 224

Límite

No existirá limitación de número en los llamamientos de fideicomisarios sucesivos a favor de personas que vivan o al menos estén concebidas al tiempo en que el primer fiduciario adquiera los bienes. Las sustituciones a favor de personas que no existan en ese momento no podrán exceder del cuarto llamamiento; en lo que excedan de ese límite se entenderán por no hechas.

Modificada por Ley Foral 21/2019, de 4 de abril, de modificación y actualización de la Compilación del Derecho Civil Foral de Navarra o Fuero Nuevo. (Boletín Oficial de Navarra de 16-04-2019).

LEY 225

Adquisición por los fideicomisarios

Los fideicomisarios, aunque lo sean por llamamientos sucesivos, adquieren siempre del fideicomitente.

Los fiduciarios podrán ser recíprocamente fideicomisarios en la cuota señalada por el fideicomitente y, en su defecto, en proporción a la que adquieran como fiduciarios.

LEY 226

Sustituciones fideicomisaria y vulgar

Toda sustitución fideicomisaria valdrá como sustitución vulgar a favor del fideicomisario cuando el fiduciario no llegue a adquirir los bienes.

La sustitución vulgar de un fiduciario no se entenderá sustitución fideicomisaria a favor del sustituto vulgar. El sustituto vulgar que llegue a adquirir los bienes queda gravado por el fideicomiso que hubiera gravado al fiduciario a quien sustituyó.

LEY 227

Sustitución pupilar y ejemplar

(DEROGADA)

Derogada por Ley Foral 31/2022, de 28 de noviembre, de atención a las personas con discapacidad en Navarra y garantía de sus derechos. (Boletín Oficial de Navarra de 15-12-2022).

Modificada por Ley Foral 21/2019, de 4 de abril, de modificación y actualización de la Compilación del Derecho Civil Foral de Navarra o Fuero Nuevo. (Boletín Oficial de Navarra de 16-04-2019).

LEY 228

Presunciones

En la duda de si el disponente ha establecido un fideicomiso o formulado una recomendación o simple ruego, se presumirá esto último. Si hubiere duda sobre si la sustitución es vulgar o fideicomisaria, se presumirá vulgar.

LEY 229

Momento de cumplirse las condiciones

Si de los términos de la disposición no se desprendiera claramente otra cosa, las condiciones que afecten a las sustituciones fideicomisarias como, por ejemplo, la de «no tener hijos» o de que éstos «no lleguen a la edad de testar» u otras similares, se entenderán referidas al momento del fallecimiento del fiduciario.

LEY 230

Hijos «puestos en condición»

Cuando el acto de liberalidad se condicione a la existencia de hijos del adquirente, estos hijos puestos solo en condición no se tendrán por puestos en disposición ni llamados a adquirir sino cuando expresamente así se establezca.

Modificada por Ley Foral 21/2019, de 4 de abril, de modificación y actualización de la Compilación del Derecho Civil Foral de Navarra o Fuero Nuevo. (Boletín Oficial de Navarra de 16-04-2019).

LEY 231

Garantías de los fideicomisarios

Salvo que el disponente hubiera establecido lo contrario, los fideicomisarios podrán exigir del fiduciario en cualquier momento la formalización de inventario de los bienes adquiridos y la garantía de su restitución.

En defecto de acuerdo con los fideicomisarios, la garantía consistirá:

Uno. En la inscripción de los inmuebles en el Registro de la Propiedad, con constancia del fideicomiso.

Dos. En el depósito de los títulos-valores en establecimiento bancario, con constancia del fideicomiso en los resguardos.

Tres. En la caución que el Juez estime suficiente cuando se trate de otros bienes.

LEY 232

Derechos del fiduciario

Sin otras limitaciones que las establecidas en las Leyes siguientes, el fiduciario tiene todos los derechos que corresponden al propietario, pero habrá de restituir al fideicomisario los bienes recibidos, los subrogados y los incrementos que constituyan accesiones naturales y mejoras inseparables. Respecto a los frutos pendientes y a las impensas realizadas por el fiduciario, tendrá éste los mismos derechos que un usufructuario.

LEY 233

Enajenación y gravamen

El fiduciario podrá enajenar y gravar los bienes como libres en los casos y modos siguientes:

1. Por sí solo, cuando el disponente lo hubiere autorizado; en este caso, los bienes adquiridos se subrogarán en lugar de los enajenados.

2. Con el consentimiento de todos los fideicomisarios, cuando el disponente no lo hubiere autorizado, sin prohibirlo expresamente. En defecto del consentimiento de todos los fideicomisarios o cuando alguno de éstos sea persona incierta, futura o actualmente indeterminada, el fiduciario podrá hacerlo con autorización del Juez competente, que la concederá sólo en casos de necesidad o utilidad evidente, en acto de jurisdicción voluntaria y adoptando las medidas oportunas para asegurar la subrogación.

Modificada por Ley Foral 5/1987, de 1 de abril, por la que se modifica la Compilación de Derecho Civil Foral o Fuero Nuevo de Navarra. (Boletín Oficial de Navarra de 06-04-1987).

LEY 234

Facultades del fiduciario por sí solo

El fiduciario por sí solo podrá:

Uno. Pedir y practicar la partición de la herencia, la división de cosa común y el deslinde y amojonamiento, siempre que se trate de puros actos de partición, división o deslinde; de no ser así, se precisará el consentimiento de los fideicomisarios o la autorización judicial, conforme a lo dispuesto en la Ley anterior.

Dos. Cancelar por cobro créditos hipotecarios o pignoraticios y retrovender bienes comprados a carta de gracia o con pacto de retro.

Tres. Realizar las enajenaciones a que se hubiere obligado el fideicomitente y cualesquiera otros actos de cumplimiento de deberes inherentes a la propiedad y anteriores a la adquisición por el fiduciario.

Cuatro. Dar dinero a préstamo, respondiendo de la solvencia del deudor.

Cinco. Sustituir, sin detrimento del fideicomiso, los bienes consumibles y los que se deterioren o desgasten con el uso.

LEY 235

Subrogación

Siempre que, conforme a las Leyes anteriores, el fiduciario enajenare como libres o sustituyere bienes objeto del fideicomiso, quedarán afectos a éste el dinero o los bienes que los sustituyeron por subrogación.

LEY 236

Autorización al fiduciario para elegir fideicomisarios

El disponente puede autorizar al fiduciario para elegir libremente el fideicomisario o fideicomisarios entre los señalados por aquel y determinar la distribución de los bienes igual o desigualmente. Salvo que el disponente lo hubiere autorizado, el fiduciario no podrá imponer limitaciones a los fideicomisarios, a no ser que resulten en beneficio de otros de los fideicomisarios señalados por el disponente.

Si el fiduciario hiciere por testamento la elección de fideicomisario y la distribución de bienes, podrá revocarla libremente. Si la hiciere por contrato sucesorio o acto «inter vivos», será irrevocable, sin perjuicio de la facultad de nombrar otro fideicomisario en caso de que el nombrado falleciere o deviniere incapaz o renunciare antes de deferirse el fideicomiso.

Si el fiduciario no hiciera uso de esa facultad, todos los fideicomisarios lo serán por partes iguales. En este caso y cuando el disponente no hubiere designado nominativamente a los fideicomisarios, la determinación podrá hacerse por acta notarial de notoriedad.

> *Modificada por Ley Foral 21/2019, de 4 de abril, de modificación y actualización de la Compilación del Derecho Civil Foral de Navarra o Fuero Nuevo. (Boletín Oficial de Navarra de 16-04-2019).*

LEY 237

Renuncia

En las sustituciones fideicomisarias a término, el fiduciario podrá anticipar mediante renuncia la delación del fideicomiso.

Cesión

El fiduciario y el fideicomisario podrán ceder sus respectivos derechos. La cesión por el fiduciario quedará limitada por el cumplimiento de la condición o la llegada del término a los que estuviere sometido el fideicomiso, y la cesión por el fideicomisario surtirá efectos a partir de ese mismo momento. La cesión a favor de tercero no confiere a éste en caso alguno la cualidad de heredero, y será aplicable lo dispuesto en el título XIX de este libro para la cesión de herencia.

LEY 238

Extinción del fideicomiso

Salvo que otra cosa se hubiere dispuesto, quedará extinguido el fideicomiso, y en consecuencia liberado el fiduciario de la obligación de restituir, en caso de fallecimiento o incapacidad de los fideicomisarios en vida del fiduciario, así como también en los de renuncia o cesión a favor de este.

Modificada por Ley Foral 21/2019, de 4 de abril, de modificación y actualización de la Compilación del Derecho Civil Foral de Navarra o Fuero Nuevo. (Boletín Oficial de Navarra de 16-04-2019).

CAPÍTULO IV
De la sustitución de residuo

LEY 239

Disposición de bienes por el instituido

En las sustituciones de residuo, si no se hubiere ordenado otra cosa, el instituido sólo podrá disponer de los bienes por actos ínter vivos y a título oneroso. Si se le hubiere autorizado para disponer incluso a título lucrativo, se presumirá que está autorizado para disponer por actos ínter vivos o mortis causa.

Residuo

Los bienes de que el instituido no hubiese dispuesto válidamente pasarán, en el momento establecido o evento previsto, a la persona o personas designadas para recibirlos.

TÍTULO IX
De los legados

LEY 240

Régimen

En defecto de disposición de voluntad o de ley específica de esta Compilación, las leyes de este capítulo que regulan los legados se aplicarán a todo acto de liberalidad a título singular.

Modificada por Ley Foral 21/2019, de 4 de abril, de modificación y actualización de la Compilación del Derecho Civil Foral de Navarra o Fuero Nuevo. (Boletín Oficial de Navarra de 16-04-2019).

LEY 241

Concepto

Son mandas o legados aquellas liberalidades mortis causa a título singular que no atribuyen la cualidad de heredero, y que se imponen a cualquier persona que a título lucrativo reciba bienes del disponente, por voluntad del mismo o de la Ley.

LEY 242

Efectos

El legado de cosa específica y determinada propia del disponente tiene eficacia real, y el legatario adquiere la propiedad a la muerte del causante.

En los legados de otra clase, el legatario sólo tiene acción personal para exigir su cumplimiento.

LEY 243

Posesión

El legatario por sí solo no puede tomar posesión de la cosa legada, sino que deberá exigirla de la persona gravada con el legado o de la facultada para su entrega; estas personas podrán ejercitar la acción de recuperación de la posesión cuando el legatario, sin previa entrega, hubiese tomado posesión de la cosa legada.

Sin embargo, el legatario podrá tomar posesión del legado:

1. Cuando el disponente lo hubiere autorizado.

2. Cuando, no habiendo heredero, el legatario lo sea de parte alícuota o de usufructo universal.

3. Cuando, en el caso de que toda la herencia estuviese distribuida en legados, todos los legatarios se hallaren de acuerdo y no hubiese legatario de parte alícuota ni otra persona facultada para la entrega; si no se pusieren de acuerdo, podrán los legatarios acudir al juez para recabar dicha entrega.

Modificada por Ley Foral 21/2019, de 4 de abril, de modificación y actualización de la Compilación del Derecho Civil Foral de Navarra o Fuero Nuevo. (Boletín Oficial de Navarra de 16-04-2019).

LEY 244

Reducción

Salvo que otra cosa hubiese establecido el disponente, si hubiera que reducir los legados para el pago de las deudas hereditarias o el caudal hereditario resultara insuficiente para satisfacer todos los legados, se reducirán éstos a prorrata.

Igualmente se hará la reducción, si existieren deudas y la herencia hubiere sido íntegramente distribuida en legados que no sean de parte alícuota.

LEY 245

Frutos

Los legatarios hacen suyos los frutos o rentas desde que judicial o extrajudicialmente hubieren exigido la entrega. Excepcionalmente, en los legados con fin piadoso, benéfico, social o que persigan la satisfacción del interés general, los frutos e intereses se deberán desde la muerte del testador.

Modificada por Ley Foral 21/2019, de 4 de abril, de modificación y actualización de la Compilación del Derecho Civil Foral de Navarra o Fuero Nuevo. (Boletín Oficial de Navarra de 16-04-2019).

LEY 246

Legado de universalidad

Si el legado es de una universalidad, corresponderán al legatario todas las cosas o derechos que en el momento de la muerte del disponente formaban parte del conjunto.

LEY 247

Legado de cosa genérica

En el legado de cosa genérica, la elección corresponde al legatario, sin perjuicio de lo establecido por el disponente.

LEY 248

Legado alternativo

En el legado alternativo de efecto real, la elección corresponde al legatario, y en el de efecto personal, a la persona gravada con el legado, salvo que fuera otra la voluntad del disponente.

Modificada por Ley Foral 21/2019, de 4 de abril, de modificación y actualización de la Compilación del Derecho Civil Foral de Navarra o Fuero Nuevo. (Boletín Oficial de Navarra de 16-04-2019).

LEY 249

Legado de cosa ajena

El legado de cosa ajena o de constitución de un derecho real sobre cosa ajena solo será válido si el legatario prueba que el disponente sabía que la cosa era ajena. Cuando sea válido el legado, la persona gravada con el mismo podrá liberarse de su obligación abonando el valor según justa estimación.

Modificada por Ley Foral 21/2019, de 4 de abril, de modificación y actualización de la Compilación del Derecho Civil Foral de Navarra o Fuero Nuevo. (Boletín Oficial de Navarra de 16-04-2019).

LEY 250

Legado de usufructo universal

Salvo disposición en contrario, el legado de usufructo universal comprenderá la totalidad de los bienes relictos, excepto los excluidos por la ley 255.

Cualesquiera legados distintos de los señalados en el número 5 de la ley 255 que integren el de usufructo universal quedarán afectados por el mismo y sólo se entregarán al extinguirse este derecho.

El testador podrá relevar al usufructuario de las obligaciones de hacer inventario y prestar garantía.

Cuando expresamente se hayan concedido al usufructuario facultades de disposición, en cuanto al ejercicio de estas se aplicará lo establecido en la ley 239, y respecto al pago a los acreedores hereditarios, lo dispuesto en las leyes 318 y 319.

Modificada por Ley Foral 21/2019, de 4 de abril, de modificación y actualización de la Compilación del Derecho Civil Foral de Navarra o Fuero Nuevo. (Boletín Oficial de Navarra de 16-04-2019).

LEY 251

Legado de bienes de conquista

En el legado de bienes de conquista, cuando un cónyuge los legue a favor del otro, o ambos conjuntamente a favor de tercera persona, se entenderá que cada uno lega la mitad del objeto legado.

Cuando uno de los cónyuges, separadamente, legue a tercera persona el objeto entero, será válido el legado en su totalidad; pero, en cuanto a lo que en la liquidación de la sociedad de conquistas no fuere adjudicado a la herencia del causante, el efecto será meramente personal, como si fuere legado válido de cosa ajena.

LEY 252

Extinción del legado

Se extinguirá el legado de cosa específica y determinada propia del disponente cuando a la muerte de este la cosa pertenezca a otra persona por transmisión voluntaria de aquel. Sin embargo, si el legatario lo hubiese adquirido a título oneroso de persona distinta del disponente, se entenderá legado el precio o el valor de la contraprestación que dio el legatario.

En el caso de que el disponente no hubiera transmitido la cosa legada de forma voluntaria, el legado valdrá, bien como manda de cosa específica con subrogación de los bienes o derechos recibidos, bien como legado genérico.

Modificada por Ley Foral 21/2019, de 4 de abril, de modificación y actualización de la Compilación del Derecho Civil Foral de Navarra o Fuero Nuevo. (Boletín Oficial de Navarra de 16-04-2019).

TÍTULO X
De las limitaciones a la libertad de disponer

CAPÍTULO I
Del usufructo de viudedad

Modificado por Ley Foral 21/2019, de 4 de abril, de modificación y actualización de la Compilación del Derecho Civil Foral de Navarra o Fuero Nuevo. (Boletín Oficial de Navarra de 16-04-2019).

LEY 253

Concepto

El cónyuge viudo tiene el usufructo sobre todos los bienes y derechos que al premuerto pertenecían en el momento del fallecimiento.

Al miembro sobreviviente de una pareja estable constituida conforme a lo previsto en el título VII del libro I de la presente Compilación, le serán de aplicación todas las disposiciones contenidas en el presente capítulo, cuando el usufructo le hubiera sido otorgado según lo previsto en la ley 113.

Inalienabilidad

Este derecho es inalienable; no obstante, los nudos propietarios y el usufructuario conjuntamente podrán enajenar o gravar el pleno dominio de los bienes sobre los que recae el usufructo.

Renuncia

Es válida la renuncia anticipada del usufructo otorgada en escritura pública, antes o después del matrimonio o, en su caso, de la constitución de la pareja estable.

Modificada por Ley Foral 21/2019, de 4 de abril, de modificación y actualización de la Compilación del Derecho Civil Foral de Navarra o Fuero Nuevo. (Boletín Oficial de Navarra de 16-04-2019).

LEY 254

Exclusión del usufructo

No tendrá derecho al usufructo:

1. El sobreviviente que se encontrara a la fecha del fallecimiento separado legalmente o de hecho del premuerto.

2. El condenado en sentencia firme por haber atentado contra la vida del otro o de alguno de sus descendientes o por haberles causado lesiones graves, haber ejercido habitualmente violencia física o psíquica, o lesionado su libertad, integridad moral o libertad e indemnidad sexual,

3. El condenado por sentencia firme por haber cometido un delito contra las relaciones familiares.

4. El que, por sentencia firme, hubiere sido privado de la responsabilidad parental sobre los hijos comunes.

Modificada por Ley Foral 21/2019, de 4 de abril, de modificación y actualización de la Compilación del Derecho Civil Foral de Navarra o Fuero Nuevo. (Boletín Oficial de Navarra de 16-04-2019).

LEY 255

Extensión

El usufructo se extiende a los bienes y derechos pertenecientes al premuerto, aunque estén afectados a llamamiento, reversión o restitución, con excepción de los siguientes:

Bienes excluidos:

1. Los bienes sujetos a sustitución fideicomisaria, salvo que el disponente establezca lo contrario.

2. Los derechos de usufructo, uso, habitación u otros de carácter vitalicio y personal.

3. Los bienes que el premuerto hubiere recibido por título lucrativo y con expresa exclusión del usufructo de viudedad.

4. Los bienes que hubieren sido objeto de donación «mortis causa».

5. Los legados piadosos o para sepelio, los que tengan por objeto la dotación de hijos u otros parientes a los que el testador se hallare obligado a dotar y los legados remuneratorios, siempre que conste la existencia del servicio remunerado.

6. Los bienes que deben reservarse en favor de los hijos o descendientes de matrimonio o pareja estable anterior, conforme a lo establecido en las leyes 273, 274 y 275.

7. Los adquiridos por título lucrativo con llamamiento sucesorio en favor de hijos o descendientes de anterior matrimonio o pareja estable, si estos sobrevivieren. Se exceptúa el caso de que se declare subsistente el derecho de usufructo para las segundas o posteriores uniones matrimoniales o de pareja estable por todas las personas que ordenaron el llamamiento, o de las sobrevivientes.

8. Los bienes que integren un patrimonio especialmente protegido hasta que tenga lugar su extinción conforme a la ley 45.

Modificada por Ley Foral 21/2019, de 4 de abril, de modificación y actualización de la Compilación del Derecho Civil Foral de Navarra o Fuero Nuevo. (Boletín Oficial de Navarra de 16-04-2019).

LEY 256

Conmutación del usufructo en caso de empresas familiares

Cuando sea objeto de sucesión la empresa familiar y tenga lugar en favor de descendientes, el disponente podrá establecer, en testamento o escritura pública, la conmutación del usufructo de viudedad por una renta mensual a cargo del nudo propietario.

La renta será equivalente al rendimiento medio de la empresa en los cinco años anteriores al fallecimiento, se actualizará anualmente conforme al índice de precios al consumo y podrá ser objeto de afianzamiento en aquellos supuestos en que el adquirente proceda a su posterior transmisión. Se revisará en caso de alteración de circunstancias y se extinguirá por las mismas causas que el usufructo.

La conmutación también podrá tener lugar mediante pacto entre usufructuario y nudo propietario.

Modificada por Ley Foral 21/2019, de 4 de abril, de modificación y actualización de la Compilación del Derecho Civil Foral de Navarra o Fuero Nuevo. (Boletín Oficial de Navarra de 16-04-2019).

LEY 257

Inventario

Para poder ejercitar su derecho, el usufructuario deberá hacer inventario de todos los bienes a los que se extienda el usufructo en los supuestos siguientes:

1. Si el premuerto lo hubiera establecido en testamento o escritura pública.

2. Cuando sea requerido para ello por el nudo propietario, salvo que el premuerto lo haya excluido expresamente.

3. Si entre los nudos propietarios se encuentran personas menores de edad o personas para las que a la fecha del fallecimiento se hayan establecido medidas de apoyo para el ejercicio de su capacidad.

Forma y plazo

El inventario, que debe constar en escritura pública, se realizará dentro de los seis meses siguientes al fallecimiento en los supuestos previstos en los números 1 y 3 del apartado anterior, o al requerimiento en el caso del número 2, sin perjuicio de la suspensión de dicho plazo por causa de fuerza mayor mientras dure la misma.

Si el usufructo de viudedad no hubiere de empezar hasta extinguirse un usufructo establecido en favor de otras personas, estos plazos empezarán a contarse a partir de la fecha de extinción del usufructo voluntario.

En cualquier supuesto de nulidad del testamento o del contrato sucesorio, o de la institución de heredero ordenada en dichos actos u otra controversia con incidencia en el usufructo, los plazos para la formalización de inventario empezarán a contarse a partir de la fecha en que al usufructuario le fuera notificada la sentencia firme que la hubiese resuelto.

Derechos del nudo propietario

El nudo propietario deberá ser citado para la formación del inventario y podrá exigir al usufructuario que manifieste ante qué notario formalizó el mismo o su adición, así como a obtener copia y a requerirle para que subsane en escritura pública los errores y omisiones en que se hubiere incurrido.

Modificada por Ley Foral 31/2022, de 28 de noviembre, de atención a las personas con discapacidad en Navarra y garantía de sus derechos. (Boletín Oficial de Navarra de 15-12-2022).

Anteriormente modificada por Ley Foral 21/2019, de 4 de abril, de modificación y actualización de la Compilación del Derecho Civil Foral de Navarra o Fuero Nuevo. (Boletín Oficial de Navarra de 16-04-2019).

LEY 258

Derechos

El sobreviviente tendrá todos los derechos que, en general, corresponden al usufructuario conforme el capítulo I del título IV del libro tercero, y los que, en su caso, voluntariamente, le hubiesen sido concedidos por el premuerto o hubieran sido pactados.

Además, cuando el usufructo de viudedad recaiga sobre acciones de sociedades anónimas y siempre que los estatutos, pactos o acuerdos sociales no dispongan otra cosa, se observarán las reglas siguientes:

1. El derecho preferente para suscribir nuevas acciones corresponde exclusivamente al nudo propietario; pero si este no hiciere uso de su derecho, el usufructuario podrá suscribir por sí mismo a nombre del nudo propietario, abonando los desembolsos y gastos correspondientes, y en caso de no ejercitar esta facultad podrá exigir el valor de los derechos de suscripción que se hubieren enajenado.

2. El usufructo se extenderá a las nuevas acciones suscritas; pero el usufructuario deberá abonar al nudo propietario todos los desembolsos y gastos que la suscripción le hubiere reportado, y si no lo hiciere en el plazo de treinta días a contar del requerimiento del nudo propietario, no tendrá el usufructo sobre las nuevas acciones, y en tal caso le corresponderá el importe de los derechos de suscripción realizados por el nudo propietario. En los supuestos en que el usufructuario deba indemnizar al nudo propietario por los gastos y desembolsos ocasionados, no tendrá derecho de reembolso.

3. En caso de sustitución de títulos o de amortización de acciones, el usufructo recaerá por subrogación sobre los nuevos títulos o el importe de la amortización.

4. En el usufructo de obligaciones que se conviertan en acciones, el usufructo recaerá sobre las acciones, y se aplicará lo dispuesto en los números anteriores.

Las disposiciones de esta ley sobre usufructo de acciones se observarán, en la medida en que por su naturaleza sean aplicables, al usufructo de participaciones de sociedades de responsabilidad limitada y de cuotas sociales en sociedades colectivas, comanditarias o sociedades civiles.

Modificada por Ley Foral 21/2019, de 4 de abril, de modificación y actualización de la Compilación del Derecho Civil Foral de Navarra o Fuero Nuevo. (Boletín Oficial de Navarra de 16-04-2019).

LEY 259

Obligaciones

El usufructuario debe:
1. Administrar y explotar los bienes con la diligencia que es común y razonable en el ámbito familiar.
2. Pagar los gastos de última enfermedad y de sepelio del premuerto.
3. Prestar alimentos, dentro de los límites del disfrute, a los hijos y descendientes del premuerto, a quienes este tuviere la obligación de prestarlos si hubiese vivido y siempre que aquellos se hallaren en situación legal de exigirlos.
4. Pagar con dinero de la herencia las deudas del premuerto que fueren exigibles. Si no hubiere dinero suficiente, podrá enajenar bienes de la herencia previo acuerdo con los nudos propietarios, y a falta de acuerdo o si los nudos propietarios fueren desconocidos o estuvieren ausentes, será necesaria la autorización judicial para enajenar bienes.
5. Pagar todas las cargas inherentes al usufructo.
6. Abonar la prestación de compensación por desequilibrio cuando judicialmente resultare obligado a ello de conformidad con lo establecido en la ley 105.

Modificada por Ley Foral 21/2019, de 4 de abril, de modificación y actualización de la Compilación del Derecho Civil Foral de Navarra o Fuero Nuevo. (Boletín Oficial de Navarra de 16-04-2019).

LEY 260

Transformación

Si el usufructuario desatendiere las indicaciones o advertencias que respecto a la administración y explotación de los bienes le hicieren los nudos propietarios, estos podrán acudir al juez con la finalidad de que fueran cumplidas, si estimaran que, atendiendo las mismas, fuese mejorable su gestión.
Si el usufructuario no pudiera o no se aviniera a cumplir la decisión judicial, los nudos propietarios podrán pedir la entrega de los bienes y la conmutación del usufructo por una renta en los términos establecidos en la ley 256.
La conmutación también podrá tener lugar mediante pacto entre ellos.

Modificada por Ley Foral 21/2019, de 4 de abril, de modificación y actualización de la Compilación del Derecho Civil Foral de Navarra o Fuero Nuevo. (Boletín Oficial de Navarra de 16-04-2019).

LEY 261

Extinción

El usufructo de viudedad se extingue:
1. Por muerte del usufructuario.
2. Por renuncia expresa en escritura pública.
3. Por contraer el usufructuario matrimonio, constituir pareja estable o convivir maritalmente con otra persona, salvo pacto o disposición en contrario del premuerto.

Modificada por Ley Foral 21/2019, de 4 de abril, de modificación y actualización de la Compilación del Derecho Civil Foral de Navarra o Fuero Nuevo. (Boletín Oficial de Navarra de 16-04-2019).

LEY 262

Privación

El usufructuario, a petición de los nudos propietarios, perderá el usufructo de viudedad:
1. Si hubiera sido privado de la responsabilidad parental de los hijos comunes por sentencia judicial.
2. Si enajenare o gravare bienes, salvo los casos previstos en las leyes 253 apartado segundo y 259 número 4, y a no ser que se hallare debidamente autorizado para ello por pacto o disposición del premuerto.

3. Por incumplir de manera general las obligaciones inherentes al usufructo a que se refiere la ley 259.

4. Si incumpliere de forma continuada alguna de las recogidas en los números 1, 3 y 6 de la misma, siempre que ello no se deba a dolo o negligencia grave, en cuyo caso el usufructo se perderá aun cuando el incumplimiento fuera puntual.

Modificada por Ley Foral 21/2019, de 4 de abril, de modificación y actualización de la Compilación del Derecho Civil Foral de Navarra o Fuero Nuevo. (Boletín Oficial de Navarra de 16-04-2019).

LEY 263

Acción de recuperación de la posesión

Terminado el usufructo, los nudos propietarios podrán hacer efectiva la posesión de los bienes por medio del ejercicio de la acción de recuperación de la posesión.

Modificada por Ley Foral 21/2019, de 4 de abril, de modificación y actualización de la Compilación del Derecho Civil Foral de Navarra o Fuero Nuevo. (Boletín Oficial de Navarra de 16-04-2019).

LEY 264

Modificaciones voluntarias

Por voluntad del disponente o por pacto se podrá:

1. Dispensar de la obligación de hacer inventario, en aquellos supuestos en que el mismo sea preceptivo conforme a la ley 257. Se exceptúa el supuesto previsto en el número 3 cuando el inventario sea solicitado por el representante legal o el Ministerio Fiscal y el juez lo acuerde para preservar el patrimonio hereditario de las personas a que se refiere.

2. Facultar para enajenar o gravar los bienes.

3. Autorizar la conservación del usufructo aunque el usufructuario contraiga matrimonio, constituya pareja estable o conviva maritalmente con otra persona.

4. Exigir la constitución de garantía para el ejercicio del usufructo.

5. Imponer plazos, condiciones y cargas, o modificar de cualquier modo la adquisición, ejercicio, extensión, conmutación y extinción del derecho.

En los casos previstos en los números 4 y 5 será necesario el consentimiento y aceptación del usufructuario.

Modificada por Ley Foral 21/2019, de 4 de abril, de modificación y actualización de la Compilación del Derecho Civil Foral de Navarra o Fuero Nuevo. (Boletín Oficial de Navarra de 16-04-2019).

LEY 265

Analogía

En el usufructo voluntario universal o sobre bienes determinados, otorgado con condición de viudedad, a favor de cualquier persona, serán aplicables, en cuanto no se opongan al pacto o disposición que lo conceda, las leyes del presente capítulo.

LEY 266

Normas subsidiarias

En lo no establecido por este capítulo, el usufructo de viudedad se entenderá sometido a las disposiciones generales sobre el usufructo del capítulo I del título IV del libro tercero.

Modificada por Ley Foral 21/2019, de 4 de abril, de modificación y actualización de la Compilación del Derecho Civil Foral de Navarra o Fuero Nuevo. (Boletín Oficial de Navarra de 16-04-2019).

CAPÍTULO II
De la legítima

LEY 267

Concepto

La legítima navarra, tradicionalmente consistente en la atribución de «cinco sueldos "febles" o "carlines" por bienes muebles y una robada de tierra en los montes comunes por inmuebles», no tiene contenido patrimonial exigible ni atribuye la cualidad de heredero, y el instituido en ella no responderá en ningún caso de las deudas hereditarias ni podrá ejercitar las acciones propias del heredero.

La atribución de la «legítima navarra» con esta sola denominación u otra semejante a los legitimarios designados de forma individual o colectiva en el acto de disposición cumple las exigencias de su institución formal.

> *Modificada por Ley Foral 21/2019, de 4 de abril, de modificación y actualización de la Compilación del Derecho Civil Foral de Navarra o Fuero Nuevo. (Boletín Oficial de Navarra de 16-04-2019).*

LEY 268

Legitimados

En testamento y pactos sucesorios deberán ser instituidos en la legítima foral:
1. Los hijos.
2. En defecto de cualquiera de ellos, sus respectivos descendientes de grado más próximo.

> *Modificada por Ley Foral 21/2019, de 4 de abril, de modificación y actualización de la Compilación del Derecho Civil Foral de Navarra o Fuero Nuevo. (Boletín Oficial de Navarra de 16-04-2019).*

LEY 269

Excepciones

No será necesaria la institución en la legítima foral cuando el disponente hubiera dotado a los legitimarios, les hubiese atribuido cualquier liberalidad a título «mortis causa», o los hubiere desheredado por justa causa, o ellos hubieran renunciado a la herencia de aquel o hubiesen premuerto sin dejar descendencia con derecho a legítima.

> *Modificada por Ley Foral 21/2019, de 4 de abril, de modificación y actualización de la Compilación del Derecho Civil Foral de Navarra o Fuero Nuevo. (Boletín Oficial de Navarra de 16-04-2019).*

LEY 270

Desheredación

Serán justas causas de desheredación las comprendidas en los números 1, 2, 3, 5 y 8 de la ley 154, así como las siguientes:
1. La comisión de cualquier delito, la causación de un daño o la realización voluntaria de una conducta socialmente reprobable contra la persona o bienes del causante o contra personas integrantes de su grupo o comunidad familiar o de sus bienes.
2. La denegación indebida de alimentos al causante o a su cónyuge o pareja estable o a alguno de sus descendientes en los casos en que exista obligación legal de prestárselos.

> *Modificada por Ley Foral 21/2019, de 4 de abril, de modificación y actualización de la Compilación del Derecho Civil Foral de Navarra o Fuero Nuevo. (Boletín Oficial de Navarra de 16-04-2019).*

LEY 271

Preterición

La preterición tiene por efecto la nulidad total o parcial de la institución de heredero, pero deja a salvo las demás disposiciones.

Únicamente podrán ejercitar la acción de impugnación el legitimario preterido o sus herederos. El preterido o preteridos que la ejerciten únicamente tendrán derecho a la cuota hereditaria que por sucesión legal del causante les hubiera correspondido.

No se considerarán preteridos los legitimarios a quienes se contemple en los testamentos no otorgados ante Notario aun cuando no se les instituya formalmente en la legítima.

Modificada por Ley Foral 21/2019, de 4 de abril, de modificación y actualización de la Compilación del Derecho Civil Foral de Navarra o Fuero Nuevo. (Boletín Oficial de Navarra de 16-04-2019).

CAPÍTULO III
De la obligación de alimentos

Modificado por Ley Foral 21/2019, de 4 de abril, de modificación y actualización de la Compilación del Derecho Civil Foral de Navarra o Fuero Nuevo. (Boletín Oficial de Navarra de 16-04-2019).

LEY 272

Alimentos a los hijos y descendientes del causante

Renunciado o extinguido el usufructo de viudedad o no habiéndose este pactado para la pareja estable del causante, o resultando tal derecho insuficiente para cumplir con la obligación a que se refiere el apartado 3 de la ley 259, los alimentos que los hijos o descendientes de aquel tendrían derecho a exigirle por tal concepto y situación, al hacerse efectiva su sucesión, podrán ser reclamados por ellos, a falta de otros obligados legales preferentes, a sus sucesores voluntarios a título universal o particular, en los límites de la atribución patrimonial recibida y con cargo a la misma.

La cuantía de los alimentos debidos se fijará en función de las necesidades del alimentista y del valor de los bienes recibidos del causante por los sucesores obligados, debiendo también tomarse en consideración los bienes que de forma efectiva hubiera adquirido en la sucesión el propio alimentista.

Cuando la obligación legal de alimentos a cargo del causante recaiga también sobre otro ascendiente del mismo grado, la cuantía de los alimentos debidos por cada uno será proporcional al valor de los bienes recibidos por sucesión del causante y a los recursos económicos del otro ascendiente asimismo obligado a su prestación.

Si los sucesores en virtud de tal atribución patrimonial son también hijos o descendientes del causante, en la determinación de la deuda de alimentos se tendrán asimismo en consideración sus propias necesidades y, en particular, las derivadas de su minoría de edad, de la persistencia de la dependencia económica de los que ya hubieran alcanzado la mayoría o de su discapacidad o dependencia. En ningún caso, la cuantía de los alimentos debidos en tal concepto por dichos sucesores podrá exceder de la cuota que idealmente correspondería a cada uno de los hijos del causante en una división igualitaria entre sí de su patrimonio.

La percepción de los alimentos debidos en virtud de lo establecido por esta ley no impide o excluye la ulterior exigencia de los generales legalmente debidos en caso de concurrir o persistir las condiciones que legitiman su reclamación.

Modificada por Ley Foral 21/2019, de 4 de abril, de modificación y actualización de la Compilación del Derecho Civil Foral de Navarra o Fuero Nuevo. (Boletín Oficial de Navarra de 16-04-2019).

LEY 273

Obligación de reservar

El progenitor que contrajera matrimonio o constituyera pareja estable con otra persona está obligado a reservar y dejar a los hijos de la unión anterior, o a los descendientes de los mismos, la propiedad de todos los bienes que por cualquier título lucrativo, hubiera recibido de su anterior cónyuge o pareja estable, de los hijos que con ellos hubiera tenido o de los descendientes de estos.

Esta obligación subsistirá mientras existan descendientes reservatarios, aunque en el momento de su muerte el reservista hubiera dejado de estar casado o de convivir en pareja estable.

Será nula la dispensa de la obligación de reservar hecha por un progenitor en favor del otro para el caso de que este contrajera nuevo matrimonio o constituyera pareja estable con otra persona.

Será también nula toda disposición del progenitor que contraiga nuevo matrimonio o constituya nueva pareja estable que contravenga de cualquier otro modo lo establecido en esta ley.

Modificada por Ley Foral 21/2019, de 4 de abril, de modificación y actualización de la Compilación del Derecho Civil Foral de Navarra o Fuero Nuevo. (Boletín Oficial de Navarra de 16-04-2019).

CAPÍTULO IV
De la reserva del bínubo

Modificada por Ley Foral 5/1987, de 1 de abril, por la que se modifica la Compilación de Derecho Civil Foral o Fuero Nuevo de Navarra. (Boletín Oficial de Navarra de 06-04-1987).

LEY 274

Libertad de disposición

El progenitor que tenga obligación de reservar puede disponer de los bienes reservables con entera libertad entre los hijos o descendientes reservatarios. Si no dispusiere de los bienes, los heredarán los reservatarios conforme a lo establecido para la sucesión legal.

Modificada por Ley Foral 21/2019, de 4 de abril, de modificación y actualización de la Compilación del Derecho Civil Foral de Navarra o Fuero Nuevo. (Boletín Oficial de Navarra de 16-04-2019).

LEY 275

Determinación de los reservatarios

La determinación de los reservatarios, cuando estos deban heredar conforme al orden de sucesión legal, podrá hacerse por acta notarial de notoriedad.

Modificada por Ley Foral 21/2019, de 4 de abril, de modificación y actualización de la Compilación del Derecho Civil Foral de Navarra o Fuero Nuevo. (Boletín Oficial de Navarra de 16-04-2019).

LEY 276

Extinción de la reserva

Se extinguirá la obligación de reservar cuando todos los reservatarios renunciaren a su derecho, fueren incapaces de suceder, hubiesen sido legalmente desheredados o no sobrevivieren al reservista, salvo el derecho de representación para el caso de premoriencia o incapacidad.

Modificada por Ley Foral 21/2019, de 4 de abril, de modificación y actualización de la Compilación del Derecho Civil Foral de Navarra o Fuero Nuevo. (Boletín Oficial de Navarra de 16-04-2019).

LEY 277

Enajenación de bienes reservables

Respecto a los actos de enajenación o gravamen de bienes reservables, muebles o inmuebles, se aplicarán las disposiciones del Código Civil y de la legislación hipotecaria.

Sin embargo tendrán validez y definitiva eficacia los actos que el reservista realizare con el consentimiento de todos los que, al tiempo de la enajenación o gravamen, fuesen hijos reservatarios e descendientes de los premuertos.

En caso de enajenación de bienes reservables, la reserva tendrá por objeto los bienes subrogados.

Modificada por Ley Foral 5/1987, de 1 de abril, por la que se modifica la Compilación de Derecho Civil Foral o Fuero Nuevo de Navarra. (Boletín Oficial de Navarra de 06-04-1987).

LEY 278

Normas supletorias

Se aplicarán a la reserva establecida en este capítulo las disposiciones del Código Civil y de la Ley Hipotecaria sobre inventario y garantías de los reservatarios.

Modificada por Ley Foral 5/1987, de 1 de abril, por la que se modifica la Compilación de Derecho Civil Foral o Fuero Nuevo de Navarra. (Boletín Oficial de Navarra de 06-04-1987).

CAPÍTULO V
De la reversión de bienes

LEY 279

Reversión de liberalidades de los ascendientes

Salvo renuncia del donante, pacto o disposición en contrario, harán reversión al ascendiente los bienes que este hubiere transmitido por título lucrativo a un hijo u otro descendiente que, sin dejar posteridad, hubiera premuerto al donante. Si los bienes hubieren sido enajenados, la reversión tendrá por objeto exclusivamente los bienes o derechos subrogados.

Modificada por Ley Foral 21/2019, de 4 de abril, de modificación y actualización de la Compilación del Derecho Civil Foral de Navarra o Fuero Nuevo. (Boletín Oficial de Navarra de 16-04-2019).

LEY 280

Reversión en casos especiales

Si se tratare de bienes que el causante hubiere adquirido por donación para la familia o dotación, se estará a lo especialmente dispuesto en las leyes 124 y 138 apartado c).

Modificada por Ley Foral 21/2019, de 4 de abril, de modificación y actualización de la Compilación del Derecho Civil Foral de Navarra o Fuero Nuevo. (Boletín Oficial de Navarra de 16-04-2019).

TÍTULO XI
De los fiduciarios-comisarios

LEY 281

Concepto

Para el caso de fallecer el causante sin haber ordenado de otro modo su sucesión, puede aquel delegar en un fiduciario-comisario, por testamento, capitulaciones u otra escritura pública, las facultades de designar heredero o donatario universal, señalar dotaciones, disponer legados y constituir un patrimonio especialmente protegido para personas con discapacidad o dependencia, dentro de los límites establecidos en la delegación y conforme a lo dispuesto en el presente título. La delegación puede conferirse al cónyuge, pareja estable u otras personas individual, conjunta o subsidiariamente; cuando se haya conferido genéricamente a los «parientes», se entenderá a los Parientes Mayores.

Interpretación

En la fiducia sucesoria, la interpretación e integración de la voluntad del causante deben ajustarse a la costumbre del lugar y a los usos de la familia. Salvo que otra cosa se hubiere establecido, se observarán las leyes siguientes.

Modificada por Ley Foral 21/2019, de 4 de abril, de modificación y actualización de la Compilación del Derecho Civil Foral de Navarra o Fuero Nuevo. (Boletín Oficial de Navarra de 16-04-2019).

LEY 282

Delegación

La función de fiduciario-comisario es personalísima, pero la simple ejecución o formalización del acto podrá delegarse en otra persona, siempre que en el correspondiente instrumento de poder conste esencialmente el contenido de la voluntad.

LEY 283

Actuación

Si fueren varios los fiduciarios decidirán por mayoría. Si los fiduciarios fueren los Parientes Mayores se estará a lo dispuesto en la ley 144.

Modificada por Ley Foral 21/2019, de 4 de abril, de modificación y actualización de la Compilación del Derecho Civil Foral de Navarra o Fuero Nuevo. (Boletín Oficial de Navarra de 16-04-2019).

LEY 284

Capacidad

El fiduciario deberá ser mayor de edad en el momento de ejercer su función, salvo si es el cónyuge o pareja estable, en cuyo caso, bastará que tenga capacidad para testar.

El nombramiento de fiduciario conferido por un cónyuge en favor del otro quedará sin efecto, en los supuestos de nulidad, separación legal o divorcio, desde el momento de la interposición de la demanda.

En los conferidos por un miembro de la pareja en favor del otro será ineficaz desde su extinción en vida de sus miembros que conste de modo fehaciente, salvo que la misma tenga lugar por matrimonio entre ambos, en cuyo caso resultaría de aplicación lo dispuesto en el apartado anterior.

Perderá la cualidad de fiduciario el cónyuge viudo o miembro de la pareja sobreviviente que contraiga matrimonio, constituya pareja estable o conviva maritalmente con otra persona.

Modificada por Ley Foral 21/2019, de 4 de abril, de modificación y actualización de la Compilación del Derecho Civil Foral de Navarra o Fuero Nuevo. (Boletín Oficial de Navarra de 16-04-2019).

LEY 285

Facultades

Si el causante hubiera nombrado fiduciarios a otras personas, solas o en concurrencia con el cónyuge, pareja estable o ascendientes, las designaciones de heredero o donatario universal deberán hacerse conforme a lo dispuesto para los Parientes Mayores en la ley 143.

Cualesquiera que sean los fiduciarios, antes de efectuar las designaciones, pueden hacer también, en uno o varios actos, señalamientos y entregas de dotaciones y demás derechos con cargo a la Casa. Estos señalamientos no obstarán para que la designación de heredero o donatario pueda recaer posteriormente en alguno de los beneficiarios, si al hacer los señalamientos no se hubiere establecido otra cosa.

Modificada por Ley Foral 21/2019, de 4 de abril, de modificación y actualización de la Compilación del Derecho Civil Foral de Navarra o Fuero Nuevo. (Boletín Oficial de Navarra de 16-04-2019).

LEY 286

Forma

Los fiduciarios deben hacer las designaciones en testamento o en escritura pública; en este último caso serán irrevocables, salvo lo dispuesto en el último párrafo de la ley 122.

Modificada por Ley Foral 21/2019, de 4 de abril, de modificación y actualización de la Compilación del Derecho Civil Foral de Navarra o Fuero Nuevo. (Boletín Oficial de Navarra de 16-04-2019).

LEY 287

Situación de dependencia

Siempre que los fiduciarios fueren el cónyuge, pareja estable o los ascendientes del causante, en tanto no hubieren cumplido enteramente su cometido, tendrán facultades de administración y disposición sobre los bienes de los que todavía no hayan dispuesto. Cuando se trate de otros fiduciarios, se aplicarán las reglas de la comunidad hereditaria entre los llamados, pero si alguno de estos es menor o es una persona para la que se han establecido medidas de apoyo para el ejercicio de su capacidad, se requerirá para los actos de disposición el consentimiento de los fiduciarios.

Modificada por Ley Foral 31/2022, de 28 de noviembre, de atención a las personas con discapacidad en Navarra y garantía de sus derechos. (Boletín Oficial de Navarra de 15-12-2022).

Anteriormente modificada por Ley Foral 21/2019, de 4 de abril, de modificación y actualización de la Compilación del Derecho Civil Foral de Navarra o Fuero Nuevo. (Boletín Oficial de Navarra de 16-04-2019).

LEY 288

Imposibilidad de ejecución

Si por fallecimiento, renuncia, imposibilidad o cualquier otra causa, la designación de heredero o donatario universal por los fiduciarios no llegara a realizarse y tampoco fuere posible la designación por los Parientes Mayores, podrán pedir que se les declare herederos, los hijos por su orden de edad, o, en defecto de estos, y siempre que se trate de la transmisión de la Casa, el mayor de los demás descendientes que viviera en la misma, siempre que, tanto en uno como en otro caso, no hubiesen sido excluidos ni hubieran renunciado. Si ninguno lo pide, se abrirá la sucesión legal.

Modificada por Ley Foral 21/2019, de 4 de abril, de modificación y actualización de la Compilación del Derecho Civil Foral de Navarra o Fuero Nuevo. (Boletín Oficial de Navarra de 16-04-2019).

TÍTULO XII
De los herederos de confianza

LEY 289

Concepto

El testador puede instituir herederos de confianza o fiduciarios a personas individuales o jurídicas a quienes faculte para hacerse cargo de toda o parte de la herencia y disponer de ésta conforme al destino expresado en las instrucciones escritas o verbales que confidencialmente les haya dado.

LEY 290

Revelación de la confianza

Salvo disposición en contrario, el heredero fiduciario no está obligado en momento alguno a revelar la confianza recibida ni a dar cuenta de su gestión.

Cuando, por razón de los plazos establecidos en la legislación fiscal, el fiduciario tuviere que declarar la confianza, será suficiente una indicación genérica de la misma.

El testador puede disponer que, en caso de contienda sobre la eficacia de la institución o sobre la gestión del heredero fiduciario, sea éste considerado pura y simplemente como heredero.

LEY 291

Naturaleza

En tanto el heredero de confianza no revele ésta, puede ejercitar todos los derechos propios de heredero. Una vez manifestada la confianza, se le considerará, respecto a los bienes comprendidos en la institución, como ejecutor de la voluntad del testador, con todas las facultades de albacea, contador-partidor y representante de la herencia, las cuales podrá ejercitar sin limitación de tiempo, a no ser que el testador le hubiere señalado plazo.

LEY 292

Actuación

Si otra cosa no se hubiere establecido, los herederos de confianza actuarán por mayoría, conjuntamente si son dos y por sí cuando quede uno sólo.

Delegación

Si el testador lo hubiere autorizado expresamente, el heredero de confianza podrá, por acto mortis causa, delegar su función total o parcialmente en otra u otras personas, bien revelando la confianza, bien transmitiendo reservadamente, de palabra o por escrito, las instrucciones recibidas del testador.

LEY 293

Fiducia continuada

El testador puede establecer una fiducia, continuada que no se extinga por la simple revelación de la confianza o la desaparición de la persona del fiduciario. En esta fiducia se observará lo siguiente:

Uno. El testador puede asegurar la continuidad temporal o ilimitada de la fiducia, bien nombrando sustitutos para los herederos de confianza, bien determinando la forma de hacer las sucesivas sustituciones, bien facultando a los primeros o sucesivos herederos fiduciarios para hacer ulteriores nombramientos.

Dos. La titularidad de los bienes corresponde siempre a la herencia de confianza del causante, y los sucesivos cambios de fiduciarios no implicarán transmisión alguna de los mismos bienes.

Tres. A no ser que el testador lo hubiera ordenado de otra forma, la revelación de la confianza no privará a los primeros ni sucesivos fiduciarios de las facultades de representación, judicial o extrajudicial, posesión, administración y libre disposición de los bienes, en orden al cumplimiento de la voluntad del testador.

Cuatro. Salvo disposición en contrario, cuando de la constitución de la fiducia se deriven expectativas de derecho a favor de personas determinadas o que reúnan las condiciones previstas, podrán aquéllas reclamar del fiduciario.

Cinco. Para el caso de que llegue a extinguirse la fiducia, el testador podrá establecer el destino de los bienes o facultar a los fiduciarios para que lo determinen. Faltando la determinación, se abrirá la sucesión a favor de los más próximos parientes del testador que serían sus herederos legales en el momento de extinguirse la fiducia.

LEY 294

Retribución

El heredero fiduciario, aunque haya recibido cualquier liberalidad del testador, se entenderá facultado por el mismo, de no haber éste dispuesto otra cosa, para asignarse con cargo a la herencia o a sus frutos la retribución que estime adecuada a su trabajo.

LEY 295

Aplicación al pacto sucesorio

Todas las disposiciones de este título se aplicarán a la fiducia o herencia de confianza instituida por pacto sucesorio.

TÍTULO XIII
De los albaceas

LEY 296

Facultades

Los albaceas nombrados para ejecutar la voluntad del causante tendrán todas las facultades que este les hubiera concedido, las cuales, si no se hubiese establecido otra cosa, podrán ejercitar por sí solos, aunque impliquen disposición sobre bienes inmuebles.

Exclusión

Si el causante no hubiere establecido otra cosa, los herederos podrán proceder a la partición por acuerdo unánime prescindiendo del albacea cuando este tenga entre sus funciones las del contador-partidor, sin perjuicio del resto de funciones que le hayan sido encomendadas por aquel.

Modificada por Ley Foral 21/2019, de 4 de abril, de modificación y actualización de la Compilación del Derecho Civil Foral de Navarra o Fuero Nuevo. (Boletín Oficial de Navarra de 16-04-2019).

LEY 297

Clases

a) Albaceas singulares. Los albaceas singulares designados únicamente para actos o fines concretos y determinados tendrán solo las facultades necesarias para el cumplimiento de la misión encomendada.

b) Albaceas universales. Los albaceas universales nombrados en términos generales, con o sin indicación de algunos fines determinados, además de las facultades expresamente concedidas por el causante, y salvo que este hubiere dispuesto otra cosa, tendrán también las siguientes funciones:

1. Tomar posesión de la herencia y administrar los bienes hereditarios, formar inventario, cobrar créditos y pagar deudas.

2. Representar a la herencia, así judicial como extrajudicialmente, y nombrar procuradores para el ejercicio de las acciones pertinentes.

3. Hacer las declaraciones necesarias para liquidación de toda clase de impuestos, pagar estos e interponer los recursos que procedan.

4. Interpretar el testamento y demás actos de última voluntad ordenados por el causante.

5. Solicitar la adveración y protocolización de testamentos ológrafos y demás que así lo requieran y de las memorias testamentarias.

6. Sostener en juicio la validez del testamento y demás actos que contengan la última voluntad del causante.

7. Disponer y pagar todo lo referente al sepelio, conforme a lo ordenado por el causante o, en su defecto, según las circunstancias del mismo y el uso del lugar.

8. Entregar legados de dinero o de otros bienes.

9. Enajenar bienes muebles de cualquier clase para pagar gastos, deudas, cargas y legados de dinero, si no lo hubiere suficiente en la herencia y siempre que los herederos no lo aportasen en la medida necesaria.

10. En general, ejecutar la última voluntad del causante, cumpliéndola y exigiendo su cumplimiento.

Modificada por Ley Foral 21/2019, de 4 de abril, de modificación y actualización de la Compilación del Derecho Civil Foral de Navarra o Fuero Nuevo. (Boletín Oficial de Navarra de 16-04-2019).

LEY 298

Plazo

Los albaceas ejercerán sus funciones dentro del tiempo concedido por el causante, quien podrá prorrogarlo sin limitación.

Si el testador no hubiese señalado plazo inicial o de prórroga, se entenderá el mismo, tanto en uno como en otro caso, por un año, que se computará desde su aceptación o, en su caso, desde la finalización de los litigios sobre la validez del testamento o disposición.

Si, transcurrida esta prórroga, no se hubiere cumplido todavía la voluntad del testador, podrá el Letrado de la Administración de Justicia o el Notario conceder otra por el tiempo que fuere necesario, atendidas las circunstancias del caso.

Los herederos y legatarios podrán, de común acuerdo, prorrogar el plazo del albaceazgo por el tiempo que crean necesario. Si el acuerdo fuere solo por mayoría, la prórroga no podrá exceder de un año.

En el testamento de hermandad, el plazo señalado al albacea común a los testadores se contará, en cuanto a cada sucesión, a partir de la fecha de su aceptación tras el fallecimiento del respectivo causante.

Retribución

Para la retribución de los albaceas, cuando el causante no haya dispuesto otra cosa, se estará a la costumbre del lugar o, en su defecto, a lo que fuere equitativo.

Modificada por Ley Foral 21/2019, de 4 de abril, de modificación y actualización de la Compilación del Derecho Civil Foral de Navarra o Fuero Nuevo. (Boletín Oficial de Navarra de 16-04-2019).

LEY 299

Notificación de mandas benéficas

El albacea, dentro del plazo de dos meses a contar de la aceptación del cargo, deberá notificar las mandas pías o benéficas contenidas en la última voluntad a las personas o entidades interesadas o a las encargadas del cumplimiento. La misma obligación tendrá el Notario que autorice las escrituras de aceptación o partición de herencia, dentro de los dos meses siguientes a la autorización.

TÍTULO XIV
De la sucesión legal

CAPÍTULO I
Disposiciones comunes

LEY 300

Concepto

La sucesión legal tiene lugar siempre que no se haya dispuesto válidamente de toda la herencia o parte de ella por testamento, por pacto sucesorio o por cualquier otro modo de deferirse la sucesión conforme a esta Compilación. No tendrá lugar la apertura de la sucesión legal en el supuesto de la Ley doscientos dieciséis.

LEY 301

Personas excluidas

Quedan excluidas de la sucesión legal las personas que hubieren renunciado a su derecho, tanto en vida del causante como después de la muerte de éste.

Modificada por Ley Foral 5/1987, de 1 de abril, por la que se modifica la Compilación de Derecho Civil Foral o Fuero Nuevo de Navarra. (Boletín Oficial de Navarra de 06-04-1987).

LEY 302

Reversión

Para los bienes sujetos a reversión se aplicarán, en sus respectivos casos, las disposiciones de las leyes 124, 138 apartado c) y 279.

Modificada por Ley Foral 21/2019, de 4 de abril, de modificación y actualización de la Compilación del Derecho Civil Foral de Navarra o Fuero Nuevo. (Boletín Oficial de Navarra de 16-04-2019).

LEY 303

Reserva

Para los bienes sujetos a reserva se aplicarán, en sus respectivos casos, las disposiciones de las leyes 273 a 278.

Modificada por Ley Foral 21/2019, de 4 de abril, de modificación y actualización de la Compilación del Derecho Civil Foral de Navarra o Fuero Nuevo. (Boletín Oficial de Navarra de 16-04-2019).

CAPÍTULO II
De la sucesión en bienes no troncales

LEY 304

Orden de suceder

La sucesión legal en bienes no troncales se deferirá por el siguiente orden de llamamientos, cada uno de los cuales será en defecto de todos los anteriores y excluirá a todos los posteriores:

1. Los hijos, con derecho de representación en favor de sus respectivos descendientes.
2. El cónyuge no excluido del usufructo de viudedad conforme a la ley 254.
3. Los ascendientes de grado más próximo. Si fuesen de distintas líneas, la herencia se dividirá por mitad entre ambas, y dentro de cada línea, por partes iguales.
4. Los hermanos tanto de doble vínculo como sencillo, por partes iguales, y los descendientes de los premuertos, por representación.
5. Los colaterales no comprendidos en el número anterior hasta el cuarto grado, sin distinción de líneas, excluyendo los de grado más próximo a los de más remoto, sin representación y siempre por partes iguales.
6. En defecto de los parientes comprendidos en los números anteriores, sucederá la Comunidad Foral de Navarra, la cual, tras proceder a la liquidación de los bienes y derechos de la herencia, la destinará a fines de interés social, incrementando la dotación presupuestaria que para estos fines se prevea en los Presupuestos Generales de Navarra.

Modificada por Ley Foral 21/2019, de 4 de abril, de modificación y actualización de la Compilación del Derecho Civil Foral de Navarra o Fuero Nuevo. (Boletín Oficial de Navarra de 16-04-2019).

CAPÍTULO III
De la sucesión en bienes troncales

LEY 305

Cuándo tiene lugar

La sucesión en bienes troncales tendrá lugar cuando el causante que no haya dispuesto de tales bienes fallezca sin descendientes que le hereden, conforme al número uno de la Ley trescientos cuatro.

LEY 306

Bienes troncales

Son bienes troncales los inmuebles que el causante hubiere adquirido a título lucrativo de sus parientes hasta el cuarto grado o por permuta de otros bienes troncales.

Conservarán tal carácter los inmuebles adquiridos por retracto gentilicio.

Modificada por Ley Foral 21/2019, de 4 de abril, de modificación y actualización de la Compilación del Derecho Civil Foral de Navarra o Fuero Nuevo. (Boletín Oficial de Navarra de 16-04-2019).

LEY 307

Parientes troncales

Son llamados a suceder en los bienes troncales los parientes del causante que pertenezcan a la familia de la que procedan los bienes, conforme al orden siguiente:

1. El ascendiente de grado más próximo.
2. Los hermanos tanto de doble vínculo como sencillo, con derecho de representación a favor de sus respectivos descendientes.
3. Los otros parientes colaterales hasta el cuarto grado, excluyendo los de grado más próximo a los del más remoto, sin representación y siempre por partes iguales; pero si concurrieren con ascendientes no troncales del causante, estos tendrán, aunque contrajeren o constituyeren nuevo matrimonio o pareja estable, el usufructo vitalicio de los bienes troncales.

En defecto de estos parientes, la sucesión se deferirá conforme a la ley 304.

Modificada por Ley Foral 21/2019, de 4 de abril, de modificación y actualización de la Compilación del Derecho Civil Foral de Navarra o Fuero Nuevo. (Boletín Oficial de Navarra de 16-04-2019).

TÍTULO XV
Del derecho de representación

LEY 308

Concepto

Derecho de representación es el de subrogarse en lugar de un ascendiente que hubiera sido llamado a adquirir una herencia u otra liberalidad mortis causa y que no pudo hacerlo por premoriencia o incapacidad.

Modificada por Ley Foral 5/1987, de 1 de abril, por la que se modifica la Compilación de Derecho Civil Foral o Fuero Nuevo de Navarra. (Boletín Oficial de Navarra de 06-04-1987).

LEY 309

Cuándo procede

El derecho de representación se dará siempre que lo hubiere establecido el causante, quien podrá también excluirlo en cualquier caso.

La desheredación por un ascendiente no excluirá el derecho de representación de los descendientes del desheredado, a no ser que aquel disponga otra cosa.

A falta de disposición del causante, el derecho de representación se dará, tanto en la sucesión legal como en la voluntaria, a favor de sus descendientes sin limitación, y a favor de los descendientes de sus hermanos hasta el cuarto grado, a contar del propio causante.

Modificada por Ley Foral 21/2019, de 4 de abril, de modificación y actualización de la Compilación del Derecho Civil Foral de Navarra o Fuero Nuevo. (Boletín Oficial de Navarra de 16-04-2019).

LEY 310

Estirpes

El derecho de representación se dará siempre por estirpes aunque todos los que concurran sean del mismo grado. Dentro de cada estirpe, la distribución se hará por partes iguales entre los del mismo grado.

LEY 311

Acción de división

Cualquiera de los herederos podrá exigir en todo tiempo la división de la herencia, excepto en los casos siguientes:

1. Cuando el causante hubiere ordenado la indivisión, bien por todo el tiempo que dure el usufructo de fidelidad a favor del cónyuge viudo, bien por el tiempo que falte para que el heredero de menos edad tome estado o, aun sin contraerlo, llegue a los veinticinco años; bien, en cualquier otro caso, por un plazo máximo de diez años, a contar del fallecimiento.

2. Cuando los herederos lo acuerden por el tiempo y en cualquiera de los supuestos previstos en el número 1. Mediante nuevo acuerdo, estos plazos podrán prorrogarse por término que, cada vez, no sea superior a diez años.

Modificada por Ley Foral 5/1987, de 1 de abril, por la que se modifica la Compilación de Derecho Civil Foral o Fuero Nuevo de Navarra. (Boletín Oficial de Navarra de 06-04-1987).

TÍTULO XVI
Del derecho de acrecer

LEY 312

Cuándo procede

Dejando a salvo las sustituciones y el derecho de representación o la voluntad en contra del disponente, cuando alguno de los herederos no hubiere llegado a adquirir su cuota, acrecerá ésta a favor de los coherederos en proporción a la que cada uno hubiese adquirido. Cuando el disponente hubiere establecido por grupos los llamamientos, el derecho de acrecer se dará a favor de los coherederos del propio grupo, y sólo en defecto de éstos a favor de los demás.

El derecho de acrecer no puede ser renunciado separadamente de la herencia. El acrecimiento implica también la subrogación en las cargas impuestas sobre la cuota vacante, salvo aquellas que sólo hubieran podido ser cumplidas por el heredero que no llegó a adquirirla.

LEY 313 Entre colegatarios

Entre los colegatarios llamados conjuntamente a los mismos bienes el derecho de acrecer se dará del mismo modo que entre los coherederos.

LEY 314

En la sucesión legal

En la sucesión legal la cuota no adquirida por un coheredero acrecerá siempre a los otros coherederos, salvo el derecho de representación cuando deba tener lugar.

En la sucesión a favor de ascendientes se dará el derecho de acrecer entre los de la misma línea, y sólo en defecto de éstos en favor de los de la otra línea.

TÍTULO XVII
De la adquisición y de la renuncia de la herencia y de otras liberalidades

LEY 315

Aceptación y renuncia

La herencia se entiende adquirida por el heredero desde el fallecimiento del causante.

El heredero podrá renunciar la herencia mientras no la haya aceptado expresa o tácitamente; entre tanto, no se podrá ejercitar contra él ninguna acción sin previo requerimiento judicial o extrajudicial para que, dentro del plazo de treinta días, acepte o renuncie la herencia; el Juez, a instancia del heredero, podrá prorrogar el plazo a su prudente arbitrio. Transcurrido el plazo sin que el heredero renunciare, la herencia se entenderá adquirida definitivamente.

Los efectos de la renuncia se retrotraerán a la fecha del fallecimiento del causante.

La aceptación y la renuncia son irrevocables, habrán de referirse a la totalidad de la herencia, y no podrán hacerse a plazo ni condicionalmente.

LEY 316

Efectos de la renuncia

El que renuncie a una herencia deferida por voluntad del causante quedará excluido de la sucesión legal de éste.

El que renuncie a la sucesión legal renuncia también a la voluntaria, a no ser que ignorase el llamamiento.

LEY 317

Derecho de transmisión

El derecho del heredero a aceptar o renunciar la herencia se transmite a sus propios herederos, pero éstos no tendrán tal derecho si hubieren renunciado la herencia de su causante; si fueren varios, podrán ejercitar el derecho independientemente unos de otros.

LEY 318

Responsabilidad «intra vires»

El heredero responderá frente a los acreedores hereditarios y legatarios con el valor de los bienes de la herencia exclusivamente; pero si se excediere en el pago a los acreedores, estos no estarán obligados a restituir. Se considerarán también acreedores de la herencia los que lo sean por gastos de última enfermedad y sepelio.

Modificada por Ley Foral 21/2019, de 4 de abril, de modificación y actualización de la Compilación del Derecho Civil Foral de Navarra o Fuero Nuevo. (Boletín Oficial de Navarra de 16-04-2019).

LEY 319

Beneficio de separación

a) Quiénes pueden solicitarlo. Los acreedores hereditarios, dentro del plazo de seis meses, a contar de la fecha del fallecimiento del causante, podrán solicitar del juez la formación de inventario y la separación de los bienes de la herencia, con el fin de satisfacer con los mismos sus propios créditos, según su respectivo rango, excluyendo a los acreedores particulares del heredero hasta la total satisfacción de aquellos créditos. Hasta tal momento no se confundirán las deudas y créditos existentes entre el heredero y el causante, ni se extinguirán las correspondientes garantías.

Los legatarios tendrán ese mismo derecho para asegurar el cumplimiento de los legados con el remanente de la herencia después de quedar satisfechos aquellos acreedores.

b) Efectos. La separación de bienes hereditarios afectará a estos para el pago preferente a los acreedores y legatarios que la hubieran solicitado. El juez, en procedimiento de jurisdicción voluntaria, a petición de los interesados y con citación de los acreedores que fueran conocidos, señalará plazo para la formación de inventario y decretará las anotaciones y embargos preventivos, notificaciones y demás medidas de aseguramiento.

Una vez satisfechos los acreedores de la herencia y legatarios que hubieren solicitado la separación, serán pagados los acreedores y legatarios que no la hubieren solicitado, sin más preferencia entre ellos que la que les corresponda por la naturaleza de sus créditos o conforme a lo dispuesto en la Ley Hipotecaria.

Modificada por Ley Foral 21/2019, de 4 de abril, de modificación y actualización de la Compilación del Derecho Civil Foral de Navarra o Fuero Nuevo. (Boletín Oficial de Navarra de 16-04-2019).

LEY 320

Adquisición

a) Por pacto o donación «mortis causa». La adquisición de la herencia deferida por pacto sucesorio se regirá, de conformidad con lo dispuesto en la ley 178, por lo establecido en la ley 122 para las donaciones para la familia, y la de las donaciones «mortis causa», por lo dispuesto en la ley 168.

Modificada por Ley Foral 21/2019, de 4 de abril, de modificación y actualización de la Compilación del Derecho Civil Foral de Navarra o Fuero Nuevo. (Boletín Oficial de Navarra de 16-04-2019).

LEY 321

b) De legados. Los legados se adquirirán desde el momento de la muerte del causante y se les aplicará lo dispuesto en las leyes 315, 316 y 317 para la adquisición de la herencia.

Salvo que resulte otra la voluntad del testador, el legatario que sea a la vez heredero podrá aceptar la herencia y renunciar el legado, y aceptar este y renunciar aquella.

El legatario favorecido con varios legados podrá renunciar unos y aceptar otros, pero si alguna de las disposiciones fuere onerosa, la renuncia o aceptación deberá ser conjunta.

Modificada por Ley Foral 21/2019, de 4 de abril, de modificación y actualización de la Compilación del Derecho Civil Foral de Navarra o Fuero Nuevo. (Boletín Oficial de Navarra de 16-04-2019).

TÍTULO XVIII
De la acción de petición de herencia

LEY 322

Legitimación

El heredero tiene la acción de petición de herencia contra cualquier poseedor de bienes hereditarios o deudor de la herencia o persona que hubiere obtenido algún lucro de ella, siempre que le niegue la cualidad de heredero al demandante.

LEY 323

Venta de bienes hereditarios por el poseedor

Cuando el demandado hubiere enajenado bienes de la herencia, deberá restituir lo obtenido por ellos a no ser que los enajenare de mala fe, en cuyo caso responderá de todos los perjuicios que ocasionó. En cuanto a los frutos y mejoras se aplicará la Ley trescientos sesenta y dos.

LEY 324

Prescripción

La acción de petición de herencia sólo prescribe a consecuencia de la usucapión con la que resulte incompatible.

Modificada por Ley Foral 21/2019, de 4 de abril, de modificación y actualización de la Compilación del Derecho Civil Foral de Navarra o Fuero Nuevo. (Boletín Oficial de Navarra de 16-04-2019).

TÍTULO XIX
De la cesión de herencia

LEY 325

Efectos

La cesión de la herencia no confiere al cesionario la cualidad de heredero. El cedente y el cesionario responderán solidariamente de las cargas hereditarias, sin perjuicio del derecho de reembolso en favor del primero.

LEY 326

Acciones

El cesionario podrá ejercitar por sí mismo todas las acciones de la herencia cedida, incluso la de petición de herencia.

En la partición deberá concurrir también el cedente, por sí o por representación, salvo en supuestos de imposibilidad, ausencia o negativa injustificada declarada judicialmente.

Modificada por Ley Foral 21/2019, de 4 de abril, de modificación y actualización de la Compilación del Derecho Civil Foral de Navarra o Fuero Nuevo. (Boletín Oficial de Navarra de 16-04-2019).

LEY 327

Forma

Será nula la cesión de la herencia que no se haga por escritura pública.

LEY 328

Contenido

Salvo pacto en contrario:

1. La herencia se entiende cedida en el estado en que se hallaba en el momento de la cesión.

2. Se comprenderán en la cesión el dinero o los bienes que sustituyeron por subrogación a los que el cedente hubiere enajenado y los frutos percibidos; asimismo, los incrementos por derecho de acrecer.

3. El cedente responderá de toda disminución de la herencia que se deba a su propio dolo.

4. El cedente podrá exigir del cesionario el reembolso de las impensas y gastos necesarios en razón de los bienes de la herencia siempre y cuando fueran conocidos por el cesionario en el momento de la cesión.

5. El cedente a título oneroso responderá frente al cesionario solamente de su titularidad, y no estará obligado a responder por evicción de los bienes hereditarios; sin embargo, deberá realizar todos los actos necesarios para hacer plenamente eficaz la transmisión de cada uno de los bienes comprendidos en la herencia.

6. El cedente a título lucrativo, cuando se trate de donación con carga o remuneratoria, sólo responderá de su titularidad hasta el valor de la carga impuesta o del servicio remunerado.

Modificada por Ley Foral 21/2019, de 4 de abril, de modificación y actualización de la Compilación del Derecho Civil Foral de Navarra o Fuero Nuevo. (Boletín Oficial de Navarra de 16-04-2019).

LEY 329

Retracto

En la herencia indivisa, si un heredero cediere su derecho por precio a persona distinta de los otros coherederos o legatarios de parte alícuota, tendrán aquellos el mismo derecho de retracto que concede la ley 372.

Si los herederos no lo ejercitaran, podrán hacerlo los legatarios de parte alícuota.

Modificada por Ley Foral 21/2019, de 4 de abril, de modificación y actualización de la Compilación del Derecho Civil Foral de Navarra o Fuero Nuevo. (Boletín Oficial de Navarra de 16-04-2019).

LEY 330

Legatario de parte alícuota

Cuando ceda su cuota un legatario de parte alícuota que, con arreglo a la ley 219, no tenga la condición de heredero:

1. Será aplicable a esta cesión lo dispuesto en la ley 328.
2. Podrá pedir la partición y deberá concurrir a la misma en los mismos términos y con las mismas excepciones que para el heredero cedente señala la ley 326.
3. El colegatario llamado conjuntamente con el cedente tendrá derecho de retracto, y, en su defecto, podrán ejercitar este derecho los herederos conforme a lo dispuesto en la ley 329.

Modificada por Ley Foral 21/2019, de 4 de abril, de modificación y actualización de la Compilación del Derecho Civil Foral de Navarra o Fuero Nuevo. (Boletín Oficial de Navarra de 16-04-2019).

TÍTULO XX
De la partición de herencia

CAPÍTULO I
Disposiciones generales

LEY 331

Acción de división

Cualquiera de los herederos podrá exigir en todo tiempo la división de la herencia, excepto en los casos siguientes:

1. Cuando el causante hubiere ordenado la indivisión, bien por todo el tiempo que dure el usufructo de viudedad, bien por el tiempo que falte para que el heredero de menos edad alcance la mayoría o la emancipación; bien, en cualquier otro caso, por un plazo máximo de diez años, a contar del fallecimiento.
2. Cuando los herederos lo acuerden por el tiempo y en cualquiera de los supuestos previstos en el número 1. Mediante nuevo acuerdo, estos plazos podrán prorrogarse por término que, cada vez, no sea superior a diez años.

Ello no obstante, en ambos casos, el juez podrá declarar fundada la falta de utilidad de la indivisión a petición de cualquiera de los legitimados para pedir la división.

Modificada por Ley Foral 21/2019, de 4 de abril, de modificación y actualización de la Compilación del Derecho Civil Foral de Navarra o Fuero Nuevo. (Boletín Oficial de Navarra de 16-04-2019).

LEY 332

Colación

La obligación de colacionar no se presume.

Sólo tendrá lugar la colación cuando expresamente se hubiera establecido, o cuando, tratándose de coherederos descendientes, se deduzca claramente de la voluntad del causante. En todo caso, esta voluntad deberá constar en el mismo acto de la liberalidad o en otro acto distinto cuyos efectos hayan sido aceptados por el que recibió aquella liberalidad.

Aunque la liberalidad se hubiera hecho con obligación de colacionar, el causante podrá dispensar de dicha obligación en un acto posterior ínter vivos o mortis causa.

LEY 333

Liberalidades no colacionables

Cuando el causante hubiera dispuesto la colación de las liberalidades hechas por él, no se entenderán comprendidos, salvo que expresamente así lo declare, los gastos de alimentos, vestidos y asistencia de enfermedades, los regalos módicos según costumbre y los gastos de educación, aprendizaje o carrera.

LEY 334

Colación y representación

En los casos de representación sucesoria, cuando proceda la colación, ésta comprenderá lo recibido por el representado, y lo que el representante a su vez hubiera recibido después de la muerte de aquél.

LEY 335

Modos de colacionar

La colación se realizará, a elección del obligado, bien mediante aportación efectiva de los bienes objeto de la liberalidad, bien computando el valor que en el momento de la muerte del causante tengan aquellos bienes o hubieran tenido los anteriormente enajenados.

Cuando se colacionen los mismos bienes, se deberán también los frutos producidos desde la muerte del causante. Si se computa el valor, se deberán los intereses legales del mismo a partir de aquel momento.

En cuanto a mejoras, se aplicará lo establecido en la ley trescientos sesenta y dos para el poseedor de buena fe.

El obligado a colacionar no responderá de las pérdidas y menoscabos de los bienes, sino cuando haya obrado con dolo.

LEY 336

Rescisión de la partición

La partición podrá ser rescindida por lesión en más de la mitad del justo precio del valor de las cosas al tiempo en el que fueron adjudicadas. Será aplicable a la acción para pedir la rescisión lo dispuesto en la ley 31.

Modificada por Ley Foral 21/2019, de 4 de abril, de modificación y actualización de la Compilación del Derecho Civil Foral de Navarra o Fuero Nuevo. (Boletín Oficial de Navarra de 16-04-2019).

LEY 337

Legatario de parte alícuota

A los efectos de la partición, el legatario de parte alícuota se considerará como heredero.

CAPÍTULO II
Partición por el causante

LEY 338

Formas

El causante podrá hacer la partición de sus bienes en el mismo acto de disposición mortis causa o en acto separado que revista una de las formas que esta Compilación admite para disponer por causa de muerte.

Si la partición se hiciere en el mismo acto de disposición, y resultare alguna contradicción entre las cláusulas dispositivas y las particionales, prevalecerán éstas sobre aquéllas en la medida de la contradicción.

Si se hiciere en acto separado, las cláusulas particionales no podrán modificar las contenidas en el acto dispositivo, a menos que éste fuera revocable y pudiera ser revocado mediante la forma adoptada para el acto de partición.

LEY 339

Contador-partidor nombrado por el causante

El causante, en cualquier acto «mortis causa», podrá nombrar uno o varios contadores-partidores, quienes, salvo lo que aquel hubiese establecido, tendrán facultades para realizar por sí solos la partición de la herencia, liquidar, en su caso, con el cónyuge viudo la sociedad conyugal y todas las demás necesarias para la partición de los bienes del causante o para intervenir en la división de bienes a los que aquel tuviere derecho.

El testador podrá facultar al contador-partidor para que, sin necesidad de intervención ni aprobación judicial de la partición, pueda adjudicar todo o parte de los bienes hereditarios a alguno o algunos de los herederos y disponer que la cuota de los restantes sea pagada o completada en dinero.

Modificada por Ley Foral 21/2019, de 4 de abril, de modificación y actualización de la Compilación del Derecho Civil Foral de Navarra o Fuero Nuevo. (Boletín Oficial de Navarra de 16-04-2019).

CAPÍTULO III
Partición por contador partidor

LEY 340

Contador dativo

En defecto de partición hecha por el causante, si tampoco este hubiera nombrado contador-partidor o si el cargo hubiese quedado vacante, así como en los supuestos en que opere la sucesión legal, los herederos y legatarios que sumen al menos la mitad de caudal hereditario líquido podrán acudir al juez para que designe contador que practique la partición, la cual requerirá aprobación judicial, salvo que fuere ratificada por todos los herederos y legatarios.

Lo dispuesto en el párrafo anterior se entiende sin perjuicio de la posibilidad de tales herederos y legatarios de acudir al notario para obtener la designación conforme a lo dispuesto en la legislación notarial.

Modificada por Ley Foral 21/2019, de 4 de abril, de modificación y actualización de la Compilación del Derecho Civil Foral de Navarra o Fuero Nuevo. (Boletín Oficial de Navarra de 16-04-2019).

LEY 341

Incapacidades

No pueden ser contadores-partidores el heredero, el legatario de parte alícuota ni el cónyuge viudo o miembro sobreviviente de la pareja estable.

Modificada por Ley Foral 21/2019, de 4 de abril, de modificación y actualización de la Compilación del Derecho Civil Foral de Navarra o Fuero Nuevo. (Boletín Oficial de Navarra de 16-04-2019).

LEY 342

Inventario

Si alguno de los herederos fuera menor de edad no emancipado o persona a cuyo favor se hayan establecido medidas de apoyo para el ejercicio de su capacidad o hubiera sido declarado ausente, el contador-partidor, salvo dispensa del causante, deberá inventariar los bienes de la herencia con citación de los herederos, acreedores y legatarios.

Modificada por Ley Foral 31/2022, de 28 de noviembre, de atención a las personas con discapacidad en Navarra y garantía de sus derechos. (Boletín Oficial de Navarra de 15-12-2022).

Anteriormente modificada por Ley Foral 21/2019, de 4 de abril, de modificación y actualización de la Compilación del Derecho Civil Foral de Navarra o Fuero Nuevo. (Boletín Oficial de Navarra de 16-04-2019).

LEY 343

Plazo y retribución

En cuanto al plazo del cumplimiento de su función, retribución de los contadores-partidores y obligación de notificar mandas pías o benéficas, se estará a lo dispuesto en las leyes 298 y 299, respectivamente.

Modificada por Ley Foral 21/2019, de 4 de abril, de modificación y actualización de la Compilación del Derecho Civil Foral de Navarra o Fuero Nuevo. (Boletín Oficial de Navarra de 16-04-2019).

LEY 344

Exclusión del contador

Si el causante no hubiere establecido otra cosa, los herederos podrán proceder a la partición por acuerdo unánime prescindiendo del contador-partidor.

Contador dativo

En defecto de partición hecha por el causante, si tampoco éste hubiera nombrado contador-partidor o si el cargo hubiese quedado variante, los herederos y legatarios que sumen al menos dos tercios de caudal hereditario líquido podrán acudir al Juez para que designe contador que practique la partición, la cual requerirá aprobación judicial, salvo que fuere ratificada por todos los herederos y legatarios.

Modificada por Ley Foral 5/1987, de 1 de abril, por la que se modifica la Compilación de Derecho Civil Foral o Fuero Nuevo de Navarra. (Boletín Oficial de Navarra de 06-04-1987).

CAPÍTULO IV
Partición por los herederos

LEY 345

Modos de hacerla

A falta de partición realizada en cualquiera de las formas previstas en el capítulo III, los herederos, por acuerdo unánime, podrán distribuir la herencia de la manera que tengan por conveniente.

La partición así realizada será válida y plenamente eficaz sin necesidad de intervención ni de aprobación judicial, cuando los herederos menores no emancipados se hallaren legalmente representados en esta y cuando actúe la persona designada en las medidas establecidas o existentes para el apoyo de la capacidad jurídica de los herederos.

Si no hubiere acuerdo entre los herederos, quedará a salvo el derecho de cualquiera de estos para ejercitarlo en la forma prevenida en la Ley de Enjuiciamiento Civil, sin perjuicio del sometimiento de sus discrepancias a mediación o decisión arbitral.

Modificada por Ley Foral 31/2022, de 28 de noviembre, de atención a las personas con discapacidad en Navarra y garantía de sus derechos. (Boletín Oficial de Navarra de 15-12-2022).

Anteriormente modificada por Ley Foral 21/2019, de 4 de abril, de modificación y actualización de la Compilación del Derecho Civil Foral de Navarra o Fuero Nuevo. (Boletín Oficial de Navarra de 16-04-2019).

LIBRO III
De los bienes

TÍTULO I
De la propiedad y posesión de las cosas

CAPÍTULO I
Principios generales

LEY 346

Propiedad privada y pública

Son bienes de propiedad privada los que se hallan en el patrimonio de las personas particulares, individuales o jurídicas.

Son bienes públicos los pertenecientes a las Administraciones Públicas con carácter demanial, incluidos en ellos los comunales, así como los que pertenezcan al común de vecinos.

Son bienes patrimoniales o «de propios» los pertenecientes a las Administraciones Públicas que no tengan el carácter de bienes de dominio público o comunales.

Modificada por Ley Foral 21/2019, de 4 de abril, de modificación y actualización de la Compilación del Derecho Civil Foral de Navarra o Fuero Nuevo. (Boletín Oficial de Navarra de 16-04-2019).

LEY 347

Inmuebles y muebles

Son bienes inmuebles las fincas y los derechos sobre las mismas, así como, salvo prueba en contrario, todo lo que a ellas se halla inseparablemente unido y los accesorios que se destinan a su servicio. Todas las otras cosas son bienes muebles. Los frutos se consideran bienes muebles desde que sean aparentes conforme a la ley trescientos cincuenta y cuatro.

LEY 348

Cerramiento de fincas

Todo propietario tiene derecho a cercar sus fincas, pero deberá respetar el ejercicio de los derechos reales que existan sobre ellas.

Se entenderá por finca cerrada la cercada por tapia o pared, alambrada, seto vivo o seto con palos, o de cualquier otro modo, dejando puerta, «langa», «keleta» o «kereta», conforme al uso o costumbre del lugar.

Cuando se restablezca el cercado se observará lo dispuesto en la ley 368.

Modificada por Ley Foral 21/2019, de 4 de abril, de modificación y actualización de la Compilación del Derecho Civil Foral de Navarra o Fuero Nuevo. (Boletín Oficial de Navarra de 16-04-2019).

LEY 349

Deslinde

El propietario de un inmueble y todo otro titular de un derecho real sobre el mismo puede solicitar judicialmente el deslinde y amojonamiento de su finca. Los límites aparentes de una finca que hayan permanecido indiscutidos durante el plazo y en las condiciones establecidas para la prescripción ordinaria no podrán ser revisados a estos efectos.

Modificada por Ley Foral 21/2019, de 4 de abril, de modificación y actualización de la Compilación del Derecho Civil Foral de Navarra o Fuero Nuevo. (Boletín Oficial de Navarra de 16-04-2019).

LEY 350

Denuncia de obra nueva

Si un propietario denuncia la obra nueva de otro vecino como contraria a su derecho, se podrá proseguir la construcción dando garantía de la eventual demolición o indemnización si procediere; en otro caso, se estará a lo dispuesto en la Ley de Enjuiciamiento Civil para el ejercicio de la acción sumaria de suspensión de la obra.

Modificada por Ley Foral 21/2019, de 4 de abril, de modificación y actualización de la Compilación del Derecho Civil Foral de Navarra o Fuero Nuevo. (Boletín Oficial de Navarra de 16-04-2019).

LEY 351

Perjuicios provenientes de finca vecina

El poseedor de un inmueble no podrá alterar, en perjuicio de su vecino, la forma y curso actual de las aguas sobre su finca.

Cuando de algún modo pueda temerse en una finca cualquier daño proveniente de otra vecina y siempre que por parte de la Administración no se hayan ordenado las medidas de prevención para evitarlo, el propietario que tema resultar perjudicado puede exigir, indistinta o conjuntamente, del poseedor de la otra finca una garantía de indemnidad y de la Administración competente la adopción de medidas preventivas.

Modificada por Ley Foral 21/2019, de 4 de abril, de modificación y actualización de la Compilación del Derecho Civil Foral de Navarra o Fuero Nuevo. (Boletín Oficial de Navarra de 16-04-2019).

LEY 352

Cosas fungibles

Las cosas se determinan por su individualidad específica o por la cantidad del género a que pertenecen; estas últimas se llaman cosas fungibles.

Cosas consumibles

Son consumibles aquellas cosas de las que no se puede hacer uso apropiado sin consumirlas de hecho o perder su propiedad.

LEY 353

Frutos

a) En general.- Los frutos pertenecen al propietario de la cosa principal. Cuando otra persona distinta del propietario tiene derecho a los frutos, adquiere los naturales por su percepción, salvo lo dispuesto en la Ley siguiente; y los que consisten en una cantidad de dinero, día a día. Cuando los frutos se perciban por mediación de un aparcero, se observará lo dispuesto para los frutos naturales.

El poseedor de buena fe debe restituir al propietario los frutos por él percibidos pero no consumidos.

LEY 354

b) En heredades. Cuando el propietario u otra persona que tenga derecho a los frutos deba cesar en la posesión de la heredad que lo produce, le corresponderán estos como aparentes, conforme a las reglas siguientes:

1. Si la heredad es de tierra blanca o destinada al cultivo de cereales, si cesare en la posesión después del día 25 de marzo.

2. Si se trata de viñas u olivares, si cesare en la posesión después del día 24 de junio.

3. En todo otro tipo de cultivo, si cesare en la posesión después de que los frutos se consideren aparentes según los usos del lugar.

Cuando los frutos pertenecieren al poseedor entrante, deberá este abonar al saliente los gastos correspondientes al cultivo y labores.

Modificada por Ley Foral 21/2019, de 4 de abril, de modificación y actualización de la Compilación del Derecho Civil Foral de Navarra o Fuero Nuevo. (Boletín Oficial de Navarra de 16-04-2019).

LEY 355

Adquisición de la propiedad

La propiedad de las cosas se adquiere por acto de disposición mortis causa o por la entrega de las mismas hecha por su propietario en virtud de un convenio que justifique la transmisión. También puede adquirirse por la usucapión o prescripción adquisitiva, por hacerse una cosa accesoria de otra principal y por disposición de la Ley.

LEY 356

Usucapión

a) Plazos. La usucapión de los bienes muebles es de tres años. La de los inmuebles es de veinte años.

Modificada por Ley Foral 21/2019, de 4 de abril, de modificación y actualización de la Compilación del Derecho Civil Foral de Navarra o Fuero Nuevo. (Boletín Oficial de Navarra de 16-04-2019).

LEY 357

b) Requisitos. Para adquirir la propiedad por usucapión se requiere que el adquirente posea como propietario con justa causa y buena fe. Probada la causa justificativa de su posesión se presume que posee de buena fe, y no se admite la prueba de haberla perdido después de iniciada la posesión. Se entiende por buena fe la creencia de poder poseer como titular del derecho.

Prescripción extraordinaria

Cuando no pueda probarse la justa causa, la propiedad se adquirirá por la pacífica posesión como propietario durante treinta años.

Renuncia

En cualquier caso, siempre podrá renunciarse a la prescripción consumada.

Modificada por Ley Foral 21/2019, de 4 de abril, de modificación y actualización de la Compilación del Derecho Civil Foral de Navarra o Fuero Nuevo. (Boletín Oficial de Navarra de 16-04-2019).

LEY 358

Bienes de entidades públicas

No se requiere transcurso de tiempo para la adquisición de las cosas recibidas de instituciones del Estado o de Entidades públicas.

LEY 359

Interrupción

La usucapión se interrumpe por la pérdida de la posesión, por la reclamación judicial, por la oposición judicial a la usucapión en curso, por la presentación de una solicitud de conciliación, por el inicio del procedimiento arbitral, por reclamación extrajudicial y por el reconocimiento por el poseedor del derecho del dueño.

Modificada por Ley Foral 21/2019, de 4 de abril, de modificación y actualización de la Compilación del Derecho Civil Foral de Navarra o Fuero Nuevo. (Boletín Oficial de Navarra de 16-04-2019).

LEY 360

Apariencia de derecho

Quien por sí o por mediación de otros ejercita sin contradicción un derecho que aparentemente tiene, se presume que es titular del mismo en tanto no se pruebe lo contrario.

Libros de abolengo

Los «libros de abolengo» constituirán prueba de la titularidad dominical originaria de la finca.

LEY 361

Sucesión en la posesión

El heredero tan sólo es poseedor de los bienes hereditarios desde que se hace cargo de ellos, pero el tiempo que poseyó el causante le aprovecha a efectos de la usucapión. También aprovecha al adquirente a título singular el tiempo que poseyó el causante. En todo caso, los requisitos de la posesión, necesarios para la usucapión de que se trate, habrán de concurrir en el causante y en el causahabiente.

LEY 362

Posesión de buena fe

El poseedor de buena fe que deba restituir la cosa poseída tiene derecho a retenerla para exigir el abono de los gastos necesarios y mejoras útiles que hizo en la cosa y no puedan estimarse compensados con los frutos que percibió. Respecto a las mejoras de puro embellecimiento o suntuarias que haya introducido en la cosa, sólo tendrá derecho a retirar aquellas que puedan ser separadas sin deterioro de la cosa principal.

Posesión de mala fe

El poseedor de mala fe, siempre que no haya poseído por sustracción de la cosa, podrá reclamar los gastos necesarios y retirar del mismo modo los útiles o suntuarios.

LEY 363

Representación del poseedor

La posesión se puede adquirir y retener por mediación de otra persona que ejerce el poder sobre la cosa como representante. Este no puede empezar a poseer personalmente como propietario sin especial permiso del poseedor.

LEY 364

Pérdida de la posesión

Se pierde la posesión cuando se transfiere, abandona o de cualquier modo cesa el ejercicio efectivo del derecho en beneficio de otra persona. Cuando se pierda la tenencia de un inmueble, la posesión se considerará perdida al año y día de la tenencia efectiva por otra persona.

CAPÍTULO II
De las limitaciones de la propiedad

LEY 365

Clases

Las limitaciones de la propiedad son impuestas por la Ley o de carácter voluntario, como las servidumbres u otros derechos reales constituidos sobre cosa ajena.

LEY 366

Cosas litigiosas

No se puede vender, donar ni en general disponer de las cosas litigiosas, en tanto no se declare quién tiene derecho a hacerlo, a no ser que se haga bajo condición suspensiva de confirmarse la propiedad del disponente.

LEY 367

Limitaciones en inmuebles

a) Principio general. Los propietarios u otros usuarios de inmuebles no pueden causar riesgo a sus vecinos ni más incomodidad que la que pueda resultar del uso razonable de su derecho, habida cuenta de las necesidades de cada finca, el uso del lugar y la equidad.

b) Árboles. Cuando las raíces de un árbol se introduzcan en la tierra de una finca vecina, el propietario de esta podrá proceder directamente a la corta de aquellas raíces en la medida en que excedan del límite. Si la introducción es de las ramas, el propietario del árbol deberá talarlas, a no ser que el propietario de la finca perjudicada prefiera talarlas directamente, en cuyo caso entregará los frutos al propietario y será reintegrado de los gastos derivados de la tala, o indemnizarse con la mitad de los frutos producidos por aquellas ramas.

c) Eras. El propietario de una era puede impedir que se levanten edificaciones en las fincas colindantes, siempre que pruebe que perjudican su labor y que se halla en el uso efectivo de la era.

> *Modificada por Ley Foral 21/2019, de 4 de abril, de modificación y actualización de la Compilación del Derecho Civil Foral de Navarra o Fuero Nuevo. (Boletín Oficial de Navarra de 16-04-2019).*

LEY 368

Reconstrucción de cerramientos

El propietario que quisiere rehacer o mejorar los cerramientos de su finca, podrá ocupar de la colindante la mitad del terreno necesario; pero si antes no hubieran existido cerramientos, el que los levantare deberá hacerlo sólo en su terreno, salvo que el colindante quisiere ceder la parte necesaria del suyo.

LEY 369

Colmenas

No se pueden instalar nuevas colmenas, «vasos de ventura» o artificios propios para captar enjambres, sino a la distancia de doscientos treinta y cinco metros, al menos, respecto a otra colmena ocupada o a finca habitada.

TÍTULO II
De las comunidades de bienes y derechos

CAPÍTULO I
Principios generales

LEY 370

Constitución

Las comunidades se constituyen:

Uno. Cuando dos o más personas adquieren conjuntamente unos bienes o derechos por cualquier título voluntario o legal.

Dos. Cuando el propietario único de una cosa o el titular de un derecho enajena una cuota indivisa.

Tres. Cuando dos o más personas ponen en común determinados bienes de su respectiva propiedad para su atribución conjunta a todos ellos mediante la asignación de cuotas indivisas. Si se pusieren en común fincas colindantes, podrán ser agrupadas para constituir una sola, que corresponderá a los comuneros por cuotas indivisas en proporción a sus respectivas aportaciones.

LEY 371

Régimen

Las comunidades de bienes o derechos se rigen por el título de constitución y, en su defecto, por los usos y costumbres y por las disposiciones del presente título.

Supletoriedad de la comunidad pro indiviso

Las comunidades especiales y las «corralizas» se regirán, respectivamente, por las disposiciones de los capítulos III y IV y, supletoriamente, por las del capítulo II de este título.

Modificada por Ley Foral 21/2019, de 4 de abril, de modificación y actualización de la Compilación del Derecho Civil Foral de Navarra o Fuero Nuevo. (Boletín Oficial de Navarra de 16-04-2019).

CAPÍTULO II
De la comunidad proindiviso

LEY 372

Actos de disposición

En la propiedad proindiviso, cada titular puede disponer de su propia cuota, quedando a salvo el derecho de retracto de los otros copropietarios conforme a lo dispuesto en el Código Civil.

Para que se pueda constituir una servidumbre u otro derecho indivisible, se requerirá la disposición unánime de todos los condueños, pero la constitución parcial obliga al que la hace a tolerar el ejercicio de hecho del derecho que quiso constituir. En este caso, el adquirente que no consiga la constitución por parte de los otros copropietarios podrá pedir la resolución del contrato. Si el copropietario constituyente llegare a ser propietario de la cosa entera, o de la parte realmente gravada por aquel derecho, el adquirente del mismo podrá exigir la constitución total, mediante complemento del precio, si procede.

Actos de uso o administración

En los actos de simple uso, administración o modificación material de la cosa común, cada titular puede oponerse judicialmente al otro que intenta realizarlos, y toda gestión ya realizada quedará sin efecto en la medida en que resulte perjudicial a los intereses de la comunidad según arbitrio del Juez.

LEY 373

Convenios

Los titulares pueden modificar el régimen de la comunidad mediante convenio, que valdrá entre ellos como contrato de sociedad. A falta de pacto, las cuotas se presumirán iguales, tanto para las cargas como para los provechos de la comunidad.

LEY 374

Divisibilidad

La comunidad pro indiviso es en cualquier momento divisible a petición de uno o más titulares. Sin embargo, cuando se solicite la división contra la buena fe que se debe al acuerdo comunitario, expreso o tácito, habrá obligación de indemnizar el daño causado.

El pacto de renuncia temporal a la acción divisoria es válido y obliga no solo a los copropietarios, sino también a sus causahabientes; no obstante, podrá ser dejado sin efecto por la decisión del juez fundada en la falta de utilidad de la indivisión. Lo mismo valdrá cuando el que ha constituido la propiedad pro indiviso declare su voluntad de que aquella permanezca sin dividir. Se considerará temporal la indivisibilidad cuando no exceda de noventa y nueve años.

La división convenida por los titulares deberá ser aprobada por unanimidad. Si no hubiere acuerdo, se hará la división judicialmente.

1. Si la cosa fuere única e indivisible, previa declaración de su indivisibilidad, tasación judicial y concreción del valor del derecho que ostente cada condómino, el juez propondrá la adjudicación de la cosa entera a favor del copropietario que, en el plazo de los diez días siguientes al requerimiento que le realice a tal efecto, la acepte por su tasación judicial, con la condición suspensiva de pagar en dinero a los demás la compensación correspondiente.

Cuando los copropietarios interesados en la adjudicación por dicho valor fueran varios, se citará a todos ellos a una comparecencia y el bien se adjudicará a aquel de ellos que ofrezca mayor valor.

Al tiempo de efectuar la división judicial se podrá, si fuere necesario, adjudicar el bien a varios de los copropietarios, a uno de los copropietarios el usufructo y a otro la nuda propiedad, y constituir servidumbres entre las fincas resultantes de la división.

Resultando posible la adjudicación, el propietario o propietarios a cuyo favor se declare deberán abonar a los demás el importe del valor de sus respectivas cuotas en el plazo de los diez días siguientes a la notificación de la resolución que así lo acuerde, consignado el cual, se procederá a su definitiva adjudicación.

Las cargas que gravasen la finca deberán tenerse en cuenta para efectuar el cálculo de la cantidad a abonar por el adjudicatario, quien vendrá obligado a su cancelación tras la adjudicación definitiva.

En el caso de que la adjudicación no fuere posible, el juez procederá a la venta de la cosa en pública subasta conforme a la Ley de Enjuiciamiento Civil, salvo que todas las partes manifiesten su voluntad de acudir a la subasta prevista en la ley 574.

2. Cuando fueran varios los bienes objeto de división y así lo solicitara cualquiera de los copropietarios, se agruparán en lotes y se realizará la adjudicación de cada lote, como si de un solo bien se tratare, con arreglo a lo dispuesto en el apartado 1 anterior.

La división de la cosa común no afectará a los derechos reales de quienes no hubieren sido parte en aquella.

Modificada por Ley Foral 21/2019, de 4 de abril, de modificación y actualización de la Compilación del Derecho Civil Foral de Navarra o Fuero Nuevo. (Boletín Oficial de Navarra de 16-04-2019).

LEY 375

Comunidad de otros derechos

Las reglas de las Leyes anteriores se aplicarán a la comunidad de otros derechos que sean divisibles.

CAPÍTULO III
De las comunidades especiales

LEY 376

Pertenencias comunes

Salvo acuerdo unánime, la comunidad sobre elementos al servicio de varias fincas, como paredes, muros, cercas o vallados medianeros, así como molinos, hornos, eras, pozos, norias, acequias u otros semejantes, será indivisible y ningún comunero podrá disponer de su parte separadamente de las fincas a que aquellos elementos sirvan.

Se presumen comunes a las edificaciones los vanos entre las fincas urbanas conocidos con el nombre de «belenas» o «etxekoartes», que se regirán por lo dispuesto en esta Ley y en el párrafo segundo de la Ley cuatrocientos cuatro.

Modificada por Ley Foral 21/2019, de 4 de abril, de modificación y actualización de la Compilación del Derecho Civil Foral de Navarra o Fuero Nuevo. (Boletín Oficial de Navarra de 16-04-2019).

LEY 377

Comunidad en mancomún

La comunidad en mancomún, que exista por costumbre o establecida por voluntad de los constituyentes será indivisible cuando comprenda al común de los vecinos. En otro caso, para su división requerirá el acuerdo unánime de todos los comuneros.

La parte que a cada vecino pertenezca en la comunidad es indisponible salvo adquisición por la entidad pública correspondiente en beneficio del interés general, para lo cual se precisará el acuerdo de la mayoría de los vecinos.

En los demás supuestos, el comunero que quiera disponer de su parte precisará el consentimiento de todos los demás titulares.

Modificada por Ley Foral 21/2019, de 4 de abril, de modificación y actualización de la Compilación del Derecho Civil Foral de Navarra o Fuero Nuevo. (Boletín Oficial de Navarra de 16-04-2019).

LEY 378

Comunidad solidaria

La comunidad en la propiedad o en cualquier derecho real a favor de varios titulares será solidaria cuando así se disponga en el título de su constitución. En la comunidad solidaria cada comunero puede por sí solo ejercitar plenamente el derecho y disponer de la totalidad del mismo, sin perjuicio de su responsabilidad frente a los demás titulares.

CAPÍTULO IV
De las corralizas

LEY 379

Concepto

Salvo los casos en que la denominación de «corraliza» aparezca empleada exclusivamente para expresar la naturaleza o destino de una finca o de un coto de fincas, se entiende por «corraliza», bien un derecho de aprovechamiento parcial sobre la finca ajena, bien la comunidad indivisible constituida por la concurrencia de diversos titulares dominicales, con atribución, a uno o a varios, de los aprovechamientos especiales de pastos, hierbas, aguas, leñas, siembras u otros similares. Estos derechos especiales son transmisibles «inter vivos» o «mortis causa».

En las «corralizas» constituidas sobre fincas de origen comunal se presume, a no ser que resulte lo contrario, que la propiedad del suelo corresponde al ente local.

Modificada por Ley Foral 21/2019, de 4 de abril, de modificación y actualización de la Compilación del Derecho Civil Foral de Navarra o Fuero Nuevo. (Boletín Oficial de Navarra de 16-04-2019).

LEY 380

Régimen

La «corraliza» se regirá por el título y los usos y, en su defecto, por la costumbre local o general. De no resultar de ellos otra cosa, cada titular podrá ejercitar su aprovechamiento en toda la extensión que consienta el disfrute correspondiente a los demás titulares.

LEY 381

Limitaciones usuales

El derecho de pastos en la «corraliza» se entenderá limitado, a no haber pacto, uso o costumbre en contrario, al tiempo en que estuvieren levantadas las cosechas, y deberá ejercitarse respetando las «sobreaguas» y los terrenos «riciados».

LEY 382

Redención

Las «corralizas» serán redimibles:
1. Por voluntad unánime de los partícipes.
2. Cuando graven fincas comunales, por voluntad de la entidad local.
3. En las demás fincas, cuando el juez estime en juicio contencioso que la subsistencia de estos derechos dificulta notablemente el cultivo o la explotación racional de las fincas según su naturaleza.
4. Y, en todo caso, cuando los corraliceros se opongan a las modificaciones que se introduzcan en las fincas para su mejora y que total o parcialmente resulten incompatibles con el ejercicio del derecho de «corraliza».

En los supuestos previstos en los números tres y cuatro, el capital que haya de abonarse por la redención se determinará en consideración al valor de los aprovechamientos y al beneficio que la redención reporte al dueño del terreno. Cuando el juez lo considere conveniente podrá sustituir el pago de la estimación por la adjudicación de tierra en propiedad.

Cuando se trate de bienes comunales, el capital de la redención será determinado teniendo en cuenta únicamente el valor que para los titulares del derecho tiene el aprovechamiento en el momento de ejercitarse la redención.

Modificada por Ley Foral 21/2019, de 4 de abril, de modificación y actualización de la Compilación del Derecho Civil Foral de Navarra o Fuero Nuevo. (Boletín Oficial de Navarra de 16-04-2019).

LEY 383

Retracto

Si alguno de los titulares enajenare su derecho, los partícipes podrán ejercitar el retracto de comuneros, prefiriéndose, en caso de concurrencia, al retrayente titular de aprovechamiento de la misma naturaleza que el enajenado.

Cuando se enajenare el derecho de cultivo sobre una parcela determinada de la finca, se dará preferencia en el retracto al que tenga derecho a cultivar la parcela de mayor extensión.

En el caso de corralizas constituidas sobre bienes comunales el derecho de retracto sólo podrá ser ejercitado por la entidad local.

Modificada por Ley Foral 21/2019, de 4 de abril, de modificación y actualización de la Compilación del Derecho Civil Foral de Navarra o Fuero Nuevo. (Boletín Oficial de Navarra de 16-04-2019).

CAPÍTULO V
De las «facerías», «helechales», «dominio concellar» y «vecindades foranas»

LEY 384

Facería

La «facería» consiste en una servidumbre recíproca entre varias fincas de propiedad pública o privada.

Las «facerías» se rigen por el título, pactos o concordias que hubiese establecidos, por las disposiciones de esta Compilación a ellas referentes y, en lo no previsto, por lo dispuesto para las servidumbres o las comunidades en su caso.

Modificada por Ley Foral 21/2019, de 4 de abril, de modificación y actualización de la Compilación del Derecho Civil Foral de Navarra o Fuero Nuevo. (Boletín Oficial de Navarra de 16-04-2019).

LEY 385

Limitaciones usuales

En las «facerías» los ganados podrán pastar de sol a sol en el término facero, pero no podrán acercarse a los terrenos sembrados o con frutos pendientes de recolección.

LEY 386

«Comunidad facera»

La «comunidad facera» consiste en la concurrencia de varios titulares dominicales que constituyen una comunidad para un determinado aprovechamiento solidario, que se regirá por lo dispuesto en las Leyes trescientos setenta y siete y trescientos setenta y ocho, en cuanto no se opongan a lo establecido en este capítulo.

LEY 387

Divisibilidad

La «comunidad facera» es divisible, salvo que se hubiere constituido por un tiempo determinado o como indivisible con carácter indefinido, en cuyo caso podrá dividirse sólo excepcionalmente cuando el juez considere gravemente lesiva la permanencia en la indivisión.

Cuando se trate de «comunidades faceras» entre entes locales y no consten las cuotas o aportaciones respectivas, en defecto de otra regla aplicable, se estará al número de vecinos de cada entidad al tiempo de pedirse la división.

Retracto y redención

Respecto a la redención y al retracto de las facerías y comunidades faceras, se estará a lo dispuesto para las «corralizas» en las leyes 382 y 383.

Modificada por Ley Foral 21/2019, de 4 de abril, de modificación y actualización de la Compilación del Derecho Civil Foral de Navarra o Fuero Nuevo. (Boletín Oficial de Navarra de 16-04-2019).

LEY 388

«Helechales». Concepto

Bajo la denominación de «helechal» se presume la existencia del derecho vecinal de aprovechamiento de las producciones espontáneas de helecho en montes comunales salvo prueba en contrario de la titularidad privativa de las fincas.

Modificada por Ley Foral 21/2019, de 4 de abril, de modificación y actualización de la Compilación del Derecho Civil Foral de Navarra o Fuero Nuevo. (Boletín Oficial de Navarra de 16-04-2019).

LEY 389

Limitaciones usuales

Ni el dueño del aprovechamiento puede hacer cierres, plantaciones o siembras en el «helechal», ni el dueño del terreno puede realizar acto alguno que perjudique el aprovechamiento.

LEY 390

Retracto y redención

Respecto a la redención y al retracto de los «helechales», se estará a lo dispuesto para las «corralizas» en las leyes trescientos ochenta y dos y trescientos ochenta y tres.

LEY 391

«Dominio concellar»

El patrimonio forestal y cualesquiera otras propiedades, aprovechamientos o derechos pertenecientes a las Juntas Generales de los Valles del Roncal y Salazar, y que estén destinados a satisfacer necesidades colectivas de sus vecinos, son de «dominio concellar», que se regulará por las ordenanzas, acuerdos legítimamente adoptados, convenios y costumbres locales. El «dominio concellar» es indivisible.

Corresponden a la Junta General todas las facultades de administración y disposición, que deberá ejercitar atendiendo a las necesidades y conveniencias directas o indirectas del Valle o de sus vecinos.

LEY 392

«Vecindad forana»

La participación en el disfrute de los bienes comunales, concedida por los entes locales como «vecindad forana», aun constituida por título administrativo, tiene naturaleza civil y carácter de derecho real, sin perjuicio de lo dispuesto en la legislación administrativa para los bienes comunales en lo que resulte de aplicación.

Las entidades locales cuyos terrenos comunales se hallen gravados con «vecindades foranas» podrán redimirlas de conformidad con lo establecido para las corralizas en la ley 382.

Si se enajenare la «vecindad forana», la entidad local tendrá derecho de retracto a favor de la comunidad de vecinos. Este derecho se regirá en cuanto a los plazos por lo establecido en la ley 458 para el retracto gentilicio, y será preferente a este. En caso de permuta, se determinará el valor de la vecindad por tasación de dos peritos nombrados uno por cada parte, y, si hay discordia, de un tercero, por acuerdo de aquellos o, en defecto de acuerdo, por el juez.

En lo sucesivo no podrán constituirse «vecindades foranas».

Modificada por Ley Foral 21/2019, de 4 de abril, de modificación y actualización de la Compilación del Derecho Civil Foral de Navarra o Fuero Nuevo. (Boletín Oficial de Navarra de 16-04-2019).

TÍTULO III
De las servidumbres

LEY 393

Concepto

Son servidumbres los derechos reales establecidos sobre una finca en beneficio de otra colindante o vecina, y que consisten en el ejercicio de un determinado uso de ella, o en la limitación de cualquiera de las facultades del propietario.

LEY 394

Distinción

No son servidumbres:
1. Las limitaciones legales por razón de vecindad.
2. Los derechos de uso o aprovechamiento establecidos en favor de una persona sobre finca ajena, con independencia de toda relación entre las respectivas fincas, los cuales se regirán por lo establecido en el capítulo II del título IV de este libro.

Modificada por Ley Foral 21/2019, de 4 de abril, de modificación y actualización de la Compilación del Derecho Civil Foral de Navarra o Fuero Nuevo. (Boletín Oficial de Navarra de 16-04-2019).

LEY 395

Caracteres

El derecho de servidumbre es indivisible e inseparable de la finca dominante; y tiene carácter permanente, cuando no se hubiere constituido bajo término o condición. Se consideran constituidas bajo condición las servidumbres referidas a inmuebles de futura construcción o derribo, así como aquellas cuyo contenido consista en una utilidad futura.

Modificada por Ley Foral 21/2019, de 4 de abril, de modificación y actualización de la Compilación del Derecho Civil Foral de Navarra o Fuero Nuevo. (Boletín Oficial de Navarra de 16-04-2019).

LEY 396

Constitución

Las servidumbres pueden constituirse por actos «inter vivos» o «mortis causa» y por adjudicación judicial en juicio divisorio o por acto particional.

Cuando en el acto de constitución no haya determinación precisa del contenido de la servidumbre, se llevará a efecto esta determinación, a falta de acuerdo entre los interesados, por la persona facultada para ello por el constituyente o, en su defecto, por decisión judicial en atención a los signos aparentes, las circunstancias de las fincas y el uso del lugar.

Modificada por Ley Foral 21/2019, de 4 de abril, de modificación y actualización de la Compilación del Derecho Civil Foral de Navarra o Fuero Nuevo. (Boletín Oficial de Navarra de 16-04-2019).

LEY 397

Prescripción

Las servidumbres se adquieren por la prescripción ordinaria de bienes inmuebles o por la extraordinaria. El tiempo empezará a contar, en las servidumbres positivas, desde el primer acto de su ejercicio; en las negativas aparentes, desde la aparición de los signos de servidumbre, y en las negativas no aparentes, desde la prohibición formal del acto que la servidumbre impediría realizar.

En cualquier caso, siempre podrá renunciarse a la prescripción consumada.

Largo tiempo

En todo caso, se respetará el uso de una servidumbre aparente cuyo ejercicio indiscutido durante largo tiempo se estime que puede continuar sin perjuicio para la finca que lo padece.

Asimismo se considerarán como servidumbre los servicios establecidos con signo aparente entre fincas de un mismo propietario, cuando se separe la propiedad de ambas por actos «inter vivos» o de última voluntad de aquel, si al tiempo de la separación subsiste el signo y si el título de disposición no excluye expresamente la servidumbre.

Modificada por Ley Foral 21/2019, de 4 de abril, de modificación y actualización de la Compilación del Derecho Civil Foral de Navarra o Fuero Nuevo. (Boletín Oficial de Navarra de 16-04-2019).

LEY 398

Interrupción de la prescripción

La prescripción se interrumpirá por la reclamación judicial, por la oposición judicial a la prescripción en curso por parte del titular del bien, por la presentación de una solicitud de conciliación, por el inicio del procedimiento arbitral, por la reclamación extrajudicial y por la formalización de un acto obstativo o por un ostensible signo prohibitivo.

Modificada por Ley Foral 21/2019, de 4 de abril, de modificación y actualización de la Compilación del Derecho Civil Foral de Navarra o Fuero Nuevo. (Boletín Oficial de Navarra de 16-04-2019).

LEY 399

Constitución o modificación por ley

Cuando una Ley haga necesaria la constitución o modificación de una servidumbre, sólo podrán ser exigidas por el titular de la finca favorecida en la forma menos gravosa para el que deba padecerlas y previo, siempre, el pago de la justa indemnización. En defecto de convenio, la servidumbre quedará constituida o modificada por decisión judicial o administrativa, según corresponda.

El mismo derecho tendrá el propietario de una finca enclavada para que se constituya una servidumbre de paso sobre aquellas heredades en que resulte menos gravosa la servidumbre.

LEY 400

Ampliación de servidumbre

Cuando una servidumbre de paso llegare a ser insuficiente para las necesidades de la finca dominante, el dueño de este podrá pedir la ampliación en la medida en que tales necesidades lo exigieren, siempre que el estado de la finca sirviente lo permita sin grave perjuicio, y mediante abono de la justa indemnización.

Modificada por Ley Foral 21/2019, de 4 de abril, de modificación y actualización de la Compilación del Derecho Civil Foral de Navarra o Fuero Nuevo. (Boletín Oficial de Navarra de 16-04-2019).

LEY 401

Modificación de servidumbre

El propietario de la finca gravada por la servidumbre no puede perjudicar el uso de la misma, pero podrá solicitar por vía judicial la variación de su forma cuando necesite razonablemente de la plena disposición de la parte de la finca afectada por la servidumbre, siempre que no cause perjuicio al titular de ésta.

LEY 402

Pastos

El propietario de una finca gravada con servidumbre de pastos podrá cerrarla, pero para el acceso del ganado de la finca dominante deberá dejar paso, «langa», «keleta» o «kereta».

Modificada por Ley Foral 21/2019, de 4 de abril, de modificación y actualización de la Compilación del Derecho Civil Foral de Navarra o Fuero Nuevo. (Boletín Oficial de Navarra de 16-04-2019).

LEY 403

Luces y vistas

Las servidumbres de luces y vistas dan a su titular el derecho de mantener en su pared huecos que le permitan recibir luz por la finca sirviente o el de proyectar la mirada sobre él.

Estas servidumbres impiden al dueño de la finca sirviente la construcción a distancia menor de tres metros de la pared o del voladizo, en cuanto reduzca o dificulte las luces o las vistas.

Modificada por Ley Foral 21/2019, de 4 de abril, de modificación y actualización de la Compilación del Derecho Civil Foral de Navarra o Fuero Nuevo. (Boletín Oficial de Navarra de 16-04-2019).

LEY 404

Huecos para luces

El propietario de una finca podrá abrir, en su pared contigua a otra finca, huecos hasta de 0,80 metros, o de una vara en cuadro cuando la medida de esta según costumbre local sea distinta, que deberán estar cerrados mediante barrotes remetidos y con red metálica, salvo que los usos permitan otras soluciones constructivas que impidan las vistas de la finca contigua a su través. Estos huecos podrán ser cerrados cuando se edifique en la finca vecina y no serán tomados como signos de aparente servidumbre a efectos de la prescripción.

En las «belenas» o «etxekoartes» comunes a varios propietarios, cualquiera de estos podrá abrir en pared propia huecos sin saledizos, con la limitación de no causar molestia a los demás propietarios.

Modificada por Ley Foral 21/2019, de 4 de abril, de modificación y actualización de la Compilación del Derecho Civil Foral de Navarra o Fuero Nuevo. (Boletín Oficial de Navarra de 16-04-2019).

LEY 405

Obligaciones del dueño de finca sirviente

En las servidumbres que facultan para apoyar alguna construcción sobre muro o edificio ajeno, el propietario de la finca sirviente debe hacer a su costa las reparaciones necesarias para mantener la solidez de la estructura sirviente. En las otras servidumbres, debe tolerar que se hagan las obras necesarias para el buen uso del servicio.

Abandono liberatorio

El propietario de la finca sirviente podrá exonerarse del deber a que se refiere el párrafo anterior, así como de toda otra obligación de reparar que hubiere contraído expresamente, mediante abandono de la finca a favor del titular de la servidumbre.

Modificada por Ley Foral 21/2019, de 4 de abril, de modificación y actualización de la Compilación del Derecho Civil Foral de Navarra o Fuero Nuevo. (Boletín Oficial de Navarra de 16-04-2019).

LEY 406

Extinción

Las servidumbres se extinguen por la renuncia de su titular, formalizada como acto de disposición sobre inmuebles y por la confusión de propiedades. En este último caso será suficiente la adquisición del terreno estrictamente afectado por la servidumbre y quedará libre de ella el resto de la finca gravada. Cuando se adquiera sólo una parte del terreno afectado, la servidumbre se considerará extinguida en esa parte exclusivamente.

Cuando lo que se adquiere es una parte indivisa, la servidumbre no se considera extinguida.

También se extinguen las servidumbres por la falta de uso durante el plazo de prescripción. En las servidumbres positivas la prescripción liberatoria se contará a partir del momento en que dejara de usarse, y en las negativas, desde que se realice un acto obstativo.

Modificada por Ley Foral 21/2019, de 4 de abril, de modificación y actualización de la Compilación del Derecho Civil Foral de Navarra o Fuero Nuevo. (Boletín Oficial de Navarra de 16-04-2019).

LEY 407

Imposibilidad temporal

Cuando por el estado de las fincas la servidumbre pierda su utilidad, si no transcurriere el plazo de la prescripción extintiva podrá ejercitarse de nuevo tan pronto cese el estado impeditivo.

TÍTULO IV
Del usufructo, habitación, uso y otros derechos similares

CAPÍTULO I
Del usufructo

LEY 408

Concepto

El derecho real de usufructo concede a su titular, por tiempo limitado, las facultades dominicales con exclusión de la de disponer de la cosa objeto del usufructo.

Modificada por Ley Foral 21/2019, de 4 de abril, de modificación y actualización de la Compilación del Derecho Civil Foral de Navarra o Fuero Nuevo. (Boletín Oficial de Navarra de 16-04-2019).

LEY 409

Constitución

El usufructo se constituye por disposición de la Ley o por voluntad del propietario, manifestada tanto en actos mortis causa como ínter vivos, sea por constitución directa a favor de otra persona, sea mediante reserva de ese derecho en un acto de transmisión de la propiedad.

También puede constituirse el usufructo por la adjudicación en juicio divisorio o por acto particional.

LEY 410

Objeto

El usufructo puede constituirse sobre toda clase de bienes, aunque no produzcan frutos, y sobre la totalidad o parte alícuota de un patrimonio.

Cuando el usufructo verse sobre bienes consumibles, el usufructuario adquirirá sobre ellos la plena disposición, pero deberá restituir una cantidad igual del mismo género y calidad.

Modificada por Ley Foral 21/2019, de 4 de abril, de modificación y actualización de la Compilación del Derecho Civil Foral de Navarra o Fuero Nuevo. (Boletín Oficial de Navarra de 16-04-2019).

LEY 411

Duración

El usufructo será vitalicio, salvo que conste haberse constituido por tiempo determinado.

Cuando el titular es una persona jurídica, el usufructo que no tenga otro plazo se extingue a los cien años.

LEY 412

Usufructo a favor de varias personas

El usufructo puede establecerse conjunta o sucesivamente a favor de personas que vivan o estén concebidas en el momento de su constitución. Respecto a otras personas, sólo podrá constituirse dentro de los límites establecidos en el párrafo segundo de la ley doscientos veinticuatro.

Cuando se constituya el usufructo a favor de varias personas, éstas podrán usar solidariamente las cosas objeto de su derecho, y se repartirán los frutos por partes iguales, salvo que otra cosa se hubiere dispuesto en el título de su constitución. Al extinguirse el derecho de uno de los cousufructuarios, su parte acrecerá a los otros titulares.

LEY 413

Redención

Salvo que el título de su constitución estableciere lo contrario, el derecho de usufructo no será redimible contra la voluntad del usufructuario.

LEY 414

Derechos y obligaciones del nudo propietario

El nudo propietario podrá exigir al usufructuario, con anterioridad a hacerle entrega de los bienes o en cualquier otro momento, la formación de un inventario y la constitución de una garantía de la obligación de restituir y de indemnizar los daños causados, salvo en los supuestos en que la ley o la voluntad del constituyente releven al usufructuario de tal obligación o el juez lo estime innecesario. Para la constitución de la garantía se estará a lo dispuesto para el fiduciario en la ley 231.

Así mismo tendrá derecho a exigir la suscripción de un seguro para la cosa usufructuada. Son obligaciones del nudo propietario:

1. Permitir todo lo necesario para el ejercicio del usufructo.

2. El abono de todas las cargas y contribuciones que graven estrictamente la propiedad.

3. Asumir en proporción al valor de su derecho los gastos necesarios para la conservación de la cosa usufructuada que no tengan carácter periódico, los extraordinarios o imprevisibles y las primas de los seguros de la cosa usufructuada.

> *Modificada por Ley Foral 21/2019, de 4 de abril, de modificación y actualización de la Compilación del Derecho Civil Foral de Navarra o Fuero Nuevo. (Boletín Oficial de Navarra de 16-04-2019).*

LEY 415

Derechos y obligaciones del usufructuario

El usufructuario tiene derecho a:

1. Recabar del nudo propietario lo necesario para el ejercicio de sus facultades y a ejercitar las acciones pertinentes a tal fin.

2. Adquirir los frutos conforme a lo dispuesto en las leyes 353 y 354. Además, al terminar el usufructo podrá exigir una indemnización proporcionada a los gastos de producción de los frutos que no adquiera.

3. Exigir el aseguramiento de la cosa usufructuada.

4. Realizar mejoras en la cosa usufructuada, tanto útiles como de lujo o recreo, siempre que no supongan alteración de la misma.

5. Ceder el ejercicio de su derecho por el tiempo que dure el usufructo. El arrendamiento establecido por el usufructuario se resolverá, en todo caso, al extinguirse el usufructo; pero los arrendamientos rústicos subsistirán hasta la terminación del año agrícola.

El usufructuario está obligado a:

1. Realizar inventario y a prestar garantía conforme a lo dispuesto en la ley anterior.

2. Aprovechar las cosas usufructuadas conforme a su naturaleza y a restituirlas a la terminación del usufructo.

3. Mantener la titularidad de su derecho sin perjuicio de la cesión de su ejercicio.

4. Abonar todas las cargas que graven la cosa usufructuada y los gastos que la misma devengue con excepción de los que correspondan al nudo propietario, total o proporcionalmente, conforme a lo establecido en la ley anterior.

Modificada por Ley Foral 21/2019, de 4 de abril, de modificación y actualización de la Compilación del Derecho Civil Foral de Navarra o Fuero Nuevo. (Boletín Oficial de Navarra de 16-04-2019).

LEY 416

Usufructo de rebaño

El usufructuario de un rebaño, para mantener la totalidad del mismo, deberá reponer las cabezas consumidas, y hará suyas las excedentes.

LEY 417

Usufructo de montes

En el usufructo de montes, salvo que el título de su constitución ordenare otra cosa, se observarán las reglas siguientes:

1. El usufructuario podrá hacer los aprovechamientos ordinarios con arreglo a la naturaleza de la finca y a los usos del lugar.

2. Tratándose de montes maderables, podrá también hacer entresacas o cortas conforme a lo expresado en el número anterior. En las cortas a mata rasa de montes que no sean de producción espontánea, el usufructuario tendrá el deber de repoblar.

3. El beneficio de las cortas pertenecerá al usufructuario en proporción al tiempo que lleve en el usufructo, en relación con el período de producción de los árboles.

4. En todo caso, el usufructuario, haciéndolo saber previamente al nudo propietario, podrá cortar árboles por el pie para las reparaciones y mejoras que pretenda realizar en la finca. El nudo propietario podrá oponerse a la tala por mejoras; y a las de reparaciones, cuando tome estas a su cargo.

Modificada por Ley Foral 21/2019, de 4 de abril, de modificación y actualización de la Compilación del Derecho Civil Foral de Navarra o Fuero Nuevo. (Boletín Oficial de Navarra de 16-04-2019).

LEY 418

Usufructo de crédito

En caso de usufructo de crédito, el derecho se entiende constituido sobre su importe. El usufructuario percibirá los intereses que el crédito devengue y, al cobro del mismo, se aplicará lo dispuesto en el párrafo segundo de la ley 410.

Usufructo de una renta o censo

El usufructuario de una renta o censo adquiere la misma por vencimientos, hasta la extinción del usufructo.

Usufructo de acciones

Cuando el usufructo recaiga sobre acciones, participaciones o cuotas sociales será de aplicación lo establecido en la ley 258.

Modificada por Ley Foral 21/2019, de 4 de abril, de modificación y actualización de la Compilación del Derecho Civil Foral de Navarra o Fuero Nuevo. (Boletín Oficial de Navarra de 16-04-2019).

LEY 419

Usufructo sobre derecho de retracto

Cuando en el patrimonio objeto de un usufructo universal exista un derecho de retracto respecto a bienes vendidos con pacto de retro o a carta de gracia, podrán ejercitar el retracto tanto el nudo propietario como el usufructuario, y el usufructo se extenderá a los bienes retraídos; cuando lo hubiere ejercitado el usufructuario, podrá exigir el reembolso del importe al término del usufructo.

En los demás casos de usufructo, el retracto corresponderá exclusivamente al nudo propietario, y el usufructo no se extenderá a los bienes retraídos.

LEY 420

Derecho de retención

Al extinguirse el usufructo sobre bienes que deban recaer o revertir en favor de persona no determinada, el usufructuario o sus herederos habrán de continuar como administradores de aquellos bienes hasta que se determine la persona a quien deban entregarse los mismos; y podrán cobrarse los gastos con cargo a los frutos percibidos, así como retener la posesión hasta el total abono.

LEY 421

Extinción

El derecho de usufructo se extingue por muerte del usufructuario o renuncia de éste, por la falta de ejercicio durante el plazo ordinario de la usucapión de la propiedad, por vencimiento del término o el cumplimiento de la condición resolutoria, por la consolidación con la nuda propiedad o la pérdida de la cosa usufructuada.

LEY 422

Transformación

En los casos de expropiación o sustitución forzosa, o de indemnización por pérdida total o parcial, el derecho de usufructo recaerá sobre las indemnizaciones u otros bienes subrogados.

CAPÍTULO II
De la habitación, uso y otros derechos similares

LEY 423

Régimen

Los derechos de habitación, uso u otros similares de aprovechamiento parcial de cosa ajena, se rigen por lo establecido en el título de su constitución y, en su defecto, por las disposiciones siguientes:

Constitución. 1. Pueden constituirse por los mismos modos que el usufructo; pero lo dispuesto en la ley 414 respecto a la garantía, tan solo les será aplicable si así lo hubiera ordenado el constituyente o comprendieran también bienes muebles; en este último caso, se exigirá inventario, salvo dispensa del constituyente.

Gastos. 2. Se presumen gratuitos y vitalicios. El titular sólo tendrá obligación de pagar las contribuciones, suministros, servicios individualizados y gastos que graven precisamente el uso exclusivo que él haga de la cosa; asimismo deberá hacer las reparaciones que exija el desgaste por el uso ordinario.

Extinción. 3. Se extinguirán por las mismas causas que el usufructo y por el abuso grave de la cosa. También se extinguirán cuando el uso o aprovechamiento determinado a que se refieran se haga imposible, pero el propietario deberá indemnizar la pérdida o merma que supongan para el ejercicio de aquellos las modificaciones por él introducidas en la cosa objeto de los mismos. El derecho de habitación no es en caso alguno redimible contra la voluntad de su titular. Los demás derechos, siempre que no se hubieren constituido por tiempo determinado, serán redimibles conforme a lo establecido para las «corralizas» en la ley 382.

Modificada por Ley Foral 21/2019, de 4 de abril, de modificación y actualización de la Compilación del Derecho Civil Foral de Navarra o Fuero Nuevo. (Boletín Oficial de Navarra de 16-04-2019).

LEY 424

Contenido del derecho de habitación

Salvo que por disposición legal o voluntaria se establezcan limitaciones al derecho de habitación, se presumirá que este concede a su titular la facultad de ocupar la vivienda total y exclusivamente, para sí y los que con él convivan, así como de arrendar la vivienda total o parcialmente, y el arrendamiento cesará al extinguirse el derecho de habitación, sin prórroga alguna.

Modificada por Ley Foral 21/2019, de 4 de abril, de modificación y actualización de la Compilación del Derecho Civil Foral de Navarra o Fuero Nuevo. (Boletín Oficial de Navarra de 16-04-2019).

LEY 425

Derecho de habitación sobre la vivienda habitual de las personas con discapacidad o dependencia

Tendrán derecho de habitación sobre la vivienda habitual los ascendientes o descendientes con discapacidad o dependencia que convivan en la misma con su titular en el momento de su fallecimiento siempre que este no hubiere previsto de otra forma cubrir la necesidad de vivienda de dichas personas o lo hubiera excluido expresamente.

El derecho reconocido en esta ley coexistirá con los derechos que sobre ella correspondan a otras personas conforme a lo previsto en la presente Compilación, concede a su titular la facultad de ocupar dicho inmueble para sí y para los que con él convivan con la exclusiva finalidad de satisfacer su necesidad de vivienda y no podrá ser objeto de arrendamiento.

Modificada por Ley Foral 21/2019, de 4 de abril, de modificación y actualización de la Compilación del Derecho Civil Foral de Navarra o Fuero Nuevo. (Boletín Oficial de Navarra de 16-04-2019).

LEY 426

Contenido del uso y otros derechos

Salvo lo establecido en las leyes anteriores respecto a la habitación, los titulares de estos derechos concurrirán en su ejercicio con el uso ordinario del propietario o persona que le sustituya; y no podrán ceder totalmente su derecho, aunque sí compartir su ejercicio con otras personas, tanto mediante retribución como sin ella.

Frutos y productos

En los derechos que no se refieran a un aprovechamiento determinado de los frutos o productos naturales, el titular podrá aprovechar todos los que la cosa produzca, pero tan solo en la medida del consumo ordinario de las personas que participan en el ejercicio del derecho, y sin facultad de venderlos.

Modificada por Ley Foral 21/2019, de 4 de abril, de modificación y actualización de la Compilación del Derecho Civil Foral de Navarra o Fuero Nuevo. (Boletín Oficial de Navarra de 16-04-2019).

TÍTULO V
Del derecho de superficie y otros derechos similares

CAPÍTULO I
Disposiciones generales

LEY 427

Principio general

Se presume que lo unido inseparablemente al suelo accede a la propiedad de este, pero puede existir un derecho real sobre lo edificado o plantado en suelo ajeno, como derechos de superficie, de sobreedificación o subedificación, de propiedad horizontal y de plantación.

Además, las edificaciones realizadas de buena fe sobre suelo ajeno, ya sea total o parcialmente, permitirán al que las hubiera realizado adquirir la propiedad del mismo siempre que lo edificado tenga un valor superior al del suelo y constituya con él una unidad indivisible, y previa la correspondiente indemnización por su valor y por los daños y perjuicios que, en su caso, se hubieran ocasionado.

Ley aplicable

En cuanto al régimen de propiedad horizontal, se estará a lo dispuesto en el Código Civil y leyes que lo desarrollan. Para los demás derechos mencionados se observará lo dispuesto en el presente título.

Modificada por Ley Foral 21/2019, de 4 de abril, de modificación y actualización de la Compilación del Derecho Civil Foral de Navarra o Fuero Nuevo. (Boletín Oficial de Navarra de 16-04-2019).

LEY 428

Régimen

Los derechos mencionados en la ley anterior se regirán por las reglas siguientes:

1. Pueden constituirse por actos «inter vivos» o «mortis causa», a título oneroso o lucrativo, bien por constitución directa mediante enajenación o concesión, bien mediante reserva o retención en un acto de transmisión de la propiedad.

2. Pueden establecerse por tiempo determinado o indefinido, presumiéndose esto último si no se dispone lo contrario.

3. Son inscribibles en el Registro de la Propiedad, aunque no se determinen los elementos accidentales, como plazo de iniciación o terminación, características, presupuestos, mejoras, usos, explotación, destino o conservación de la obra a realizar.

4. Son transmisibles por actos «inter vivos» o «mortis causa», a no ser que se constituyesen como personalísimos o se hubiere condicionado su transmisión al consentimiento del propietario, o limitado de otro modo su transmisibilidad.

5. Son hipotecables en la misma medida que son transmisibles. Lo edificado o plantado en ejercicio de estos derechos quedará sujeto a la misma hipoteca.

6. Pueden ser objeto de usufructo y otros derechos similares, pero no pueden gravarse con servidumbres sin consentimiento del propietario. En el caso de establecerse sin este consentimiento será aplicable lo que respecto a la comunidad dispone la ley 372.

7. El titular puede, por sí solo, constituir servidumbres a favor del inmueble a que tales derechos se refieren; y en ningún caso puede el propietario por sí solo extinguir las servidumbres en perjuicio de aquellos derechos.

8. Salvo disposición en contrario, no son redimibles contra la voluntad de su titular.

9. En caso de enajenación de estos derechos o de la propiedad, no habrá lugar al tanteo y retracto.

Modificada por Ley Foral 21/2019, de 4 de abril, de modificación y actualización de la Compilación del Derecho Civil Foral de Navarra o Fuero Nuevo. (Boletín Oficial de Navarra de 16-04-2019).

LEY 429

Confusión

Si se reunieran en un mismo titular la propiedad del suelo y uno de estos derechos especiales sobre el mismo, los derechos reales que afecten a una y otros continuarán gravándolos separadamente.

CAPÍTULO II
Del derecho de superficie

LEY 430

Concepto

El derecho real de superficie confiere la facultad de construir en suelo ajeno y de mantener separada la propiedad de lo construido. Este derecho puede referirse también a edificación subterránea.

Extensión

La extensión del derecho del superficiario alcanza aquella parte del subsuelo que normalmente se precisa para el aprovechamiento de la superficie a los efectos de cimientos, desagües, ventilación y demás necesidades propias del edificio según su naturaleza.

LEY 431

Cargas

Salvo pacto en contrario, el superficiario, desde que inicie la construcción, pagará todos los impuestos, contribuciones y cargas por razón del inmueble. En caso de pluralidad de construcciones, cada titular pagará, íntegra y exclusivamente, las que correspondan a la suya.

LEY 432

Normas de regulación

El superficiario establecerá las normas por las que se regirá el uso y disfrute del inmueble edificado y de cada uno de los espacios suficientemente delimitado y susceptible de aprovechamiento independiente, las que no podrán afectar al suelo.

Modificada por Ley Foral 21/2019, de 4 de abril, de modificación y actualización de la Compilación del Derecho Civil Foral de Navarra o Fuero Nuevo. (Boletín Oficial de Navarra de 16-04-2019).

LEY 433

Perecimiento del edificio

Si la edificación pereciere, no se extinguirá el derecho de superficie y el superficiario podrá proceder a la reconstrucción.

LEY 434

Reversión

Cuando la superficie se hubiere establecido por tiempo determinado o bajo condición resolutoria, al vencimiento de éstos lo edificado revertirá a la propiedad, sin compensación o con ella según se haya pactado.

CAPÍTULO III
De los derechos de sobreedificación y subedificación

LEY 435

Concepto

Los derechos reales de sobreedificación y subedificación conceden a su titular la facultad de construir una o más plantas sobre un edificio o por debajo de éste, respectivamente, en un edificio ya existente o que se construyere con posterioridad.

Ejercicio

Para su ejercicio se requiere siempre, además de la correspondiente aprobación administrativa, la determinación de los derechos sobre los elementos comunes del inmueble, en relación con la naturaleza de la obra, la seguridad del edificio y las limitaciones legales. En todo caso, los propietarios, arrendatarios u otros usuarios del edificio deberán ser indemnizados de los daños y perjuicios que ocasione el ejercicio de estos derechos.

LEY 436

Copropiedad y propiedad horizontal

Cuando el edificio se halle en régimen de copropiedad o de propiedad horizontal, la facultad de sobreedificar o subedificar pertenecerá a los condueños en proporción a sus respectivas cuotas en la propiedad o en los elementos comunes. En ambos casos, la concesión de estos derechos requerirá el consentimiento de todos los partícipes, que deberán expresar las reglas que deban aplicarse en la determinación de las cuotas de propiedad o en elementos comunes que correspondan a los elementos privativos situados en las plantas nuevas y las que correspondan a los situados en las plantas preexistentes.

Modificada por Ley Foral 21/2019, de 4 de abril, de modificación y actualización de la Compilación del Derecho Civil Foral de Navarra o Fuero Nuevo. (Boletín Oficial de Navarra de 16-04-2019).

LEY 437

Contenido

El titular puede construir el número de plantas que el título hubiere fijado. En defecto de determinación, se entenderá autorizado para construir cuantas fueren posibles, sin más limitaciones que las administrativas y las que imponga la seguridad del inmueble. Salvo pacto en contrario, quedarán extinguidos estos derechos una vez terminada la construcción realizada en ejercicio de los mismos.

LEY 438

Limitaciones administrativas

Las limitaciones administrativas que impidan al titular del derecho su ejercicio total o parcial, salvo pacto en contrario, no extinguirán este derecho ni darán lugar a responsabilidad por parte del concedente.

LEY 439

Régimen de las nuevas edificaciones

Las construcciones realizadas en ejercicio de estos derechos se constituirán en régimen de propiedad horizontal con el resto del edificio.

Cuando las cuotas sobre los elementos comunes no se hubieren establecido en el título, ni se hubiere fijado el procedimiento para determinarlas, se requerirá el consentimiento de todos los propietarios del inmueble. Sin embargo, respecto a las construcciones subterráneas, podrá convenirse que sean accesorias de otras preexistentes, sin modificar las cuotas ya establecidas en los elementos comunes.

LEY 440

Declaración de obra nueva

Salvo pacto en contrario, el titular puede otorgar por sí solo la escritura pública de declaración de obra nueva y de rectificación de la descripción del edificio.

LEY 441

Perecimiento del edificio

Si la edificación pereciere, no se extinguirán estos derechos, y sus titulares conservarán respecto al edificio construido el mismo derecho que anteriormente tenían.

LEY 442

Ordenación urbana

Si a consecuencia de la ordenación o urbanización del suelo se subrogare en lugar del inmueble una parcela con otro volumen de edificabilidad, el titular de los derechos de sobre-edificación o subedificación tendrá en el nuevo volumen una parte proporcional al derecho que antes tenía.

CAPÍTULO IV
Del derecho de plantaciones en suelo ajeno

LEY 443

Concepto

Podrá constituirse un derecho real de plantación en suelo ajeno. En tal caso, pertenece al concesionario la propiedad de la plantación separadamente del dominio del suelo.

LEY 444

Redención

Cuando este derecho se constituya por tiempo indefinido, no se aplicará lo dispuesto en los números ocho y nueve de la Ley cuatrocientos veintiocho, sino que será redimible y tendrá lugar el derecho de retracto, conforme a lo establecido para las «corralizas» en las Leyes trescientos ochenta y dos y trescientos ochenta y tres.

TÍTULO VI
De los retractos y otros derechos de adquisición preferente

CAPÍTULO I
Disposiciones generales

LEY 445

Efecto

Los derechos de tanteo y retracto legal y los demás derechos reales de adquisición limitan el poder de disposición del dueño de la cosa y facultan a su titular para adquirirla, con preferencia a terceros, en caso de transmisión onerosa.

El derecho de retracto presupone siempre el derecho de tanteo; pero cuando se haya efectuado la debida notificación para el ejercicio del derecho de tanteo y no se haya hecho uso de éste, dentro del plazo que en cada caso corresponda, quedará excluido el derecho de retracto.

LEY 446

Prelación

Los retractos legales graciosos, de «vecindad forana», «corralizas» o «helechales» y el gentilicio, por este orden, tienen prioridad respecto a los de comuneros, colindantes, arrendatarios, enfiteutas y a cualesquiera otros derechos de adquisición preferente de carácter civil o administrativo, los cuales, a su vez, tendrán la preferencia entre ellos que establezca la legislación que resulte de aplicación.

En defecto de la preferencia específica establecida para cada tipo de retracto, cuando concurran varios titulares que pretendan ejercitar un derecho de la misma naturaleza, todos ellos podrán ejercitarlo en proporción a su participación en la cosa común.

En todo caso, los retractos legales prevalecen sobre los derechos convencionales de opción, tanteo y retracto.

Modificada por Ley Foral 21/2019, de 4 de abril, de modificación y actualización de la Compilación del Derecho Civil Foral de Navarra o Fuero Nuevo. (Boletín Oficial de Navarra de 16-04-2019).

LEY 447

Renuncia

Es válida la renuncia del derecho de tanteo y retracto legal con relación a una determinada enajenación y aun cuando se hubiere hecho con anterioridad a ésta.

LEY 448

Ejercicio

En las enajenaciones sometidas a condición o término suspensivos, el derecho de retracto sólo podrá ejercitarse desde el cumplimiento de la condición o el vencimiento del término.

El retracto tendrá lugar aunque la enajenación se hubiere realizado en subasta judicial o extrajudicial.

LEY 449

Impugnación del precio

En caso de impugnación del precio, se suspenderá el plazo de ejercicio del retracto hasta que aquélla se resuelva.

LEY 450

Precio, gastos y frutos

El ejercicio de la acción de retracto exige la consignación por el retrayente del precio de la enajenación o, si no es conocido, el ofrecimiento de consignarlo cuando lo sea y, en todo caso, el de pagar los gastos de legítimo abono. Para la atribución de los frutos se estará a lo dispuesto en las Leyes trescientos cincuenta y tres y trescientos cincuenta y cuatro.

CAPÍTULO II
Del retracto gracioso

LEY 451

Concepto y plazo

En todos los casos de ejecución patrimonial, el deudor ejecutado podrá retraer los bienes definitivamente adjudicados, en el plazo de los nueve días siguientes a partir de la fecha de la notificación de la resolución de la adjudicación definitiva, mediante el pago del precio y gastos de legítimo abono.

Modificada por Ley Foral 21/2019, de 4 de abril, de modificación y actualización de la Compilación del Derecho Civil Foral de Navarra o Fuero Nuevo. (Boletín Oficial de Navarra de 16-04-2019).

CAPÍTULO III
Del retracto, gentilicio

LEY 452

Concepto

El retracto gentilicio, familiar o de sangre, podrá ejercitarse para rescatar determinados bienes inmuebles o cuotas indivisas de éstos.

Ley aplicable

Este derecho de retracto se dará sobre inmuebles sitos en Navarra y únicamente a favor de personas que tengan la condición foral de navarros.

LEY 453

Retrayentes

Sólo pueden ejercitar el derecho de retracto:
1. Respecto de los bienes de abolorio o de patrimonio, los descendientes del enajenante y los parientes colaterales del mismo dentro del cuarto grado y de la misma línea de procedencia de los bienes.
2. Respecto a los bienes conquistados o adquiridos por el enajenante o por sus padres, los descendientes de aquél.
A estos efectos, se entiende por bienes de abolorio todos los que, habiendo pertenecido al abuelo del enajenante, hubieran sido recibidos por éste a título lucrativo directamente del mismo abuelo; por bienes de patrimonio, todos los que, habiendo pertenecido al abuelo, hubieran sido recibidos por el enajenante, siempre a título lucrativo, a través del padre o de otro descendiente del mismo abuelo, y por bienes conquistados, todos los que hubieran sido adquiridos, a título oneroso o lucrativo, por el enajenante u por sus padres.

Modificada por Ley Foral 5/1987, de 1 de abril, por la que se modifica la Compilación de Derecho Civil Foral o Fuero Nuevo de Navarra. (Boletín Oficial de Navarra de 06-04-1987).

LEY 454

Enajenación a pariente

En el caso de que los bienes se hubieren enajenado a un pariente con derecho a retraerlos, los demás parientes no podrán ejercitar el retracto aunque fuesen de condición preferente.

LEY 455

Pluralidad de retrayentes

Si concurrieren al retracto parientes de grado distinto, será preferido el más próximo; en igualdad de grado, tendrá prelación el ascendiente, y en la línea colateral, el entroncado en ascendiente anterior. En ambos casos será preferido, en igualdad de condiciones, el pariente de más edad.

LEY 456

Pluralidad de demandas

La precedencia de las demandas de retracto, propuestas separadamente contra un mismo demandado en relación con idéntica finca, no alterará la prelación respectiva entre los demandantes. Tampoco la alterará el allanamiento del demandado a cualquiera de las acciones ejercitadas.

LEY 457

Pluralidad de objetos

Enajenándose varias fincas por un solo precio, podrá ejercitarse el retracto gentilicio solamente sobre las sujetas a él, a cuyo efecto se determinará la parte que a las mismas corresponda en el precio total.

No podrá ejercitarse el retracto gentilicio sobre una o varias de las fincas enajenadas dejando de ejercitarlo sobre las demás sujetas a él.

LEY 458

Plazo

Este retracto puede ejercitarse dentro de los siguientes plazos de caducidad:

1. Si se hubiese notificado fehacientemente la enajenación, con indicación del precio, forma de pago y demás condiciones del contrato, nueve días a contar de la notificación.

2. En defecto de tal notificación, dos meses a partir de la fecha de inscripción en el Registro de la Propiedad.

3. A falta de notificación y de inscripción, un año y un día a contar de la enajenación, salvo que esta se hubiere ocultado maliciosamente, en cuyo caso no caducará la acción, sin perjuicio de la prescripción adquisitiva. No obstante, si el retrayente hubiere tenido un conocimiento incompleto, tendrá un plazo de treinta días para requerir del transmitente una información completa de la transmisión, y, una vez recibida esta información, tendrá el plazo de nueve días para ejercitar la acción.

En los supuestos de enajenaciones forzosas, el «dies a quo» de los plazos previstos en esta ley será la fecha en que sea notificada la resolución por la que se proceda a la adjudicación definitiva del remate.

En los casos previstos en la ley 448, estos plazos no se contarán hasta que el derecho de retracto pueda ejercitarse.

Modificada por Ley Foral 21/2019, de 4 de abril, de modificación y actualización de la Compilación del Derecho Civil Foral de Navarra o Fuero Nuevo. (Boletín Oficial de Navarra de 16-04-2019).

LEY 459

Prohibición de enajenar

El inmueble adquirido por derecho de retracto gentilicio es inalienable por actos ínter vivos durante dos años.

CAPÍTULO IV
De la opción, tanteo y retracto voluntarios

LEY 460

Naturaleza y caracteres

Los derechos de opción, tanteo y retracto voluntario tendrán carácter real cuando así se establezca; si se constituyen con carácter personal se regirán por las disposiciones del título II del libro IV. Serán transmisibles por actos «inter vivos» o «mortis causa», salvo disposición el, contrario.

Pueden constituirse por actos «inter vivos» o «mortis causa» a título oneroso o lucrativo, bien por constitución directa mediante enajenación o concesión, bien mediante reserva o retención en un acto de transmisión de la propiedad.

Pueden recaer sobre bienes inmuebles o establecimientos mercantiles o industriales, acciones de sociedades, participaciones o cuotas sociales, derechos de propiedad industrial o intelectual y cualesquiera otros bienes muebles susceptibles de identificación.

Para su eficacia deberán reunir los requisitos de forma que en cada caso corresponda según la ley. Serán inscribibles en el Registro de la Propiedad u otros registros que correspondan en razón de su objeto.

Modificada por Ley Foral 21/2019, de 4 de abril, de modificación y actualización de la Compilación del Derecho Civil Foral de Navarra o Fuero Nuevo. (Boletín Oficial de Navarra de 16-04-2019).

LEY 461

Opción

El derecho real de opción puede constituirse por un tiempo determinado no superior a diez años.

No obstante lo dispuesto en el párrafo anterior, cuando el derecho de opción de compra se haya constituido como anejo a un arrendamiento, superficie u otro derecho real inscribible en el Registro de la Propiedad, su duración podrá alcanzar la totalidad del plazo de estos pero no al de sus prórrogas. La opción de compra aneja a un arrendamiento financiero se regirá por su normativa específica.

Ejercicio

La opción de compra deberá ejercitarse por el precio fijado o el que resulte según el procedimiento establecido para su determinación.

El optante notificará al optatario su voluntad de ejercitar la opción en la forma pactada y en el domicilio que expresamente se hubiera hecho constar a tal efecto. Cuando así se hubiera previsto, el optante podrá ejercitar de forma unilateral su derecho si se encontrare en posesión de la cosa y consignare notarialmente el precio.

Los actos de disposición por el dueño de la cosa objeto de la opción no perjudicarán este derecho, que subsistirá hasta el vencimiento del plazo dejando a salvo lo dispuesto en la Ley Hipotecaria.

Modificada por Ley Foral 21/2019, de 4 de abril, de modificación y actualización de la Compilación del Derecho Civil Foral de Navarra o Fuero Nuevo. (Boletín Oficial de Navarra de 16-04-2019).

LEY 462

Tanteo y retracto

El derecho de tanteo implica también el de retracto si la notificación no se hubiere practicado en forma o si la transmisión se realizase en condiciones distintas a las notificadas.

Estos derechos pueden constituirse bien por tiempo determinado, bien por tiempo indefinido o «para perpetuo». Si no se dispone otra cosa, sólo podrán ejercitarse respecto a la primera enajenación que se realice de los bienes sujetos a ellos.

A falta de determinación de plazo para el ejercicio del tanteo o retracto, se entenderá que caducan a los treinta días contados desde el siguiente al de la notificación o, en su caso, al del conocimiento de la enajenación.

TÍTULO VII
De las garantías reales

CAPÍTULO I
Disposiciones generales

LEY 463

Garantías

El cumplimiento de una obligación, o los efectos de su incumplimiento, podrán asegurarse con fiducia, arras, prenda, hipoteca, anticresis, derecho de retención, depósito en garantía, pacto de retracto, reserva de dominio, condición resolutoria, prohibición de disponer u otras cualesquiera formas de garantía real o personal.

Modificada por Ley Foral 21/2019, de 4 de abril, de modificación y actualización de la Compilación del Derecho Civil Foral de Navarra o Fuero Nuevo. (Boletín Oficial de Navarra de 16-04-2019).

LEY 464

Régimen

Respecto a la hipoteca mobiliaria o inmobiliaria y a la prenda sin desplazamiento, se estará a lo dispuesto en la legislación especial respectiva.

La fianza se someterá a las leyes 525 a 530. En cuanto a las otras formas de garantía, se observará lo dispuesto en el presente título.

Modificada por Ley Foral 21/2019, de 4 de abril, de modificación y actualización de la Compilación del Derecho Civil Foral de Navarra o Fuero Nuevo. (Boletín Oficial de Navarra de 16-04-2019).

LEY 465

Fundamento

La obligación de constituir garantía real puede fundarse en una estipulación, en un contrato, en una disposición mortis causa o en la Ley.

CAPÍTULO II
De las garantías fiduciaria y por arras

LEY 466

Fiducia

Por la fiducia de garantía se transmite al acreedor la propiedad de una cosa o la titularidad de un derecho mediante una forma eficaz frente a terceros. Cumplida la obligación garantizada, el transmitente podrá exigir del fiduciario la retransmisión de la propiedad o del derecho cedido; el fiduciario, en su caso, deberá restituir y responder con arreglo a lo establecido para el acreedor pignoraticio en la ley cuatrocientos setenta. No obstante, si así se hubiere pactado, podrá el acreedor, en caso de mora del deudor, adquirir irrevocablemente la propiedad de la cosa o la titularidad del derecho, y quedará extinguida la obligación garantizada.

LEY 467

Arras

a) Pacto como penitenciales. Si en un contrato intervienen arras o señal, sólo cuando expresamente se estableciere podrán una o cualquiera de las partes, según lo convenido, resolver el contrato sin más consecuencia que la pérdida de las arras entregadas o la obligación de devolver dobladas las recibidas.

b) Presunción de confirmatorias. En defecto de dicho pacto, si una de las partes incumpliere su obligación, podrá la otra optar entre exigir el cumplimiento y eventual indemnización o resolver el contrato conforme a lo dispuesto en el párrafo anterior. Si exigiere el cumplimiento del contrato, las arras se imputarán al precio o, en su caso, a la indemnización.

CAPÍTULO III
De la prenda con desplazamiento, hipoteca, anticresis, derecho de retención y depósito en garantía

LEY 468

Prenda

a) Constitución. La prenda se constituye por entrega de la posesión de la cosa mueble o inmueble.

LEY 469

b) Derecho de la venta. Incumplida la obligación previo requerimiento fehaciente de pago, puede el acreedor pignoraticio vender la cosa pignorada en subasta judicial o en subasta extrajudicial con intervención de notario. Puede pactarse otra forma de venta, siempre que la naturaleza del objeto lo permita, pero es nulo el pacto por el que se atribuya al acreedor la propiedad de la cosa por falta de pago.

No podrá el acreedor disponer de otro modo ni usar la cosa sin autorización del pignorante, salvo la percepción de los frutos conforme a la ley 471.

Modificada por Ley Foral 21/2019, de 4 de abril, de modificación y actualización de la Compilación del Derecho Civil Foral de Navarra o Fuero Nuevo. (Boletín Oficial de Navarra de 16-04-2019).

LEY 470

c) Responsabilidad. El acreedor, salvo pacto en contrario, responderá del hurto, pero no del robo ni de otro caso fortuito.

d) Restitución. El acreedor deberá restituir la cosa en el mismo estado en que la recibió y justificar, en su caso, la imputación de los frutos percibidos.

LEY 471

Pacto anticrético

Tanto en la prenda como en la hipoteca, se puede pactar la anticresis o compensación total o parcial del uso de la cosa o de sus frutos con los intereses devengados por la deuda. En otro caso, si la cosa en posesión del acreedor produce frutos, deberá percibirlos aquel para imputarlos a la deuda de intereses y después a la del capital.

Anticresis

También se puede pactar, sin constituir prenda o hipoteca, la compensación total o parcial de una deuda dineraria con el uso o disfrute de una cosa mueble o inmueble.

Inscripción

Los pactos anticréticos serán inscribibles, según su objeto, en el Registro de la Propiedad u otros Registros.

Modificada por Ley Foral 21/2019, de 4 de abril, de modificación y actualización de la Compilación del Derecho Civil Foral de Navarra o Fuero Nuevo. (Boletín Oficial de Navarra de 16-04-2019).

LEY 472

«Pignus Gordianum»

Extinguida la prenda por el cumplimiento de la obligación garantizada, el acreedor podrá retener la posesión de la cosa que le fue pignorada en garantía del cumplimiento de otra deuda posterior del mismo deudor.

Modificada por Ley Foral 21/2019, de 4 de abril, de modificación y actualización de la Compilación del Derecho Civil Foral de Navarra o Fuero Nuevo. (Boletín Oficial de Navarra de 16-04-2019).

LEY 473

Retención convencional

Las obligaciones también pueden garantizarse mediante el acuerdo de que el acreedor retenga hasta el cumplimiento la posesión de una cosa o derecho, sin poder alguno de disposición sobre los mismos.

Este derecho podrá inscribirse cuando la naturaleza del objeto lo permita.

Una vez cumplida la obligación, el acreedor deberá restituir e indemnizar conforme a lo establecido para el acreedor pignoraticio en la ley cuatrocientos setenta.

LEY 474

Depósito en garantía

Para garantía del cumplimiento de una obligación puede constituirse a favor del acreedor un depósito de dinero u otras cosas fungibles. El acreedor adquiere la propiedad de las cosas depositadas en su poder con obligación de restituirlas al depositante, si procediere, conforme a lo establecido en el contrato.

Cuando el depósito se haga en poder de un tercero, éste quedará obligado a entregarlo al acreedor o a restituirlo al depositante, según corresponda conforme a lo pactado.

CAPÍTULO IV
De la venta con pacto de retro como garantía

LEY 475

Garantía mediante venta con pacto de retro

El cumplimiento de una obligación dineraria puede garantizarse mediante venta con pacto de retro o a carta de gracia, reservándose el deudor el derecho a retraer la cosa vendida al satisfacer o extinguir la obligación.

Presunción. Régimen

La venta con pacto de retro o a carta de gracia se considerará garantía real no solo cuando expresamente se estableciese en el título, sino también cuando así resulte del contrato o deba presumirse conforme a la ley 583, y le serán aplicables las disposiciones de este capítulo y de las leyes 577, 578 y 579.

Modificada por Ley Foral 21/2019, de 4 de abril, de modificación y actualización de la Compilación del Derecho Civil Foral de Navarra o Fuero Nuevo. (Boletín Oficial de Navarra de 16-04-2019).

LEY 476

Posesión, disfrute y gastos

En la venta con pacto de retro como garantía se presumirá, salvo pacto en contrario, que el vendedor tiene derecho a la posesión y disfrute de la cosa y está obligado al pago de los gastos, seguros y contribuciones por razón de la misma.

LEY 477

Consumación

El simple transcurso del plazo de la obligación garantizada no hará firme la adquisición de propiedad por el acreedor, sino que esta solo tendrá lugar una vez cumplido el término de un mes y un día, o el plazo mayor previsto en el contrato, a contar del requerimiento fehaciente que el acreedor hiciere al deudor para exigir el cumplimiento de la obligación.

Lo previsto en esta ley se observará aunque nada se hubiese establecido en el contrato o se hubiese pactado lo contrario. Quedarán siempre a salvo cualesquiera pactos más favorables para el deudor.

Modificada por Ley Foral 21/2019, de 4 de abril, de modificación y actualización de la Compilación del Derecho Civil Foral de Navarra o Fuero Nuevo. (Boletín Oficial de Navarra de 16-04-2019).

LEY 478

Exclusión de lesión enorme

La adquisición firme conforme a la Ley anterior no podrá ser rescindida a causa de lesión en el precio.

LEY 479

Frutos

Consumada la adquisición de la propiedad por el acreedor, se aplicará para la distribución de los frutos lo establecido en las leyes trescientos cincuenta y tres y trescientos cincuenta y cuatro.

LEY 480

Prescripción

Si no se hubiera pactado otro plazo, la acción de retraer prescribirá a los diez años.

El plazo empezará a correr en el momento en que el deudor cumpla la obligación o comunique al comprador su intención de retraer.

Modificada por Ley Foral 21/2019, de 4 de abril, de modificación y actualización de la Compilación del Derecho Civil Foral de Navarra o Fuero Nuevo. (Boletín Oficial de Navarra de 16-04-2019).

CAPÍTULO V
De las prohibiciones de disponer

LEY 481

En actos a título lucrativo

La prohibición de disponer establecida en actos a título lucrativo, ínter vivos o mortis causa, a favor de personas determinadas o determinables dentro de los límites del párrafo segundo de la ley doscientos veinticuatro, tiene siempre eficacia real y será inscribible en el Registro.

LEY 482

En actos a título oneroso

La prohibición de disponer establecida en actos a título oneroso tiene eficacia obligacional por el plazo máximo de diez años, siempre que se haga a favor de personas actualmente determinadas. Esta prohibición es inscribible, siempre que para ello exista convenio expreso, y una vez inscrita en el Registro tendrá eficacia real durante el plazo máximo de cuatro años.

CAPÍTULO VI
De la venta con pacto de reserva de dominio

LEY 483

Concepto. Efectos

Por el pacto de reserva de dominio el vendedor conserva la propiedad de la cosa vendida hasta que el precio sea pagado por completo, y podrá ejercitar las tercerías de dominio y demás acciones en defensa de su derecho. El contrato queda perfeccionado desde su celebración, pero el efecto de transmisión de la cosa quedará diferido hasta el pago total. Mientras tanto, corresponde al comprador la posesión y disfrute de la cosa vendida, con las limitaciones pactadas en su caso, así mismo estarán a su cargo el riesgo y todos los gastos inherentes a aquella; el vendedor, por su parte, queda obligado a no disponer de la cosa.

Inscrita la venta en el Registro de la Propiedad u otro registro, todo acto de disposición de la cosa por parte del vendedor será sin perjuicio del derecho del comprador.

En caso de embargo de bienes o concurso del vendedor, quedará a salvo el derecho del comprador para adquirir la propiedad mediante pago íntegro del precio en los plazos convenidos.

> *La sentencia del TC 157/2021, de 16 de septiembre de 2021 (recurso de inconstitucionalidad 315-2020) declara el segundo párrafo (destacado en negrita/cursiva) inconstitucional y nulo en la redacción dada al mismo por la Ley Foral 21/2019, de 4 de abril. (BOE de 20-10-2021).*

LEY 484

Resolución

La falta de pago por el comprador de cualquiera de los plazos del precio facultará al vendedor para resolver el contrato, pero la resolución sólo tendrá lugar una vez cumplido el término de un mes y un día, o el plazo mayor que se haya pactado, a contar del requerimiento fehaciente que el vendedor hiciere al comprador exigiendo el cumplimiento de la obligación.

En caso de resolución, el vendedor recobrará la libre disposición de la cosa y deberá restituir las cantidades percibidas, con derecho a retener o reclamar la compensación por el uso de la cosa y daños y perjuicios ocasionados conforme a lo pactado o, en defecto de pacto, la correspondiente indemnización.

LEY 485

Cesión

Si no se hubiere pactado otra cosa, la cesión ínter vivos que el comprador haga de su derecho no afectará al vendedor si éste no la consintiere.

Ejecución

Los acreedores del comprador no pueden ejercitar por subrogación el derecho de adquirir la cosa, sino que habrán de proceder judicialmente para cobrar sus créditos con cargo a aquel derecho.

CAPÍTULO VII
De la venta con pacto comisorio

LEY 486

Concepto

En la compraventa con precio aplazado, total o parcialmente, puede establecerse el pacto comisorio por el cual la falta de pago de todo o parte del precio en el tiempo convenido facultará al vendedor para ejercitar de pleno derecho la resolución del contrato, que sólo tendrá lugar una vez cumplido el término de un mes y un día, o el plazo mayor que se haya pactado, a contar del requerimiento fehaciente que el vendedor hiciere al comprador exigiendo el cumplimiento de la obligación.

El vendedor podrá optar entre la resolución o el cumplimiento del contrato mediante la percepción del precio aplazado.

LEY 487

Resolución

En caso de resolución, una vez notificada, la cosa se tendrá por no vendida y quedarán sin efecto los actos de enajenación y gravamen, así como todos los arrendamientos concertados por el comprador sin perjuicio de lo dispuesto en la Ley Hipotecaria.

Modificada por Ley Foral 21/2019, de 4 de abril, de modificación y actualización de la Compilación del Derecho Civil Foral de Navarra o Fuero Nuevo. (Boletín Oficial de Navarra de 16-04-2019).

LIBRO IV
De las obligaciones, estipulaciones y contratos

Modificado por Ley Foral 21/2019, de 4 de abril, de modificación y actualización de la Compilación del Derecho Civil Foral de Navarra o Fuero Nuevo. (Boletín Oficial de Navarra de 16-04-2019).

TÍTULO I
De las obligaciones en general

Modificado por Ley Foral 21/2019, de 4 de abril, de modificación y actualización de la Compilación del Derecho Civil Foral de Navarra o Fuero Nuevo. (Boletín Oficial de Navarra de 16-04-2019).

CAPÍTULO I
De las fuentes y efectos de las obligaciones

LEY 488

Fuentes

Las obligaciones nacen de la voluntad unilateral o convenida, del hecho dañoso, del enriquecimiento sin causa y de la ley.

Las obligaciones nacidas de convenio exigen la concurrencia de consentimiento libremente expresado, objeto cierto y justa causa.

Interpretación

Las obligaciones deberán interpretarse conforme a la voluntad declarada que las creó, al uso y a la buena fe.

Salvo pacto en contrario, el obligado a una prestación deberá cumplir a su costa las formalidades de titulación, como reanudación del tracto en los registros u oficinas públicas, entrega de documentos y demás actos para el pleno cumplimiento de la obligación y la cancelación registral de cargas y limitaciones extinguidas.

Los pactos se presumirán en favor del deudor, salvo que esta presunción resulte contraria a la naturaleza o circunstancias del acto.

Modificada por Ley Foral 21/2019, de 4 de abril, de modificación y actualización de la Compilación del Derecho Civil Foral de Navarra o Fuero Nuevo. (Boletín Oficial de Navarra de 16-04-2019).

LEY 489

Nulidad, anulabilidad y rescindibilidad

Las obligaciones serán nulas, anulables o rescindibles conforme a lo dispuesto en las leyes 19, 20 y 21.

Modificada por Ley Foral 21/2019, de 4 de abril, de modificación y actualización de la Compilación del Derecho Civil Foral de Navarra o Fuero Nuevo. (Boletín Oficial de Navarra de 16-04-2019).

LEY 490

Intereses moratorios

Todas las deudas dinerarias, aun cuando mediare estipulación de intereses, devengarán los legales desde el vencimiento de la obligación.

Modificada por Ley Foral 21/2019, de 4 de abril, de modificación y actualización de la Compilación del Derecho Civil Foral de Navarra o Fuero Nuevo. (Boletín Oficial de Navarra de 16-04-2019).

LEY 491

Presunción de divisibilidad

Salvo que la ley o el pacto declaren que varios acreedores o deudores que intervienen en la obligación lo son solidariamente, o así resulte de la naturaleza o circunstancias de la misma, se considerará que lo son por partes divididas, tanto activa como pasivamente.

Obligaciones indivisibles

Si la prestación es en sí misma indivisible, la reclamación deberá hacerse conjuntamente, pero la insolvencia de un deudor no perjudicará a los demás.

Modificada por Ley Foral 21/2019, de 4 de abril, de modificación y actualización de la Compilación del Derecho Civil Foral de Navarra o Fuero Nuevo. (Boletín Oficial de Navarra de 16-04-2019).

CAPÍTULO II
Del cumplimiento y extinción de las obligaciones

Modificado por Ley Foral 21/2019, de 4 de abril, de modificación y actualización de la Compilación del Derecho Civil Foral de Navarra o Fuero Nuevo. (Boletín Oficial de Navarra de 16-04-2019).

LEY 492

Cumplimiento de la obligación

Las obligaciones se extinguen al quedar cumplidas.

Requisitos

Aunque la obligación sea divisible, el acreedor podrá rechazar una oferta de cumplimiento incompleto o de objeto distinto del debido.

Modificada por Ley Foral 21/2019, de 4 de abril, de modificación y actualización de la Compilación del Derecho Civil Foral de Navarra o Fuero Nuevo. (Boletín Oficial de Navarra de 16-04-2019).

Modificada por Ley Foral 21/2019, de 4 de abril, de modificación y actualización de la Compilación del Derecho Civil Foral de Navarra o Fuero Nuevo. (Boletín Oficial de Navarra de 16-04-2019).

LEY 493

Reconocimiento de pago

Quien ha reconocido en un documento el cobro de una cantidad no podrá exigir la prueba de pago efectivo de la misma, pero podrá impugnar el documento probando la inexistencia de dicho pago.

Modificada por Ley Foral 21/2019, de 4 de abril, de modificación y actualización de la Compilación del Derecho Civil Foral de Navarra o Fuero Nuevo. (Boletín Oficial de Navarra de 16-04-2019).

LEY 494

Pago parcial

No obstante lo dispuesto en la ley 492, puede compelerse al acreedor a que acepte el pago parcial de una cantidad cuando el deudor garantice el pago de la cantidad restante.

Cuando el acreedor no considere suficiente la garantía prestada por el deudor, el juez decidirá lo procedente sobre la misma a petición de cualquiera de las partes en el proceso declarativo que corresponda o como consecuencia de la oposición que, con causa en el pago parcial y suficiencia de la garantía del resto de la deuda, podrá formular el deudor en el procedimiento ejecutivo de que se trate.

Modificada por Ley Foral 21/2019, de 4 de abril, de modificación y actualización de la Compilación del Derecho Civil Foral de Navarra o Fuero Nuevo. (Boletín Oficial de Navarra de 16-04-2019).

LEY 495

Dación en pago

Cuando el acreedor acepte la dación en pago de un objeto distinto del debido, la obligación se considerará extinguida tan solo desde el momento en que el acreedor adquiera la propiedad de la cosa subrogada, pero las garantías de la obligación, salvo que sean expresamente mantenidas, quedarán extinguidas desde el momento de la aceptación.

Dación en pago necesaria

El acreedor de cantidad de dinero tendrá que aceptar un objeto distinto si el juez estima justa la sustitución atendiendo a la posición de iliquidez del deudor por imposibilidad de realización de sus bienes y a la agravación extraordinaria de la prestación que conllevaría para el mismo su cumplimiento forzoso o su incumplimiento por resultar una desproporción entre sus consecuencias o garantías y la deuda dineraria*.

Sin perjuicio de la solicitud por parte del deudor en el procedimiento declarativo que corresponda, si se hubiere iniciado la ejecución, podrá formular oposición con causa en la dación en pago por agravación extraordinaria de la prestación en el procedimiento ejecutivo de que se trate.

Dación para pago

La dación para pago sólo libera al deudor por el importe líquido de los bienes cedidos.

* La sentencia del TC 157/2021, de 16 de septiembre de 2021 (recurso de inconstitucionalidad 315-2020) declara que este párrafo no es inconstitucional en la redacción dada al mismo por la Ley Foral 21/2019, de 4 de abril, interpretado en los términos del fundamento jurídico 10.b de la STC 157/2021, de 16 de septiembre. (BOE de 20-10-2021).

LEY 496

Pago por consignación

Si el acreedor se niega injustamente a aceptar el pago de la cantidad o de la cosa mueble debida, el deudor quedará libre de responsabilidad mediante la consignación judicial. Si se tratara de cosa inmueble, podrá asimismo liberarse de responsabilidad poniéndola a disposición del Juez.

Pago por terceros

Cuando, por su naturaleza o por pacto, la obligación no requiera un cumplimiento personal del deudor, podrá ser cumplida por un tercero, incluso sin conocimiento del deudor. El tercero que hubiere pagado con conocimiento y sin oposición por parte del deudor, así como el que lo hubiere hecho por tener interés en el cumplimiento, quedará subrogado en el derecho del acreedor. En los demás casos solo podrá repetir del deudor en la medida de la utilidad que a este reportó tal pago.

Modificada por Ley Foral 21/2019, de 4 de abril, de modificación y actualización de la Compilación del Derecho Civil Foral de Navarra o Fuero Nuevo. (Boletín Oficial de Navarra de 16-04-2019).

LEY 497

Otros modos de extinción

También se extinguen las obligaciones por novación, por compensación, por confusión de la titularidad del deudor y la del acreedor, por condonación de la deuda y por hacerse imposible su cumplimiento por causa extraña al deudor y sin su culpa.

Modificada por Ley Foral 21/2019, de 4 de abril, de modificación y actualización de la Compilación del Derecho Civil Foral de Navarra o Fuero Nuevo. (Boletín Oficial de Navarra de 16-04-2019).

CAPÍTULO III
De la revisión de las obligaciones

Modificado por Ley Foral 21/2019, de 4 de abril, de modificación y actualización de la Compilación del Derecho Civil Foral de Navarra o Fuero Nuevo. (Boletín Oficial de Navarra de 16-04-2019).

LEY 498

«Rebus sic stantibus»

Cuando se trate de obligaciones de largo plazo o tracto sucesivo, y durante el tiempo de cumplimiento se altere fundamental y gravemente el contenido económico de la obligación o la proporcionalidad entre las prestaciones, por haber sobrevenido circunstancias imprevistas que hagan extraordinariamente oneroso el cumplimiento para una de las partes, podrá esta solicitar la revisión judicial para que se modifique la obligación en términos de equidad o se declare su resolución.

Modificada por Ley Foral 21/2019, de 4 de abril, de modificación y actualización de la Compilación del Derecho Civil Foral de Navarra o Fuero Nuevo. (Boletín Oficial de Navarra de 16-04-2019).

CAPÍTULO III
De la revisión de las obligaciones

Modificado por Ley Foral 21/2019, de 4 de abril, de modificación y actualización de la Compilación del Derecho Civil Foral de Navarra o Fuero Nuevo. (Boletín Oficial de Navarra de 16-04-2019).

LEY 499

Incumplimiento

Existe incumplimiento de la obligación cuando el deudor no realiza la prestación en los términos en los que se encuentra obligado, a salvo lo dispuesto en el último inciso de la ley 497.

Efectos

En caso de incumplimiento culpable el deudor está obligado a indemnizar los daños producidos.

Modificada por Ley Foral 21/2019, de 4 de abril, de modificación y actualización de la Compilación del Derecho Civil Foral de Navarra o Fuero Nuevo. (Boletín Oficial de Navarra de 16-04-2019).

CAPÍTULO V
De la rescisión por lesión

Modificado por Ley Foral 21/2019, de 4 de abril, de modificación y actualización de la Compilación del Derecho Civil Foral de Navarra o Fuero Nuevo. (Boletín Oficial de Navarra de 16-04-2019).

LEY 500

Concepto

Quien haya sufrido lesión enorme, a causa de un contrato oneroso que hubiere aceptado por apremiante necesidad o inexperiencia, podrá pedir la rescisión del mismo.

Se entenderá por lesión enorme el perjuicio de más de la mitad del valor de la prestación, estimada al tiempo del contrato.

Si el perjuicio excediere de los dos tercios de aquel valor, la lesión se entenderá enormísima.

Sujeto

En ningún caso podrá pedir la rescisión por lesión quien, profesional o habitualmente, se dedique al tráfico de las cosas objeto del contrato o fuere perito en ellas.

Objeto

La rescisión se dará no solo en los contratos sobre bienes inmuebles, sino también sobre los muebles cuando se estime justificada la acción en consideración al valor de los mismos y al perjuicio causado por el contrato en relación con el patrimonio.

Modificada por Ley Foral 21/2019, de 4 de abril, de modificación y actualización de la Compilación del Derecho Civil Foral de Navarra o Fuero Nuevo. (Boletín Oficial de Navarra de 16-04-2019).

LEY 501

Contrato sobre varias cosas conjuntamente

El contrato sobre varias cosas conjuntamente por un solo precio podrá rescindirse por lesión en su totalidad, aunque se especificare separadamente el precio, valor o estimación de cada cosa.

Modificada por Ley Foral 21/2019, de 4 de abril, de modificación y actualización de la Compilación del Derecho Civil Foral de Navarra o Fuero Nuevo. (Boletín Oficial de Navarra de 16-04-2019).

LEY 502

Excepciones

No tendrá lugar la rescisión en los contratos de simple liberalidad, aleatorios o sobre objeto litigioso.

En las ventas efectuadas a carta de gracia o con pacto de retro, solo se dará la rescisión cuando haya caducado el plazo o se haya extinguido el derecho a retraer. Cuando no se hubiese fijado plazo, se estará a lo dispuesto en la ley 577.

Modificada por Ley Foral 21/2019, de 4 de abril, de modificación y actualización de la Compilación del Derecho Civil Foral de Navarra o Fuero Nuevo. (Boletín Oficial de Navarra de 16-04-2019).

LEY 503

Acción

La acción rescisoria por lesión es personal y transmisible a los herederos. No tendrá lugar cuando sean procedentes las acciones de saneamiento por vicios o defectos de la cosa, o la de nulidad del contrato.

La acción rescisoria por lesión prescribirá en los plazos establecidos en la ley 30.

Modificada por Ley Foral 21/2019, de 4 de abril, de modificación y actualización de la Compilación del Derecho Civil Foral de Navarra o Fuero Nuevo. (Boletín Oficial de Navarra de 16-04-2019).

LEY 504

Renuncia

La renuncia a la acción rescisoria, hecha simultánea o posteriormente al contrato a que se refiere, será válida siempre que observe al menos la forma utilizada para tal contrato y exprese de forma pormenorizada, clara y comprensible las consecuencias jurídicas y económicas que conlleva.

Sin embargo, no será válida la renuncia determinada por apremiante necesidad o por inexperiencia.

Modificada por Ley Foral 21/2019, de 4 de abril, de modificación y actualización de la Compilación del Derecho Civil Foral de Navarra o Fuero Nuevo. (Boletín Oficial de Navarra de 16-04-2019).

LEY 505

Restitución

a) Frutos. Declarada la rescisión, se restituirá la cosa con sus frutos, aplicándose en cuanto a estos lo establecido en las leyes 353 y 354.

b) Mejoras. No habrá derecho alguno al abono de mejoras, pero el demandado podrá retirarlas cuando puedan separarse sin menoscabo de la cosa a que se hubiesen unido.

c) Complemento del precio. Cuando la restitución no fuese posible porque el demandado no tuviera la cosa en su poder, deberá pagar sólo el complemento del precio, valor o estimación más los intereses legales.

Indemnización

En todo caso, se podrá evitar la rescisión mediante el abono de la indemnización a que se refiere el párrafo anterior.

Modificada por Ley Foral 21/2019, de 4 de abril, de modificación y actualización de la Compilación del Derecho Civil Foral de Navarra o Fuero Nuevo. (Boletín Oficial de Navarra de 16-04-2019).

LEY 506

Indivisibilidad de la acción

La acción de rescisión es indivisible y deberá se ejercitada conjuntamente contra todos los obligados y por todos los que tengan derecho a ejercitarla, o por uno cualquiera de estos respecto a la totalidad.

No habrá lugar a la rescisión cuando todos los obligados estén de acuerdo en indemnizar, y deberán hacerlo en la proporción que a cada uno corresponda.

Cuando sólo uno se disponga a ejercitar la acción, deberá notificarlo previamente a los otros que tengan derecho a la rescisión, para que puedan concurrir al litigio. Después de haberse ejercitado la acción por uno de ellos, deberá este hacer partícipes a los otros del resultado favorable de la acción por él ejercitada deducidos los gastos del litigio.

Modificada por Ley Foral 21/2019, de 4 de abril, de modificación y actualización de la Compilación del Derecho Civil Foral de Navarra o Fuero Nuevo. (Boletín Oficial de Navarra de 16-04-2019).

CAPÍTULO VI
De la responsabilidad extracontractual

Modificado por Ley Foral 21/2019, de 4 de abril, de modificación y actualización de la Compilación del Derecho Civil Foral de Navarra o Fuero Nuevo. (Boletín Oficial de Navarra de 16-04-2019).

LEY 507

Responsabilidad extracontractual

Quien por su negligencia o actividad arriesgada cause daño en la persona, patrimonio o interés ajenos deberá indemnizarlo según las circunstancias de cada caso.

Cuando el daño fuera producido por una pluralidad de agentes y no pudiera individualizarse la relevancia de cada acción en el resultado dañoso responderán todos ellos de forma solidaria.

La acción para exigir la indemnización prescribe al año cuyo cómputo se iniciará, una vez que pueda ser ejercitada, desde el momento en que se conoció el daño o pudo determinarse el concreto alcance de sus consecuencias. En supuestos de daños continuados, el «dies a quo» vendrá constituido por el momento en que tenga lugar su definitiva determinación.

Modificada por Ley Foral 21/2019, de 4 de abril, de modificación y actualización de la Compilación del Derecho Civil Foral de Navarra o Fuero Nuevo. (Boletín Oficial de Navarra de 16-04-2019).

CAPÍTULO VII
Del enriquecimiento sin causa

Modificado por Ley Foral 21/2019, de 4 de abril, de modificación y actualización de la Compilación del Derecho Civil Foral de Navarra o Fuero Nuevo. (Boletín Oficial de Navarra de 16-04-2019).

LEY 508

Clases. Enriquecimiento sin causa general

El que adquiere, retiene o se enriquece de cualquier otro modo por sí o por medio de un tercero sin que exista causa que lo justifique, y obtiene un lucro de otra persona o a su costa que empobrezca su patrimonio, queda obligado a restituir lo recibido o a abonar el valor de la ventaja patrimonial obtenida. Deberá también indemnizar el perjuicio causado al empobrecido cuando así se establezca legalmente o el juez lo considere procedente.

Adquisición por acto ilícito o inmoral

Se entiende por adquisición sin causa la que se ha hecho a consecuencia de un acto ilícito o de un convenio prohibido o que es inmoral para el adquirente.

En tal caso, el adquirente queda obligado a restituir lo recibido con sus frutos, rendimientos o intereses e indemnizar el perjuicio sufrido. Dicha obligación subsistirá cuando la cosa se hubiera perdido, aun cuando fuera por caso fortuito, debiendo restituirse su valor además de indemnizar el perjuicio en el caso de que proceda.

Lo previsto en el párrafo anterior no resultará de aplicación cuando el adquirente sea una persona menor de edad no emancipada o que precisara de apoyos para el ejercicio de su capacidad y no hubiera podido contar con ellos, en cuyo caso responderá tan sólo de su enriquecimiento.

Retención sin causa

Se entiende que se retiene sin causa cuando se recibió una cosa para realizar una contraprestación que no se ha cumplido o en cobro de una obligación indebida con error por parte del que pago y del que cobró, o cuando se recibió una cosa por causa inicialmente válida, pero que posteriormente ha dejado de justificar la retención de lo adquirido.

En estos casos, el adquirente está obligado a restituir su enriquecimiento sin perjuicio, además, de lo dispuesto en la presente Compilación para la posesión.

Modificada por Ley Foral 31/2022, de 28 de noviembre, de atención a las personas con discapacidad en Navarra y garantía de sus derechos. (Boletín Oficial de Navarra de 15-12-2022).

Anteriormente modificada por Ley Foral 21/2019, de 4 de abril, de modificación y actualización de la Compilación del Derecho Civil Foral de Navarra o Fuero Nuevo. (Boletín Oficial de Navarra de 16-04-2019).

LEY 509

Prueba en el pago de lo indebido

El que repite un pago indebido debe probar que lo realizó y la inexistencia de la obligación.

Cuando el que cobró niegue formalmente haber cobrado, una vez que se pruebe el pago, deberá probar él la existencia de la obligación.

El que cobró lo no debido podrá retener lo cobrado cuando pruebe que quien pagó lo hizo sin error.

Si se prueba la mala fe del que cobró, se considerará a éste como adquirente por acto ilícito.

LEY 510

Obligaciones naturales

No será repetible el pago cuando se haya hecho en cumplimiento de un deber moral, o impuesto por el uso, aunque no sea judicialmente exigible. El reconocimiento, la novación, la compensación y la garantía de las obligaciones naturales producen efectos civiles.

Causa inmoral para el que pagó

Asimismo es irrepetible lo que se da a causa de un convenio inmoral para el que pagó, aunque lo sea también para el que cobró.

CAPÍTULO VIII
De la cesión de las obligaciones

Modificado por Ley Foral 21/2019, de 4 de abril, de modificación y actualización de la Compilación del Derecho Civil Foral de Navarra o Fuero Nuevo. (Boletín Oficial de Navarra de 16-04-2019).

LEY 511

Cesión de créditos

El acreedor puede ceder su derecho contra el deudor; pero, cuando la cesión sea a título oneroso, el deudor quedará liberado abonando al cesionario el precio que este pagó más los intereses legales y los gastos que le hubiere ocasionado la reclamación del crédito.

Sin perjuicio de las formalidades requeridas en la legislación hipotecaria, el cedente deberá notificar al deudor de forma fehaciente la cesión, con indicación expresa e individualizada de la identidad y domicilio del cesionario y del precio abonado por su crédito.

El deudor podrá ejercitar su derecho mediante la acción o excepción que corresponda en el proceso declarativo, así como formulando oposición por pluspetición en el procedimiento ejecutivo de que se trate.

Si la cesión tuviera lugar una vez iniciado el procedimiento de ejecución, el órgano judicial requerirá al cedente para que manifieste el precio de la cesión a fin de que el deudor pueda ejercitar su derecho en el plazo que se le establezca.

La sentencia del TC 157/2021, de 16 de septiembre de 2021 (recurso de inconstitucionalidad 315-2020) declara que esta disposición no es inconstitucional en la redacción dada por la Ley Foral 21/2019, de 4 de abril, interpretada en los términos del fundamento jurídico 9.g) de la propia sentencia. (BOE de 20-10-2021).

LEY 512

Asunción de deudas

El tercero que asume una obligación ajena queda obligado para con el deudor o acreedor con quienes haya contraído la asunción de la obligación, en los términos de la misma, y, de no haberse establecido otra cosa, asume también todas las obligaciones accesorias o derivadas de la principal.

La asunción no aceptada por el acreedor no libera de responsabilidad al deudor en tanto no quede cumplida la obligación.

La aceptación por el acreedor de la sustitución del deudor podrá prestarse expresamente o por actos que impliquen inequívocamente la liberación del primer acreedor.

Los terceros que hubieren garantizado el cumplimiento de la obligación quedarán liberados por la asunción, a no ser que hubieren prestado su consentimiento.

LEY 513

Cesión de contrato

Todo contratante puede ceder el contrato a un tercero, para quedar sustituido por este en las relaciones pendientes que no tengan carácter personalísimo.

Si una de las partes hubiere consentido preventivamente la cesión del contrato a un tercero y siempre que la misma haya tenido lugar sobre cláusula que exprese de forma pormenorizada, clara y comprensible las consecuencias jurídicas y económicas que conlleva, la sustitución será eficaz, respecto a aquella, desde el momento en que le hubiere sido notificada; si no hubiere consentido preventivamente la cesión, o lo hubiera hecho sin la expresión de tales circunstancias, sólo le afectará si la aceptare.

Desde que sea eficaz la sustitución, por la notificación o aceptación en sus respectivos casos, el cedente queda desligado del contrato, y el cesionario subrogado en su lugar.

El contratante cedido puede oponer al cesionario todas las excepciones derivadas del contrato, pero no las fundadas en otras relaciones con el cedente.

Los terceros que hubieren garantizado el cumplimiento del contrato quedarán liberados por la cesión, a no ser que hubiesen prestado su consentimiento.

Modificada por Ley Foral 21/2019, de 4 de abril, de modificación y actualización de la Compilación del Derecho Civil Foral de Navarra o Fuero Nuevo. (Boletín Oficial de Navarra de 16-04-2019).

LEY 514

Contrato con facultad de subrogación

Puede concertarse un contrato con facultad, para cualquiera de las partes, de designar posteriormente la persona que deba subrogarse en sus derechos y obligaciones, en cuyo caso deberá expresarse de forma pormenorizada, clara y comprensible las consecuencias jurídicas y económicas que conlleva. El otro contratante, en cualquier momento, podrá requerir a quien esté facultado para que haga la designación dentro del plazo máximo de año y día, a contar del requerimiento, a no ser que en el contrato, o por ley, se hubiere establecido otro término.

La declaración que designe la persona deberá notificarse a la otra dentro del plazo. Hecha la notificación, la persona designada se subroga en los derechos y asume las obligaciones de la parte que le designó, con efecto desde el momento de la celebración del contrato.

Si dentro del plazo no se notificare la designación de persona, el contrato producirá todos los efectos entre las partes que lo celebraron.

Modificada por Ley Foral 21/2019, de 4 de abril, de modificación y actualización de la Compilación del Derecho Civil Foral de Navarra o Fuero Nuevo. (Boletín Oficial de Navarra de 16-04-2019).

TÍTULO II
De las estipulaciones

Modificado por Ley Foral 21/2019, de 4 de abril, de modificación y actualización de la Compilación del Derecho Civil Foral de Navarra o Fuero Nuevo. (Boletín Oficial de Navarra de 16-04-2019).

CAPÍTULO I
De las promesas en general

LEY 515

Concepto

Son estipulaciones los actos por los que una persona, mediante su promesa, se hace deudora de otra sin que ésta quede contractualmente obligada a cumplir una contraprestación.

LEY 516

Promesa de contrato

La promesa de concluir un contrato futuro obliga a quien la hace siempre que se hayan determinado los elementos esenciales del contrato cuya aceptación se promete.

El convenio consensual preparatorio de un contrato futuro, aunque no reúna todos los requisitos exigidos para la celebración del contrato previsto, obliga a las dos partes.

La obligación de contratar que resulta de estas promesas se regirá por las reglas aplicables al contrato prometido. Los elementos accidentales del contrato no previstos en la promesa se determinarán conforme al uso, la costumbre y la ley, o, en su defecto, equitativamente por el juez.

Modificada por Ley Foral 21/2019, de 4 de abril, de modificación y actualización de la Compilación del Derecho Civil Foral de Navarra o Fuero Nuevo. (Boletín Oficial de Navarra de 16-04-2019).

LEY 517

Opción de compra

La promesa de opción de compra que produzca efectos reales se regirá por las leyes cuatrocientos sesenta y cuatrocientos sesenta y uno.

LEY 518

Estipulación penal

a) Punitiva. La estipulación de pagar una cantidad como pena por el incumplimiento de una prestación lícita obliga al promitente que incurra en la conducta expresamente contemplada en la misma.

La obligación de pagar la pena tiene carácter subsidiario y el acreedor podrá rechazar la oferta de pago de la pena estipulada y exigir la indemnización que resulte debida por el incumplimiento de la obligación principal.

Cuando el acreedor acepte voluntariamente el cumplimiento de la obligación, aunque este sea parcial, se entenderá renunciada la estipulación penal, salvo que otra cosa se hubiere pactado.

Cuando cobre la pena y luego exija la indemnización por incumplimiento, la pena cobrada se deducirá de la indemnización que resulte deberse en virtud del contrato.

La pena convenida podrá ser reducida por el arbitrio judicial cuando las circunstancias concurrentes la hagan extraordinariamente gravosa o desproporcionada en relación con el objeto de la prestación.

El deudor quedará liberado de la pena cuando concurra alguna causa que pudiera liberarle de la obligación principal.

b) Liquidatoria. Si la pena se estipulase con carácter alternativo al incumplimiento, el acreedor no podrá exigir una mayor cantidad por el daño causado salvo que el juez la estime desproporcionada en relación con la entidad del mismo.

c) Facultativa. La estipulación de pagar una cantidad con carácter alternativo al cumplimiento exime al deudor de cumplir la obligación mediante su efectivo abono.

Modificada por Ley Foral 21/2019, de 4 de abril, de modificación y actualización de la Compilación del Derecho Civil Foral de Navarra o Fuero Nuevo. (Boletín Oficial de Navarra de 16-04-2019).

LEY 519

Condición y término

Las promesas pueden someterse a condición y término. Las condicionales no nacen hasta el cumplimiento de la condición, pero ésta tiene efecto retroactivo. Las sometidas a término existen desde el primer momento, pero no se pueden exigir antes de la llegada del término. Las condicionadas a un hecho imposible, inmoral o ilícito se tendrán por nulas.

LEY 520

Estipulación de renta

La promesa de pagar periódicamente una cantidad de dinero o cosa fungible debe quedar necesariamente limitada por un plazo final o por el tiempo que viva el acreedor o una tercera persona determinada, presente o futura, cuya existencia deberá justificarse al reclamar el pago de la cantidad periódica correspondiente.

Esta obligación puede constituirse también mediante un contrato de cesión de bienes a cambio de la misma así como por disposición «mortis causa». Si al hacer la cesión no se hubiere pactado otra cosa, una vez que se haya empezado a cumplir la obligación, el contrato no podrá resolverse a causa del ulterior incumplimiento, pero el cedente podrá exigir garantía del pago de las cantidades que se devenguen en el futuro. El pacto de que el incumplimiento valga como condición resolutoria tendrá efecto real y será inscribible en el Registro. La acción de resolución deberá ejercitarse en los términos y con los requisitos fijados para la venta con pacto de retro en la ley 477. Salvo pacto en contrario, el cesionario no podrá repetir las cantidades abonadas.

Modificada por Ley Foral 21/2019, de 4 de abril, de modificación y actualización de la Compilación del Derecho Civil Foral de Navarra o Fuero Nuevo. (Boletín Oficial de Navarra de 16-04-2019).

LEY 521

Oferta pública

Toda promesa sobre cosa y bajo condición lícitas obliga al que la hace desde que es objeto de publicación suficiente, aunque nadie haya notificado su aceptación. Si el promitente no hubiere fijado plazo, se entenderá mantenida la oferta durante el tiempo que parezca necesario según el arbitrio del Juez. Si una persona determinada hubiere notificado al promitente su aceptación antes de caducar la oferta, ésta se entenderá mantenida, respecto al aceptante, durante un año y día, a no ser que en el momento de la aceptación se hubiere convenido otro plazo.

LEY 522

Estipulaciones para después de la muerte

La estipulación hecha para después de la muerte del promitente obliga a su heredero, y la que se hiciere para después de la muerte del acreedor favorece al heredero de éste.

LEY 523

Estipulación a favor de tercero

Es valida la estipulación a favor de tercero siempre que éste sea heredero del estipulante, o a favor del pignorante para que pueda rescatar el objeto pignorado y luego vendido. También es válida cuando se haga para gravar a un donatario o para constituir un crédito de restitución de dote o de cosa comodada o depositada, y en todo caso en que pueda apreciarse un interés razonable del tercero.

El cumplimiento de tal obligación puede ser exigido no sólo por el estipulante, sino también por la persona a cuyo favor se constituye la obligación, sin que sea necesaria, por parte de ésta, la previa aceptación; sin embargo, antes de que la aceptación sea notificada al estipulante, podrá éste revocar la estipulación, a no ser que se haya hecho en cumplimiento de una obligación previamente contraída por el estipulante frente al tercero favorecido por la estipulación.

En caso de ser varios los estipulantes, se entenderá, salvo pacto en contrario, que la estipulación fue hecha por cada uno de ellos en cumplimiento de una obligación recíproca; en consecuencia, la revocación sólo podrá hacerse por todos los estipulantes conjuntamente; muerto uno de ellos, la estipulación será irrevocable para los sobrevivientes.

LEY 524

Estipulaciones a cargo de tercero

Las estipulaciones a cargo de tercero no obligan a éste si no es heredero del promitente, ni al mismo promitente; pero en los contratos puede una de las partes obligarse a que un tercero realice una prestación, y responderá de ella por el incumplimiento del tercero.

Cuando el tercero acepte la obligación estipulada a su cargo, quedará personalmente obligado en concepto de promitente.

CAPÍTULO II
De la fianza

LEY 525

Promesa de fianza

Por la promesa de fianza se obliga el promitente a cumplir la obligación si el deudor principal no lo hiciera.

En el título constitutivo deberá constar de forma pormenorizada, clara y comprensible el alcance de la responsabilidad que asume.

Beneficios

a) De excusión. Salvo pacto en contrario, el fiador puede oponerse a la reclamación del acreedor que no ha agotado previamente la solvencia del deudor principal.

b) De regreso. El fiador que hubiere liberado al deudor principal tendrá contra este la acción de regreso.

c) De división. Si fueren varios los fiadores y no se hubiese pactado lo contrario, tendrá el acreedor que dividir entre ellos la reclamación, pero cada uno de ellos es también fiador de los otros.

> *Modificada por Ley Foral 21/2019, de 4 de abril, de modificación y actualización de la Compilación del Derecho Civil Foral de Navarra o Fuero Nuevo. (Boletín Oficial de Navarra de 16-04-2019).*

LEY 526

Mandato de crédito

Quien manda a otro que preste una cantidad o conceda un crédito a un tercero se hace fiador de la obligación contraída por éste. El mandatario podrá liberarse del mandato si las condiciones patrimoniales del mandante o del tercero se hubieren hecho tales que resulte más difícil la satisfacción de la deuda.

LEY 527

Solvencia

Cuando legal, judicial o convencionalmente se exija la presentación de fiadores y el acreedor no estime solventes los que el deudor presente, el juez decidirá acerca de la solvencia de los fiadores, a petición de cualquiera de la partes en el procedimiento declarativo que corresponda sin perjuicio de lo dispuesto en la ley 494 cuando resulte de aplicación.

Modificada por Ley Foral 21/2019, de 4 de abril, de modificación y actualización de la Compilación del Derecho Civil Foral de Navarra o Fuero Nuevo. (Boletín Oficial de Navarra de 16-04-2019).

LEY 528

Moratoria

Cuando el acreedor proceda contra el fiador alegando que el deudor se halla en ignorado paradero, deberá acreditar de modo fehaciente el fallido intento de localización. En tal caso, el fiador dispondrá de una moratoria legal de treinta días para averiguar dónde se halla el deudor principal pudiendo solicitar judicialmente los medios necesarios de localización, en cuyo caso el plazo quedará en suspenso hasta la verificación de su resultado.

Modificada por Ley Foral 21/2019, de 4 de abril, de modificación y actualización de la Compilación del Derecho Civil Foral de Navarra o Fuero Nuevo. (Boletín Oficial de Navarra de 16-04-2019).

LEY 529

Garantías

El fiador podrá solicitar por vía judicial que se impida la enajenación o gravamen de bienes del deudor y que se practique en el Registro la correspondiente anotación preventiva, a no ser que aquel le dé fianza de su eventual obligación de reembolso.

Modificada por Ley Foral 21/2019, de 4 de abril, de modificación y actualización de la Compilación del Derecho Civil Foral de Navarra o Fuero Nuevo. (Boletín Oficial de Navarra de 16-04-2019).

LEY 530

Responsabilidad de los herederos

La obligación del fiador se transmite a los herederos. Sin embargo, si la responsabilidad derivada de la fianza les resultare extraordinariamente onerosa, podrán solicitar la revisión judicial de la obligación, de acuerdo con lo dispuesto en la ley 498.

Modificada por Ley Foral 21/2019, de 4 de abril, de modificación y actualización de la Compilación del Derecho Civil Foral de Navarra o Fuero Nuevo. (Boletín Oficial de Navarra de 16-04-2019).

TÍTULO III
De los contratos

Modificado por Ley Foral 21/2019, de 4 de abril, de modificación y actualización de la Compilación del Derecho Civil Foral de Navarra o Fuero Nuevo. (Boletín Oficial de Navarra de 16-04-2019).

CAPÍTULO I
Del préstamo y comodato

Modificado por Ley Foral 21/2019, de 4 de abril, de modificación y actualización de la Compilación del Derecho Civil Foral de Navarra o Fuero Nuevo. (Boletín Oficial de Navarra de 16-04-2019).

LEY 531

Del préstamo

Quien recibe una cantidad de dinero o de cosa fungible en préstamo adquiere su propiedad y puede disponer libremente de ella quedando obligado a restituir una cantidad igual, del mismo género y calidad.

Modificada por Ley Foral 21/2019, de 4 de abril, de modificación y actualización de la Compilación del Derecho Civil Foral de Navarra o Fuero Nuevo. (Boletín Oficial de Navarra de 16-04-2019).

LEY 532

Efecto

En todo préstamo pueden convenirse plazos y condiciones, y asegurarse la restitución con garantías de cualquier clase.

Plazo

Si no se ha pactado plazo para la restitución, se entiende que la obligación nace desde el primer momento, pero el juez podrá fijar un plazo equitativo para su cumplimiento.

Modificada por Ley Foral 21/2019, de 4 de abril, de modificación y actualización de la Compilación del Derecho Civil Foral de Navarra o Fuero Nuevo. (Boletín Oficial de Navarra de 16-04-2019).

LEY 533

Interés

En el préstamo de dinero se pueden estipular intereses dentro de los límites lícitos; si no se determina la cuantía de los intereses, sólo se devengarán los legales, y, a falta de estipulación de intereses, se devengarán los legales desde que el deudor se haya constituido en mora.

Nulidad parcial del pacto de interés

El pacto de intereses remuneratorios o moratorios ilícitos o abusivos es nulo de pleno derecho, manteniéndose el resto de plazos, condiciones y garantías del préstamo.

Modificada por Ley Foral 21/2019, de 4 de abril, de modificación y actualización de la Compilación del Derecho Civil Foral de Navarra o Fuero Nuevo. (Boletín Oficial de Navarra de 16-04-2019).

LEY 534

Reconocimiento de préstamo

Quien ha reconocido en un documento haber recibido una cantidad en préstamo quedará obligado a la restitución, salvo que impugne el documento y pruebe la inexistencia de la entrega.

Modificada por Ley Foral 21/2019, de 4 de abril, de modificación y actualización de la Compilación del Derecho Civil Foral de Navarra o Fuero Nuevo. (Boletín Oficial de Navarra de 16-04-2019).

LEY 535

Conversión

Cualquier deuda vencida de cantidad determinada puede convertirse en deuda de préstamo por el simple acuerdo de las partes. En este caso, se presume que se devengarán los intereses legales desde el momento del acuerdo.

Modificada por Ley Foral 21/2019, de 4 de abril, de modificación y actualización de la Compilación del Derecho Civil Foral de Navarra o Fuero Nuevo. (Boletín Oficial de Navarra de 16-04-2019).

LEY 536

Venta con pacto de retro

En la venta con pacto de retro o a carta de gracia, cuando, conforme a la ley 583, deba presumirse su fin de garantía, se entenderá haber un préstamo de la cantidad que figura como precio, con la garantía de retener la propiedad del objeto que figura como vendido y adquirir la propiedad definitiva del mismo si no se restituye la cantidad dentro del plazo pactado.

Modificada por Ley Foral 21/2019, de 4 de abril, de modificación y actualización de la Compilación del Derecho Civil Foral de Navarra o Fuero Nuevo. (Boletín Oficial de Navarra de 16-04-2019).

LEY 537

Restitución

Declarada la nulidad del préstamo a menores de edad o personas precisadas de apoyo para el ejercicio de su capacidad no habrá obligación de restituir salvo si se destinó justificadamente a la satisfacción de sus necesidades o a inversión provechosa.

Modificada por Ley Foral 31/2022, de 28 de noviembre, de atención a las personas con discapacidad en Navarra y garantía de sus derechos. (Boletín Oficial de Navarra de 15-12-2022).

Anteriormente modificada por Ley Foral 21/2019, de 4 de abril, de modificación y actualización de la Compilación del Derecho Civil Foral de Navarra o Fuero Nuevo. (Boletín Oficial de Navarra de 16-04-2019).

LEY 538

Del Comodato

Por el préstamo de uso o comodato se concede gratuitamente el uso determinado de una cosa específica, mueble o inmueble, incluso ajena, con la obligación por parte del comodatario de devolverla una vez que haya terminado el uso convenido, siéndole de aplicación la ley 532.

Modificada por Ley Foral 21/2019, de 4 de abril, de modificación y actualización de la Compilación del Derecho Civil Foral de Navarra o Fuero Nuevo. (Boletín Oficial de Navarra de 16-04-2019).

LEY 539

Responsabilidad del comodatario

El comodatario debe soportar los gastos ordinarios de conservación y reparación de la cosa prestada y responde de la perdida de la misma, salvo si es por fuerza mayor, en cuyo caso sólo responde si salvó del mismo siniestro otras cosas de su interés. Responderá de la pérdida de la cosa prestada en caso de fuerza mayor si esta aconteciera transcurrido el término o plazo convenido.

Cuando el comodatario hubiere hecho un uso distinto del convenido o hubiere recibido la cosa con tasación, responderá de todo evento.

La responsabilidad de los comodatarios es solidaria.

El comodatario que responde de su pérdida deberá abonar el valor del bien al tiempo de la obligación de restitución, salvo que expresamente se hubiera pactado el de tasación.

Modificada por Ley Foral 21/2019, de 4 de abril, de modificación y actualización de la Compilación del Derecho Civil Foral de Navarra o Fuero Nuevo. (Boletín Oficial de Navarra de 16-04-2019).

LEY 540

Otros gastos. Vicios

Salvo pacto en contrario, el comodante debe pagar los impuestos, tasas y seguros.

El comodante debe abonar al comodatario los gastos extraordinarios que la cosa haya causado e indemnizarle por los daños producidos por vicios de la cosa prestada que el comodante conocía y no declaró.

Derecho de retención

El comodatario podrá retener la cosa prestada hasta que el comodante cumpla con la indemnización por vicio de la cosa prestada.

Modificada por Ley Foral 21/2019, de 4 de abril, de modificación y actualización de la Compilación del Derecho Civil Foral de Navarra o Fuero Nuevo. (Boletín Oficial de Navarra de 16-04-2019).

CAPÍTULO II
Del censo vitalicio

Modificado por Ley Foral 21/2019, de 4 de abril, de modificación y actualización de la Compilación del Derecho Civil Foral de Navarra o Fuero Nuevo. (Boletín Oficial de Navarra de 16-04-2019).

LEY 541

Definición

Por el censo vitalicio el censatario se obliga a pagar una pensión anual durante la vida de una o más personas en contraprestación a la transmisión por el censualista en escritura pública del dominio de uno o varios bienes inmuebles vinculados con carácter real y en garantía de su pago, u otros bienes muebles excepto dinero o valores.

También podrá constituirse el censo por disposición «mortis causa».

Disfrute y prestaciones asistenciales

Podrán establecerse igualmente derechos temporales o vitalicios de usufructo, uso o habitación a favor del transmitente o terceros, junto con otras obligaciones de naturaleza asistencial a su favor a que se obligue el censatario.

Modificada por Ley Foral 21/2019, de 4 de abril, de modificación y actualización de la Compilación del Derecho Civil Foral de Navarra o Fuero Nuevo. (Boletín Oficial de Navarra de 16-04-2019).

LEY 542

Titularidad

El censo puede constituirse conjunta o sucesivamente a favor de personas que vivan o estén concebidas al tiempo de su constitución. Respecto a otras personas físicas no podrá exceder del límite previsto en la ley 224.

Podrá también constituirse a favor de personas jurídicas, en cuyo caso no podrá exceder de cien años.

Salvo pacto en contrario, la pensión subsistirá acrecida hasta el fallecimiento del último de los beneficiarios.

Modificada por Ley Foral 21/2019, de 4 de abril, de modificación y actualización de la Compilación del Derecho Civil Foral de Navarra o Fuero Nuevo. (Boletín Oficial de Navarra de 16-04-2019).

LEY 543

Transmisión

Las fincas sujetas a censo vitalicio podrán ser transmitidas sin perjuicio de la acción real o personal para la reclamación del pago del que responderán solidariamente cedente y cesionario salvo pacto en contrario.

Irredimibilidad

El censo vitalicio es irredimible salvo pacto en contrario en el que conste expresamente la cantidad convenida como redención y, en su caso, su estabilización.

Modificada por Ley Foral 21/2019, de 4 de abril, de modificación y actualización de la Compilación del Derecho Civil Foral de Navarra o Fuero Nuevo. (Boletín Oficial de Navarra de 16-04-2019).

LEY 544

Inscripción registral

La inscripción del censo en el Registro de la Propiedad deberá señalar el título de constitución, el importe de la pensión anual, la cantidad convenida como redención y, en su caso, estabilización, y las demás circunstancias que establezca la legislación hipotecaria.

Modificada por Ley Foral 21/2019, de 4 de abril, de modificación y actualización de la Compilación del Derecho Civil Foral de Navarra o Fuero Nuevo. (Boletín Oficial de Navarra de 16-04-2019).

CAPÍTULO III
De los contratos de custodia y depósito

Modificado por Ley Foral 21/2019, de 4 de abril, de modificación y actualización de la Compilación del Derecho Civil Foral de Navarra o Fuero Nuevo. (Boletín Oficial de Navarra de 16-04-2019).

LEY 545

Contrato de custodia

Por los contratos de custodia una persona encomienda a otra de su confianza una cosa para su guarda leal, con retribución o sin ella.

Modificada por Ley Foral 21/2019, de 4 de abril, de modificación y actualización de la Compilación del Derecho Civil Foral de Navarra o Fuero Nuevo. (Boletín Oficial de Navarra de 16-04-2019).

LEY 546

Aplicación analógica

Salvo que por pacto o disposiciones legales o por naturaleza del acto proceda otra cosa, en toda relación que imponga un deber de custodia serán exigibles las obligaciones propias del depositario.

> *Modificada por Ley Foral 21/2019, de 4 de abril, de modificación y actualización de la Compilación del Derecho Civil Foral de Navarra o Fuero Nuevo. (Boletín Oficial de Navarra de 16-04-2019).*

LEY 547

Contrato de depósito

El depósito se constituye por la entrega de una cosa mueble a una persona que la recibe para su custodia.

La promesa de recibir una cosa en depósito obliga al promitente a título de estipulación.

Gratuidad

A falta de acuerdo sobre su onerosidad, el depósito se entiende gratuito; sin embargo, cuando el depositario se dedique habitualmente a esta clase de operaciones, se presumirá oneroso.

> *Modificada por Ley Foral 21/2019, de 4 de abril, de modificación y actualización de la Compilación del Derecho Civil Foral de Navarra o Fuero Nuevo. (Boletín Oficial de Navarra de 16-04-2019).*

LEY 548

Obligaciones

El depositario está obligado a custodiar la cosa y a atender a su conservación conforme a lo pactado, pero en todo caso responderá de la pérdida por dolo o culpa.

> *Modificada por Ley Foral 21/2019, de 4 de abril, de modificación y actualización de la Compilación del Derecho Civil Foral de Navarra o Fuero Nuevo. (Boletín Oficial de Navarra de 16-04-2019).*

LEY 549

Gastos

El depositario tendrá acción para reclamar del depositante la indemnización correspondiente por los gastos y perjuicios que le haya ocasionado el depósito. Sin embargo, no podrá retener la cosa depositada por razón de este derecho u otro cualquiera que tenga contra el depositante.

> *Modificada por Ley Foral 21/2019, de 4 de abril, de modificación y actualización de la Compilación del Derecho Civil Foral de Navarra o Fuero Nuevo. (Boletín Oficial de Navarra de 16-04-2019).*

LEY 550

Devolución

La cosa depositada debe ser devuelta al depositante, o a la persona por él designada, cuando lo pida, aunque no hubiere transcurrido el plazo señalado.

Cuando fueren varios los depositantes, deberá devolverse a todos conjuntamente, salvo que se haya pactado hacerlo a uno de ellos determinado previamente o por un evento posterior.

> *Modificada por Ley Foral 21/2019, de 4 de abril, de modificación y actualización de la Compilación del Derecho Civil Foral de Navarra o Fuero Nuevo. (Boletín Oficial de Navarra de 16-04-2019).*

LEY 551

Varios depositarios

Si el depósito se hubiere constituido en poder de dos o más personas conjuntamente, la acción del depositante podrá dirigirse contra cualquiera de ellas por el todo.

Modificada por Ley Foral 21/2019, de 4 de abril, de modificación y actualización de la Compilación del Derecho Civil Foral de Navarra o Fuero Nuevo. (Boletín Oficial de Navarra de 16-04-2019).

LEY 552

Depósito en interés de tercero

En el depósito hecho en interés de tercero que ha notificado al depositante y al depositario su aceptación, el depositario no podrá devolver la cosa al depositante sin el consentimiento del tercero interesado. En este contrato se estará a lo establecido para la estipulación en favor de tercero en la Ley quinientos veintitrés.

LEY 553

Fallecido el depositante

Fallecido el depositante, y salvo que otra cosa se hubiere establecido, el depositario podrá devolver la cosa depositada a los albaceas u otras personas facultadas para representar la herencia o, en su caso, al usufructuario universal o al legatario de la cosa depositada autorizado para ello. En defecto de estas personas, deberá hacerlo al heredero y, si fueran varios los herederos, a todos ellos conjuntamente o, no habiendo acuerdo unánime entre estos, al contador designado conforme a la ley 340.

Modificada por Ley Foral 21/2019, de 4 de abril, de modificación y actualización de la Compilación del Derecho Civil Foral de Navarra o Fuero Nuevo. (Boletín Oficial de Navarra de 16-04-2019).

LEY 554

Depósito irregular

Cuando en el depósito de cosa fungible se den al depositario, expresa o tácitamente, facultades de disposición, se aplicará lo dispuesto para el préstamo de dinero en las leyes 531, 532 y 533.

Modificada por Ley Foral 21/2019, de 4 de abril, de modificación y actualización de la Compilación del Derecho Civil Foral de Navarra o Fuero Nuevo. (Boletín Oficial de Navarra de 16-04-2019).

CAPÍTULO IV
Del contrato de mandato y de la gestión de negocios

Modificado por Ley Foral 21/2019, de 4 de abril, de modificación y actualización de la Compilación del Derecho Civil Foral de Navarra o Fuero Nuevo. (Boletín Oficial de Navarra de 16-04-2019).

LEY 555

Concepto

Por el contrato de mandato, el mandatario que acepta el encargo de realizar una gestión que interesa al mandante se obliga a cumplirla diligentemente y a rendir cuenta de la misma, pero no responde del resultado de ella. Cuando se interviene en asunto de otra persona a petición de ésta, pero sin ánimo de aceptar un mandato, sólo se responde del daño causado por el propio dolo.

Indemnización

En todo caso, el que encarga a otro una gestión quedará obligado a indemnizar al mandatario de los gastos y perjuicios que la gestión le haya reportado y a proveerle de las cantidades necesarias para realizarla.

LEY 556

Interés del mandante

El mandato debe interesar al mandante; y se entiende que le interesa en los casos previstos en la Ley quinientos veintiséis.

Del simple consejo no se deriva para quien lo da más obligación que la de indemnizar el daño causado por su dolo.

LEY 557

Efectos para el mandante

De la actuación del mandatario tan sólo se deriva adquisición de derechos y obligaciones para el mandante cuando se pruebe el consentimiento previo o subsiguiente de éste.

LEY 558

Gratuidad

El mandato se presume gratuito, salvo cuando el mandatario se dedique habitualmente a gestiones como la encomendada.

LEY 559

Extinción

El mandato se extingue por la muerte del mandante o del mandatario. El mandatario queda obligado a cumplir el encargo que se le encomendó para después de morir el mandante.

El mandato puede extinguirse por la sola voluntad del mandante o del mandatario.

Extinguido el mandato, el mandatario debe abstenerse de realizar nuevas gestiones, y quedará obligado a devolver al mandante todos los documentos que éste le hubiere entregado y el instrumento de poder que, en su caso, le hubiese conferido. El mandante y el mandatario o en su caso, sus herederos responderán de los daños causados por su culpa en la terminación o liquidación del contrato.

LEY 560

Gestión de negocios

Cuando una persona realiza una gestión en interés de otra, sin haber recibido encargo de ésta, queda obligada a terminar la gestión comenzada y rendir cuentas de la misma. La persona en cuyo interés se hizo la gestión deberá indemnizar al gestor todos los gastos y perjuicios que haya tenido, siempre que la gestión hubiera sido razonablemente asumida y realizada, aunque no se hubiese conseguido el resultado deseado, y pueda presumirse que el gestor no obró con ánimo de liberalidad.

LEY 561

Ratificación

Si la persona en cuyo interés se hizo la gestión la ratifica, queda obligada en los mismos términos que un mandante. Si con anterioridad hubiere prohibido la gestión, no quedará obligada a indemnización alguna.

LEY 562

Contrato de prestación de servicios

Las disposiciones del presente título se aplicarán al contrato de prestación de servicios, en la medida en que no esté regulado por disposiciones especiales.

Modificada por Ley Foral 21/2019, de 4 de abril, de modificación y actualización de la Compilación del Derecho Civil Foral de Navarra o Fuero Nuevo. (Boletín Oficial de Navarra de 16-04-2019).

CAPÍTULO V
De la compraventa

Modificado por Ley Foral 21/2019, de 4 de abril, de modificación y actualización de la Compilación del Derecho Civil Foral de Navarra o Fuero Nuevo. (Boletín Oficial de Navarra de 16-04-2019).

LEY 563

Contrato de compraventa

El contrato de compraventa se perfecciona por el consentimiento de las partes sobre sus elementos esenciales, pero, cuando se trate de cosas fungibles, a tanto por unidad, no se perfecciona hasta que se hayan contado, pesado o medido. Cuando se haya convenido la perfección mediante una forma determinada, se aplicará lo dispuesto en la ley 17.

Modificada por Ley Foral 21/2019, de 4 de abril, de modificación y actualización de la Compilación del Derecho Civil Foral de Navarra o Fuero Nuevo. (Boletín Oficial de Navarra de 16-04-2019).

LEY 564

Adquisición de la propiedad

La adquisición de la propiedad por el comprador requiere la entrega de la cosa vendida.

LEY 565

Condición suspensiva

Aunque no hubiere pacto de reserva de dominio en la compraventa, mientras el comprador no pague el precio, la transmisión de dominio se presumirá sometida a condición suspensiva, a no ser que se hubiese fijado un plazo para el pago del precio o convenido considerar este como cantidad prestada o constituido garantía real o personal.

Modificada por Ley Foral 21/2019, de 4 de abril, de modificación y actualización de la Compilación del Derecho Civil Foral de Navarra o Fuero Nuevo. (Boletín Oficial de Navarra de 16-04-2019).

LEY 566

Venta múltiple

Si por contratos distintos dos o más personas han comprado de buena fe una misma cosa, tendrá preferencia sobre esta la que haya recibido antes la posesión. Si ninguna de ellas posee, la que haya pagado al vendedor en la forma convenida, y si varias pagaron, la que ostente un contrato de fecha fehaciente más antigua. En todo caso, el comprador de buena fe será preferido al de mala fe; y si todos fueran de mala fe, se aplicarán las reglas establecidas para el caso de que todos fueran de buena fe.

Los compradores que conforme al párrafo anterior quedaren excluidos de la cosa sólo podrán reclamar del vendedor el resarcimiento de daños e indemnización de perjuicios.

Si alguno de los compradores hubiese inscrito en el Registro de la Propiedad, se estará a lo dispuesto en la Ley Hipotecaria.

Lo establecido en esta ley se aplicará también a la permuta, adjudicación en pago y otros contratos traslativos a título oneroso.

Modificada por Ley Foral 21/2019, de 4 de abril, de modificación y actualización de la Compilación del Derecho Civil Foral de Navarra o Fuero Nuevo. (Boletín Oficial de Navarra de 16-04-2019).

LEY 567

Obligaciones del vendedor

Por el contrato de compraventa, el vendedor se obliga a entregar la libre posesión de la cosa vendida; queda igualmente obligado a hacer todo lo posible para que el comprador adquiera la propiedad sobre la misma. Asimismo se obliga el vendedor al saneamiento por evicción y vicios ocultos, salvo que las partes hubieren pactado lo contrario.

En caso de incumplimiento, el comprador podrá optar entre desistir del contrato, abonándosele los gastos que pagó, o rebajar una cantidad proporcional del precio, a juicio de peritos.

Si el vendedor conocía los vicios o defectos ocultos de la cosa vendida y no los manifestó al comprador, tendrá este la misma opción y además se le indemnizará de los daños y perjuicios si optare por la rescisión.

Modificada por Ley Foral 21/2019, de 4 de abril, de modificación y actualización de la Compilación del Derecho Civil Foral de Navarra o Fuero Nuevo. (Boletín Oficial de Navarra de 16-04-2019).

LEY 568

Entrega de la cosa

La cosa vendida se entenderá entregada cuando haya sido puesta a disposición del comprador, según la naturaleza de la cosa y conforme a los usos del lugar.

El uso de la cosa o el ejercicio del derecho por el comprador se equipara a la entrega. El otorgamiento de la escritura pública de compraventa, salvo pacto en contrario, equivale también a la entrega.

LEY 569

Riesgos

Perfeccionada la venta, debe el vendedor custodiar diligentemente la cosa vendida hasta su entrega y avisar al comprador de los posibles riesgos; responderá de la pérdida o daños causados por su negligencia en el cumplimiento de esta obligación. Todos los demás riesgos serán a cargo del comprador, aunque este no haya incurrido en mora para aceptar la entrega. En caso de mora del comprador, el vendedor no queda obligado a entregar sino lo que subsista de la cosa vendida.

En las ventas hechas bajo condición suspensiva, si antes del cumplimiento de esta se perdiere la cosa, quedará sin efecto el contrato; sin embargo, cumplida la condición, el menoscabo anterior será a cargo del comprador.

Modificada por Ley Foral 21/2019, de 4 de abril, de modificación y actualización de la Compilación del Derecho Civil Foral de Navarra o Fuero Nuevo. (Boletín Oficial de Navarra de 16-04-2019).

LEY 570

Evicción

En caso de producirse la evicción de la cosa vendida, el vendedor deberá indemnizar al comprador todo menoscabo patrimonial sufrido por éste a consecuencia de la evicción.

LEY 571

Facultad de disentir

Cuando las partes se hubieren reservado el derecho de disentir de la compraventa, deján-dola sin efecto, y no se hubiere señalado plazo para el ejercicio de este derecho, se entenderá que caduca pasados un mes y un día contados a partir de la entrega.

Modificada por Ley Foral 21/2019, de 4 de abril, de modificación y actualización de la Compilación del Derecho Civil Foral de Navarra o Fuero Nuevo. (Boletín Oficial de Navarra de 16-04-2019).

LEY 572

Venta en función de garantía

Para las ventas con pacto de retro, reserva de dominio o condición resolutoria en función de garantía se observará, respectivamente, lo dispuesto en los capítulos IV, VI y VII del título VII del libro III.

Modificada por Ley Foral 21/2019, de 4 de abril, de modificación y actualización de la Compilación del Derecho Civil Foral de Navarra o Fuero Nuevo. (Boletín Oficial de Navarra de 16-04-2019).

LEY 573

Gastos derivados de la compraventa

Salvo pacto en contrario, los gastos de otorgamiento de la escritura u otro documento serán por mitad a cargo de comprador y vendedor.

Son válidos y surtirán plenos efectos entre las partes los pactos sobre el pago de impuestos y otros gastos derivados de la compraventa sin perjuicio de las obligaciones ante la Administración y lo dispuesto en otras disposiciones legales.

Modificada por Ley Foral 21/2019, de 4 de abril, de modificación y actualización de la Compilación del Derecho Civil Foral de Navarra o Fuero Nuevo. (Boletín Oficial de Navarra de 16-04-2019).

LEY 574

Venta en pública subasta

La venta entre particulares de cosas en pública subasta, voluntaria o forzosa, se regirá por lo establecido en el pliego de condiciones y, en defecto de este, por las reglas siguientes:

1. El anuncio de la subasta contendrá la fecha de celebración; las condiciones generales y particulares de la subasta y de los bienes a subastar; la valoración de estos, así como la calidad del subastante y las condiciones de los licitadores.

2. En las subastas por pliegos cerrados, una vez presentados, estos no podrán ser retirados, y el acto de su apertura será público. Se adjudicará provisionalmente el remate a la proposición más ventajosa; si las proposiciones fueran iguales, en el mismo acto se verificará entre los proponentes una licitación por pujas a la llana durante diez minutos; si terminado este tiempo subsistiese la igualdad, se decidirá por sorteo la adjudicación provisional.

3. En las subastas por pujas a viva voz o a la llana los licitadores pujarán conforme a los usos y costumbres.

4. Antes de levantarse la sesión, se extenderá acta de la subasta con las formalidades debidas. Leída el acta, deberá ser firmada por el adjudicatario, interesados que quieran hacerlo y, en su caso, por el autorizante.

Las subastas judiciales y administrativas se regirán, respectivamente, por lo dispuesto en la Ley de Enjuiciamiento Civil y en las leyes administrativas.

Salvo lo dispuesto en la Ley de Enjuiciamiento Civil, en la Ley Hipotecaria y en las leyes administrativas, deberán elevarse a escritura pública las compraventas de bienes inmuebles adquiridos en subasta.

Modificada por Ley Foral 21/2019, de 4 de abril, de modificación y actualización de la Compilación del Derecho Civil Foral de Navarra o Fuero Nuevo. (Boletín Oficial de Navarra de 16-04-2019).

CAPÍTULO VI
De la venta a retro

Modificado por Ley Foral 21/2019, de 4 de abril, de modificación y actualización de la Compilación del Derecho Civil Foral de Navarra o Fuero Nuevo. (Boletín Oficial de Navarra de 16-04-2019).

LEY 575

Concepto

Por el contrato de venta con pacto de retro o a carta de gracia, el vendedor se reserva el derecho real de recuperar la cosa vendida mediante el reintegro del precio recibido, los gastos de legítimo abono y las impensas necesarias y útiles.

Modificada por Ley Foral 21/2019, de 4 de abril, de modificación y actualización de la Compilación del Derecho Civil Foral de Navarra o Fuero Nuevo. (Boletín Oficial de Navarra de 16-04-2019).

LEY 576

Plazo

El derecho del vendedor a recuperar la cosa puede establecerse por tiempo determinado o indefinido. Solo se entenderá perpetuo si expresamente fuesen empleadas las palabras «para perpetuo», «siempre», «cada y cuando quisiere» u otras semejantes que indiquen claramente este carácter.

Modificada por Ley Foral 21/2019, de 4 de abril, de modificación y actualización de la Compilación del Derecho Civil Foral de Navarra o Fuero Nuevo. (Boletín Oficial de Navarra de 16-04-2019).

LEY 577

Precio

Si el derecho de retraer se hubiere establecido con carácter indefinido o sin tiempo determinado, el retrayente deberá abonar los dos tercios del justo valor de la cosa al tiempo de retraerla, siempre que esta cantidad sea superior al precio que recibió.

Modificada por Ley Foral 21/2019, de 4 de abril, de modificación y actualización de la Compilación del Derecho Civil Foral de Navarra o Fuero Nuevo. (Boletín Oficial de Navarra de 16-04-2019).

LEY 578

Transmisibilidad

El derecho de retraer es transmisible por actos «inter vivos» o «mortis causa» e hipotecable y adjudicable, a no ser que se hubiere establecido como personalísimo.

Se podrá ejercitar contra el comprador y contra todos aquellos que de él traigan causa.

Modificada por Ley Foral 21/2019, de 4 de abril, de modificación y actualización de la Compilación del Derecho Civil Foral de Navarra o Fuero Nuevo. (Boletín Oficial de Navarra de 16-04-2019).

LEY 579

Pluralidad de personas

El comprador podrá oponerse al ejercicio parcial del retracto.

Si la cosa objeto del mismo perteneciere a varias personas, el retracto podrá ejercitarse contra cada una de estas por su parte.

Si el derecho a retraer perteneciere conjuntamente a varias personas, cualquiera de ellas podrá ejercitarlo solidariamente por su totalidad; los cotitulares que no hubiesen hecho uso de su derecho podrán reclamar del retrayente la parte que les corresponda en la cosa retraída, dentro del plazo de treinta días a partir de la notificación, o dentro del tiempo que falte para finalizar el plazo de ejercicio del retracto si este tiempo fuese mayor, o dentro del plazo de año y día a contar de la notificación cuando el derecho a retraer se hubiese establecido por tiempo indefinido. Cuando se hubiese establecido la posibilidad de prórrogas, el ejercicio del retracto por uno de los cotitulares impedirá a los demás hacer valer contra él nuevas prórrogas.

Los cotitulares que hagan uso de este derecho deberán abonar al retrayente la parte del precio que les corresponda más los intereses y gastos.

Modificada por Ley Foral 21/2019, de 4 de abril, de modificación y actualización de la Compilación del Derecho Civil Foral de Navarra o Fuero Nuevo. (Boletín Oficial de Navarra de 16-04-2019).

LEY 580

Ejercicio por los acreedores del vendedor

Los acreedores del vendedor no podrán ejercitar por subrogación el derecho a retraer, sino que habrán de proceder judicialmente para cobrar sus créditos con cargo a aquel derecho.

Modificada por Ley Foral 21/2019, de 4 de abril, de modificación y actualización de la Compilación del Derecho Civil Foral de Navarra o Fuero Nuevo. (Boletín Oficial de Navarra de 16-04-2019).

LEY 581

Frutos

Para la atribución de los frutos en el ejercicio de este derecho se aplicará lo establecido en las leyes 353 y 354.

Modificada por Ley Foral 21/2019, de 4 de abril, de modificación y actualización de la Compilación del Derecho Civil Foral de Navarra o Fuero Nuevo. (Boletín Oficial de Navarra de 16-04-2019).

LEY 582

Prescripción

En la carta de gracia por tiempo indefinido, la acción para retraer prescribirá a los diez años.

Modificada por Ley Foral 21/2019, de 4 de abril, de modificación y actualización de la Compilación del Derecho Civil Foral de Navarra o Fuero Nuevo. (Boletín Oficial de Navarra de 16-04-2019).

LEY 583

Carta de gracia como garantía

La venta con pacto de retro o a carta de gracia por tiempo determinado se presumirá como forma de garantía real siempre que el vendedor continúe por cualquier título en posesión de la cosa; en este caso, le serán aplicables las disposiciones del capítulo IV del título VII del libro III.

Modificada por Ley Foral 21/2019, de 4 de abril, de modificación y actualización de la Compilación del Derecho Civil Foral de Navarra o Fuero Nuevo. (Boletín Oficial de Navarra de 16-04-2019).

CAPÍTULO VII
De la permuta

Modificado por Ley Foral 21/2019, de 4 de abril, de modificación y actualización de la Compilación del Derecho Civil Foral de Navarra o Fuero Nuevo. (Boletín Oficial de Navarra de 16-04-2019).

LEY 584

Concepto

En la permuta, las partes contratantes se obligan a darse recíprocamente la propiedad de distintas cosas, y cada parte será considerada a la vez como compradora y vendedora, respecto a la otra parte.

Modificada por Ley Foral 21/2019, de 4 de abril, de modificación y actualización de la Compilación del Derecho Civil Foral de Navarra o Fuero Nuevo. (Boletín Oficial de Navarra de 16-04-2019).

LEY 585

Evicción

Cuando una cosa entregada en permuta sea objeto de evicción, el que la recibió podrá elegir entre la resolución del contrato o la indemnización por evicción conforme a la ley 570.

Modificada por Ley Foral 21/2019, de 4 de abril, de modificación y actualización de la Compilación del Derecho Civil Foral de Navarra o Fuero Nuevo. (Boletín Oficial de Navarra de 16-04-2019).

LEY 586

Régimen supletorio

En lo que sea compatible, se aplicarán a este contrato las disposiciones sobre la compraventa.

Modificada por Ley Foral 21/2019, de 4 de abril, de modificación y actualización de la Compilación del Derecho Civil Foral de Navarra o Fuero Nuevo. (Boletín Oficial de Navarra de 16-04-2019).

CAPÍTULO VIII
Del arrendamiento de cosas

Modificado por Ley Foral 21/2019, de 4 de abril, de modificación y actualización de la Compilación del Derecho Civil Foral de Navarra o Fuero Nuevo. (Boletín Oficial de Navarra de 16-04-2019).

LEY 587

Régimen

Los arrendamientos de cosas se rigen por lo pactado, por los usos y costumbres del lugar y, supletoriamente, en cuanto no contradigan las leyes especiales recibidas en Navarra, por las disposiciones de esta Compilación.

Modificada por Ley Foral 21/2019, de 4 de abril, de modificación y actualización de la Compilación del Derecho Civil Foral de Navarra o Fuero Nuevo. (Boletín Oficial de Navarra de 16-04-2019).

LEY 588

Exclusión de leyes especiales

Sin perjuicio de las exclusiones que se deriven de la aplicación de las leyes especiales recibidas, quedan excluidos: los arrendamientos de establecimientos y explotaciones a que se refiere la ley 596 y los complementarios de una actividad mercantil industrial, agrícola, pecuaria o minera, aunque lleven aparejado el disfrute en que se dé tal actividad.

Modificada por Ley Foral 21/2019, de 4 de abril, de modificación y actualización de la Compilación del Derecho Civil Foral de Navarra o Fuero Nuevo. (Boletín Oficial de Navarra de 16-04-2019).

LEY 589

Duración

El plazo del arrendamiento será libremente pactado por las partes, sin perjuicio de la duración mínima impuesta por las leyes especiales. A falta de pacto se entenderá que la duración es igual a la unidad de tiempo que corresponda al pago de la renta.

En los arrendamientos de inmuebles, el contrato se considerará prorrogado tácitamente si cualquiera de las partes no notifica a la otra su voluntad en contrario dentro de los plazos establecidos en las leyes o costumbres.

El arrendamiento de fincas urbanas se entenderá tácitamente prorrogado sin plazo en tanto el arrendador tolere al arrendatario que siga ocupando la finca.

Durante el plazo de arrendamiento de una finca urbana, el arrendador que la necesitara para habitarla podrá resolver el contrato, quedando reducida la renta debida por el arrendatario a la correspondiente al tiempo que este haya ocupado el inmueble.

Modificada por Ley Foral 21/2019, de 4 de abril, de modificación y actualización de la Compilación del Derecho Civil Foral de Navarra o Fuero Nuevo. (Boletín Oficial de Navarra de 16-04-2019).

LEY 590

Reparaciones

El arrendatario debe pagar las reparaciones que exija el desgaste por el uso ordinario de la cosa.

LEY 591

Arrendamiento de varias cosas

Si una o varias cosas fueran arrendadas conjuntamente por una misma renta para fines independientes, se observará para cada uno de los contratos su régimen respectivo, y las causas de nulidad o resolución referentes a uno o varios de ellos no afectarán a los restantes.

Si se pactó un fin o fines principales y otro u otros subordinados, prevalecerá el régimen correspondiente al fin o fines principales; los otros regímenes serán aplicables en la medida en que no resulten incompatibles con el principal.

LEY 592

Extinción

El contrato de arrendamiento cesa al extinguirse el poder de disposición o administración del arrendador sobre la cosa arrendada, sin perjuicio de lo dispuesto en la Ley Hipotecaria.

LEY 593

Venta con pacto de retro

Quien compra con pacto de retro una cosa dada en arrendamiento, en tanto no adquiera definitivamente la propiedad, no podrá resolver el contrato de arrendamiento a no ser que el arrendatario incurra en causa para ello.

El ejercicio de la retroventa no facultará por sí mismo la resolución de contrato.

Modificada por Ley Foral 21/2019, de 4 de abril, de modificación y actualización de la Compilación del Derecho Civil Foral de Navarra o Fuero Nuevo. (Boletín Oficial de Navarra de 16-04-2019).

LEY 594

Subarriendo y cesión

El subarriendo y la cesión del contrato de arrendamiento están permitidos, salvo pacto en contrario; sin embargo, la cesión requerirá el consentimiento del arrendador salvo que las leyes especiales dispongan otra cosa.

Modificada por Ley Foral 21/2019, de 4 de abril, de modificación y actualización de la Compilación del Derecho Civil Foral de Navarra o Fuero Nuevo. (Boletín Oficial de Navarra de 16-04-2019).

LEY 595

Transmisión «mortis causa»

Salvo. pacto en contrario o que del contrato se desprenda que se otorgó en considera-ción exclusiva a las circunstancias personales del arrendatario, la relación jurídica de éste será transmisible mortis causa durante la vigencia del contrato.

LEY 596

Arrendamientos de establecimientos o explotaciones

El arrendamiento de establecimientos mercantiles o industriales o de explotaciones forestales ganaderas, agropecuarias o mineras, se regula, salvo pacto en contrario, por las siguientes disposiciones:

1. Sin consentimiento del arrendador, los bienes arrendados no podrán destinarse a acti-vidad distinta de la pactada o de aquella a que se dedicaban con anterioridad al contrato.

2. El arrendatario estará obligado a conservar y reponer las cosas en el mismo estado en que le fueron entregadas, y deberá pagar las contribuciones e impuestos que graven direc-tamente el ejercicio del negocio arrendado.

3. Asimismo, deberá explotar el negocio de manera que no desmerezca en grave perjui-cio del arrendador, quien en tal caso, así como en el de insolvencia del arrendatario, podrá pedir la resolución del contrato.

4. El arrendatario no podrá subarrendar, total o parcialmente.

5. El arrendamiento será transmisible conforme a la Ley 595.

Modificada por Ley Foral 5/1987, de 1 de abril, por la que se modifica la Compilación de Derecho Civil Foral o Fuero Nuevo de Navarra. (Boletín Oficial de Navarra de 06-04-1987).

DISPOSICIONES ADICIONALES

D.A. ÚNICA.

(SUPRIMIDA)

Suprimida por Ley Foral 21/2019, de 4 de abril, de modificación y actualización de la Compilación del Derecho Civil Foral de Navarra o Fuero Nuevo. (Boletín Oficial de Navarra de 16-04-2019).

DISPOSICIONES TRANSITORIAS

D.T. 1.ª Principio general

El Derecho Civil de Navarra, reconocido en la presente Compilación, se aplicará a los actos otorgados y a las relaciones causadas con anterioridad a su promulgación; y no sur-tirán efecto en contra de la Compilación cuantas disposiciones legales o reglamentarias, civiles, administrativas o fiscales, así generales como forales, se opongan a la misma.

D.T. 2.ª Consentimiento uxorio

Si la mujer, con anterioridad a esta Compilación, hubiere otorgado a su esposo, ya simplemente ya con referencia al artículo mil cuatrocientos trece del Código civil, su consentimiento para disponer a título oneroso de bienes de conquista o gananciales, este consentimiento surtirá sus efectos conforme a la Ley ochenta y seis.

D.T. 3.ª Usufructo de fidelidad

No se aplicará lo dispuesto en la Ley doscientos cincuenta y seis respecto al usufructo de fidelidad a favor del cónyuge viudo de segundas o ulteriores nupcias si, con anterioridad a esta Compilación, se hubiere formalizado inventario sin oposición de los nudos propietarios.

D.T. 4.ª Sucesión legal

Respecto a la sucesión legal de causantes fallecidos con anterioridad a esta Compilación, se observará lo siguiente:

Uno. En las sucesiones en que hubiere recaído auto firme de declaración de herederos abintestato conforme a las disposiciones del Código civil, quedarán a salvo los derechos que de aquella declaración se deriven.

Dos No obstante lo dispuesto en el número anterior, se tendrán por ineficaces dichas declaraciones en cuanto reconozcan como herederos a quienes, conforme a lo previsto en esta Compilación, hubieren renunciado a la herencia, bien con anterioridad bien con posterioridad al fallecimiento del causante.

Tres. Las herencias causadas con anterioridad, pero en las que no hubiere recaído auto firme de declaración de herederos, deberán regirse en todo por las disposiciones de las leyes trescientos a trescientos siete de esta Compilación.

D.T. 5.ª Venta con pacto de retro como garantía

Lo dispuesto en las Leyes cuatrocientos setenta y cinco a cuatrocientos ochenta y quinientos ochenta y cuatro respecto a la venta con pacto de retro como garantía será aplicable a las otorgadas con anterioridad; y se tendrán por nulos los pactos siguientes:

Uno. El pacto de que, al vencimiento del plazo establecido para el ejercicio del derecho a retraer, la compraventa se entienda consumada automáticamente y de pleno derecho.

Dos. El pacto de que, al vencimiento del plazo establecido para el ejercicio del derecho a retraer, el comprador deberá promover la venta de la cosa en pública subasta.

En todo caso, la compraventa no quedará consumada, sino conforme a lo dispuesto en la ley cuatrocientos setenta y siete, salvo los casos de prescripción adquisitiva por el comprador o de que la consumación ya se hubiere hecho constar en el Registro de la Propiedad.

Serán válidos cualesquiera pactos que establezcan para el deudor un régimen más favorable que el de esta Compilación.

D.T. 6.ª Efecto sobre las capitulaciones matrimoniales de la prodigalidad.

En los casos de prodigalidad de alguno de los cónyuges que hubieran pactado en capitulaciones el régimen económico de su matrimonio, serán aplicables las disposiciones del Código Civil mientras sigan vigentes medidas adoptadas conforme a las disposiciones transitorias segunda y quinta de la Ley 8/2021, de 2 de junio, por la que se reforma la legislación civil y procesal para el apoyo a las personas con discapacidad en el ejercicio de su capacidad jurídica.

El mismo régimen será el aplicable en caso de subsistencia de medidas adoptadas respecto a alguno de los cónyuges precisados de apoyos para el ejercicio de su capacidad jurídica con anterioridad a la citada Ley.

Añadida por Ley Foral 31/2022, de 28 de noviembre, de atención a las personas con discapacidad en Navarra y garantía de sus derechos. (Boletín Oficial de Navarra de 15-12-2022).

DISPOSICIONES FINALES

D.F. 1.ª Régimen de modificación

(SUPRIMIDA)

Suprimida por Ley Foral 5/1987, de 1 de abril, por la que se modifica la Compilación de Derecho Civil Foral o Fuero Nuevo de Navarra. (Boletín Oficial de Navarra de 06-04-1987).

D.F. 2.ª Revisión

(SUPRIMIDA)

Suprimida por Ley Foral 5/1987, de 1 de abril, por la que se modifica la Compilación de Derecho Civil Foral o Fuero Nuevo de Navarra. (Boletín Oficial de Navarra de 06-04-1987).